明清卷·人物

中国历史知识小丛书

‹孤独的›
崇祯

ZHONGGUO LISHI ZHISHI
XIAO CONGSHU

张德信
谭天星 ◎ 著

以史为骨，以实为肌，以事为络
名家著作，还历史原貌

中国社会科学出版社

图书在版编目（CIP）数据

孤独的崇祯/张德信，谭天星著.—北京：中国社会科学出版社
2014.1修订重印

ISBN 978-7-5004-6653-6

Ⅰ.孤… Ⅱ.①张… ②谭… Ⅲ.崇祯帝（1611～1644）—传记
Ⅳ.K827＝48

中国版本图书馆CIP数据核字（2007）第203873号

出 版 人	赵剑英
责任编辑	韩玉良
责任校对	杨艳敏
责任印制	王　超

出版发行	中国社会科学出版社
社　　址	北京鼓楼西大街甲158号（邮编100720）
网　　址	http://www.csspw.cn
	中文域名：中国社科网　010-64070619
发 行 部	010-84083685
门 市 部	010-84029450
经　　销	新华书店及其他书店

印刷装订	北京市兆成印刷有限责任公司
版　　次	2013年4月第2版
印　　次	2014年1月第3次印刷

开　　本	710×1000　1/16
印　　张	13.75
插　　页	2
字　　数	192千字
定　　价	26.80元

前言

　　在中国漫长的封建历史进程中，从藩王入继大统，不乏其人，而明代亦不例外。燕王朱棣，在其藩王生涯中，尤其是从地处边塞，练兵作战，羽毛丰满之时，寻找到建文帝改制的机会，发动"靖难"，挥师南下，经过四年血与火的征战，取其侄朱允炆而代之，登上了皇帝的宝座。土木之变起，英宗朱祁镇被俘，其弟郕王朱祁钰奉皇太后之命，于危难之时，代理国政，进而称帝，七年之后，以南宫复辟而退位。武宗朱厚照无子，在其死后，以遗诏迎胞弟朱厚熜入继皇位，为此引起的礼仪之争，持续数年。世宗死后，裕王朱载垕奉遗诏嗣位，倒还平和。信王朱由检的称帝，亦非预料中之事。原因是其兄熹宗朱由校虽先后有三个儿子，但皆夭折。由检本着"兄终弟及"的祖训，接替帝位。当他战战兢兢地即皇帝位，主持国政之后，表现出了他的聪明才智，一心想实现中兴。然大势已去，积重难返，随着李自成率领农民起义大军，进入北京，朱由检在孤独与无奈之中，自缢煤山，走完了他坎坷的人生之路。

　　朱由检的自杀，像一个淡疏的影子，留在人们的记忆中，也渐渐成为人们谈论不休的话题，不禁发问：一个励精图治的帝王，怎么会如此孤独地死去？然而，历史是无情的，历史仍在继续。

目录 CONTENTS

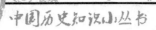

第一章

兄终弟及：战战兢兢登上皇帝宝座

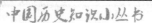

在封建社会里，由于封建礼教、伦理道德及等级观念的制约，不论是皇室，抑或平民，嫡出与庶出，其身份、地位可谓天壤之别。朱由检就是光宗之妃刘氏所生，属庶出之列。他的降生，比起嫡出的皇长子来，其处境就显得十分尴尬，加上生母早逝，又显得十分孤独。尴尬与孤独的生活，使他渐渐形成了多思、猜疑的性格。只因其兄天启皇帝无子，才在其逝世后，本着"兄终弟及"的祖训，战战兢兢地登上皇帝的宝座。

一　庶出：尴尬的童年

万历三十八年（1610）年末，在古老阴沉的皇宫里，为迎接一年一度的正旦节，只见那些来回忙碌的小太监和奉命服役的工匠，有的在修补破败剥落的宫墙、门窗；有的在整理不知用过多少次的彩灯，剔除已经发黑的灯罩，换上鲜红的绢绸；有的在张灯结彩，披红挂绿。以便给蹒跚走过242个春秋、已显老态的大明王朝的权力集中地增加几许亮色，企求在新春伊始，上天赐福，招来好运。就在这一年十二月二十四日，嫔妃居住的宫室中一个婴儿的啼哭声透过漫天鹅毛大雪，在昏暗深宫回响，时而高昂，时而低徊。又有一位宗室子孙，降生在这冰雪覆盖而寒冷的人世间。他，就是选妃刘氏所生、光宗第五子、未来的明朝末代皇帝朱由检。然而，时而高昂，时而低徊的哭叫，莫非是预示着他的人生旅程：将有所振作，力挽危难于既倒？抑或壮志难酬，无可奈何而哀叹？

朱由检的命运真是坎坷。生母刘氏，是其父光宗众多嫔妃中的一位。虽生一男儿，当母以子贵，无奈有争宠的妃子如号称西李的康妃在侧，鼓动如簧之舌，说三道四，使光宗对刘氏渐渐疏远，进而寻隙斥责。忠厚贤惠的刘氏，恪守妇道，毫不辩解，将莫大的冤屈和悲愤深深地埋在心里，久而久之，积愤成疾，在由检5岁的那年，郁郁而死。光宗得刘氏死讯，多有悔意，又担心神宗皇帝知道此事，怪罪于他，便严厉要求宫人守口如瓶，不得泄露只言片语，暗中派人将刘氏埋葬在西山。当时，朱由检住在勖勤宫，每忆及生母，就向近侍询问："西山有申懿王的坟墓吗？"回答说有。又问"申懿王坟墓旁有刘娘娘的坟墓吗？"回答说有。由检似乎得到了心理上的慰藉，秘密付给近侍金钱，令其前往西山祭祀。近侍回来复命，又激起由检对生母抚养恩德的无限思念，盈盈泪下。光宗得知由检思念生母，又孤苦无依，怜悯之情，油然而生。遂令当时最受宠爱的号称西李的康妃抚养。西李本来抚养着光宗长子朱由校，并且对其倾注着全部心血，企求得到报偿，以满足自己的欲望。现在又抚养由检，因是光宗之命，也不好拒绝。但她十分清楚皇长子与皇五子的差别和分量。所以，对待两位皇子的态度，就有着明显的不同。由检幼小的心灵，也许在朦胧中感受到人世间的冷暖和爱抚的厚薄，但并未意识到这是封建等级观念造成的，更未了解在封建等级观念中的嫡出、庶出的天壤之别，以及因其为庶出所带来的固有的尴尬始终陪伴着他。这一切都被无知掩盖着，仍在皇室子孙颐指气使的高贵血统氛围中过着无忧无虑的生活。好在未过多久，西李生一皇女，便趁机禀报光宗，自己无暇抚养由检。光宗便改命号称东李的庄妃抚养。

庄妃宽厚仁慈。她的地位虽列于西李之前，因其行事谨慎，恪守妇道，不与人争，不与事较，受宠爱的程度却远不能与西李相比。加上膝下无子无女，孤处内宫，十分寂寞。现在奉命抚养皇五子，正是她求之不得的事。由检的到来，既可使她冰冷寂寞的心怀增加些许温暖，也可使她的爱心有一倾注的对象。而由检也从此得到了新的母爱，聪颖活泼的天性随着时间的推移，渐渐地发挥和养成。也许是东李庄妃倾注的爱心太多，任性、自以为是

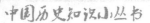

的性格特征，亦时有表现。

朱由检酷爱读书，逐渐养成了静坐沉思的习惯。每阅读经籍，长久不动，口中念念有词。偶尔教小太监读书，有的太监口羞而不敢读出声来，他就斥责说："读不出声，感到羞耻，而唱歌时声音却那样洪亮，就不感到羞耻吗！"自此之后，闲暇时教小太监诵经写字，就成了他生活中不可缺少的内容。小太监也乐于与这位小皇子亲近，戏游玩耍，说些皇宫内很少听到的新鲜事和乡里习俗，逗得由检开怀大笑，欢乐异常。

读书、游戏、欢乐和些许忧虑，伴随着由检渐渐长大。而父皇光宗即皇帝位仅一个月便与世长辞，给他年仅10岁的心灵蒙上了一层阴影，不得不仔细地、认真地审视自己及周围所发生的一切。生母的早逝，留给他内心的忧伤，因有庄妃的爱抚而得到慰藉；可是父皇的离去，是谁也不能替代的。尽管父皇的关注，比起皇兄来，自己得到的要少得多，但因其些许的关注和庇护就颇感安全，可现在连这些许的庇护和安全感也失之全无了。何况，为父皇的死因，纷纷扬扬，说什么的都有。难道这就是大明权力集中的皇帝所应该经历的吗？是警卫森严的皇宫所应该发生的吗？……

朱由检稚嫩的大脑是无法探求出事物的本质，也无法从中寻找出准确的答案而采取有效的应付手段。只不过依恃其聪颖，注意到了眼前发生的一切，想了解探求真谛而设法自我保护罢了。

在朱由检看来，皇兄由校接替父皇登上皇帝宝座，这是天经地义的事。因此，他虽沉浸在父皇早逝的哀痛之中，但仍对皇兄的继位表示由衷的高兴和祝贺。而由校也念诸弟相继夭亡，唯留幼弟由检一人，怜爱之情，溢于言表，多方抚慰。由检渐渐从哀痛中解脱出来，感受到了兄弟情谊的温暖，与皇兄的关系越加亲密，无话不谈。一次，他突然问由校："你这个官儿我能不能做？"由校微笑着说："可以，可以。等我做几年之后，就轮着你来做了。"这虽是戏言，不料却在以后的历史演进中变成了现实。

二 多思：信王生涯

按照封建惯例，皇帝即位之后，首要之务是尊封皇太后，册立皇后，册封皇长子为皇太子、诸皇子为王。尤其是册封皇太子和诸皇子，由于宫廷争斗的激烈与否，或先或后，并无一定之规。而在明代成化以后，表现得更为奇特。如弘治皇帝朱祐樘，早在成化六年（1470）由淑妃纪氏所生，因慑于万贵妃的狠毒，不敢禀报，由周太后养育在西宫。皇长子、次子先后夭折，致使成化帝朱见深为之长吁短叹。至十一年（1475），宦官才向皇帝禀报，朱见深高兴异常，立即将年仅6岁的朱祐樘封为皇太子。世宗皇帝朱厚熜，长子早逝，封次子为太子而又卒。按规定，三子朱载垕当册立为太子，但世宗帝以为此前两次册封太子，都先后死去，以为不祥便决定稍等时日再议。后来又相信方士二王不相见的没有任何根据的胡言乱语，一直到其病逝，也没有册立太子。神宗皇帝朱翊钧为册立太子，因郑贵妃专宠欲封己子之故，在朝廷引起了长时间的争斗。至万历二十九年（1601）在不得已的情况下封朱常洛为皇太子，但争斗不止，妖书案、梃击案，接连发生。尽管朱常洛如期即皇帝位，但又有"红丸"案，仅即位一个月而逝世。因此，既无时间封长子为皇太子，又无时间封诸皇子为王。待天启皇帝朱由校即位之后，完成其父未竟之事，或追加已故诸弟封谥，或册封未故诸弟为王。

在天启皇帝即位第三个年头的天启二年（1622）八月二十三日，朱由校

封朱由检为信王，仍居住在皇宫里的勖勤宫。

作为皇五子与封为信王，对年仅12岁的朱由检说来，没有意识到其间有什么特别的差异，也没有因此影响他的自由和乐趣。他还是像以往一样，该读书时读书，该玩耍时玩耍；也像凡人一样，照样睡觉，照样做梦。所不同的，仅仅是因身份的改变，各种待遇有所提高，前后左右侍奉的人更多一些而已。

与皇兄换做皇帝的戏言，在由检的心灵上留下了些许影响。一天，他居然梦到了乌龙盘绕殿柱。告诉庄妃，庄妃颇觉奇异，心中暗喜。由检又偶尔到本宫花园游玩，花园里有两眼井，距离很远，由检到井上打水，一尾金鱼随之而上；再到另一眼井中打水，又得到一尾金鱼。两尾金鱼欢蹦乱跳，闪耀金光。左右侍从对此前所未有的吉祥预兆，都十分惊异。也正因为罕见，人人守口如瓶，秘不敢言。

正当朱由检自由自在地欢度信王生涯时，养母东李庄妃郁郁而死，扰乱了他生活的平静，带来了莫大的刺激，也使他百思不得其解：养母东李庄妃，恪守礼仪，仁慈宽厚，对自己的抚育，事事周到，倾注了全部心血和母爱，是自己在失去生母之后，唯一的依赖，自己也从中享受到极大的乐趣。如此善良仁厚的养母，怎么会在不知不觉中郁郁而死呢？他以稚嫩的头脑寻思着，总想从中探询出个究竟。他找小太监询问，他观察周围的人与事，他从别人的一言一行，甚至眼神中去猜测，去探寻……渐渐地明白了养母东李庄妃的死因：正是由于庄妃行事恪守礼仪，事事持正，才被太监魏忠贤及客氏视为眼中钉而怀恨在心，以致百般刁难，裁撤宫中的待遇。忠厚的庄妃又不愿申辩，只得把一切委屈和愤怒，和泪吞下，致使染疾身死。这虽然是自己被封为信王之后所发生的事，但是自己对庄妃倾注的爱而未曾报答，甚至都没有过问一声，实在是不孝的表现，也说明自己把宫中之事看得太简单了。因为在此之前自己从来没有想过一位皇妃竟会有如此下场，会如此了结她的一生。自责和怨恨交织于心。他自责，自责自己作为一位王爷，竟连养母也不能给予些许保护；他怨恨，怨恨自己的疏忽，怨恨自己的无能。于是，他决心自立、自强，以信王的身份行信王之事，不让任何人来左右自己；对周围的一切，要靠思考，靠观察，决定自己的行动。事实告诉他，宫内的人与事是复杂的，对谁都不能过于相信。尤其是魏忠贤和客氏，因其害死养母庄妃，极为可恨。对他们的言论和行动，更要保持冷静头脑，认真对待，才不会受其挟制。不仅如此，还必须寻找机会为养母庄妃报仇，以此报答她的养育之恩。

随着年龄的增长和宫中发生的一切事件，使得由检逐渐成熟起来。然而，在那种特殊的环境中，对周围的人与事抱着怀疑的态度，而只相信自己的自以为是的性格也就此渐渐地形成。

正由于此，他有时衣冠不整，不见内侍，坐不敧倚，目不旁观，不疾言，不苟笑。有时心血来潮，多次与宫中宦官到宫外微服行走，考察民情。即使得知魏忠贤的过恶，在侍奉皇兄左右的近侍面前，从不轻易言讲，以致那些近侍宦官对信王朱由检不严而肃，恭而敬之。一次，朱由检路过太庙，见两个宦官将所抬着的食具搁置一旁，匍匐在地，互相扭打，大声呼喊皇帝名号。其他宦官为之解劝，无济于事。朱由检上前问道："为了什么而互相扭打，竟敢如此放肆。"宦官说："千岁这么说，我们得何罪？"朱由检斥责说："难道你们无罪！你随便呼喊皇帝名号，惊动列祖列宗，罪过还不大吗？"在场的宦官听到这里，都趴在地上叩头认罪。自此之后，大家都对朱由检刮目相看。

朱由检微服出访，使他或多或少了解了民间的冷暖，知道了朝廷政务得失的情状。可是，不修边幅，不时外出，也不同程度地影响他的身体健康和成长。就在他16岁那年，突然得病，内侍召来御医韦某及纪某诊治。朱由检意识到自己得病的原因，慢慢地说："服药千剂，莫如独宿。"两位御医对朱由检能做如是说，暗暗敬佩，盛赞信王是天性过人之人。果然，朱由检的病不治而愈。由此可见，他又善于把握自己，懂得自处。

　　不仅如此，信王朱由检在处理一些切身事务时，还是为朝廷统治的稳固考虑的。在他的心目中，生活上的需要和满足，比起边塞军需及其他开支，处在次要地位。天启七年（1427）正月，熹宗皇帝赐给他景王府的地租银两。他立即上疏说："边境不时发生战争，而军士粮饷、马匹草料又十分匮乏。皇兄赐给我宝坻等县并塌河地租银六千三百两，我是不能接受的。请还国库，以补边塞之需。"由校对信王由检能为国分忧的至诚之心所感动，允许所辞，以遂其愿。尽管如此，最后还是将汝王、福王所遗地租给予信王府，以便充作养赡之用，同时表示皇兄皇弟间的亲亲至意。

　　转眼到了朱由检的婚配年龄，皇兄由校义不容辞地为其选婚，命令礼部寻觅适合做王妃的女子。天启六年（1426）五月十八日，礼部奏报五城两县七十七名。一个月之后，正式选婚。当此之时，由熹宗的张皇后主持，两位贵人陪同。然后，礼部选入宫中的民间淑女，一一在皇后面前走过。选中的，则由皇太后示以青纱帕，取金玉跳脱即手镯系其臂上；未选中的，则将年月帖子放在淑女的袖中，赐予银币，劝慰一番，遣送回家。最后，选中大兴县生员周奎的女儿。张皇后觉得周奎之女身体太弱，摄太后之宝的神宗刘昭妃说："现在看起来稍微瘦弱，过一段时间就会长得丰满健壮。"遂册周氏为信王妃。此女年十六，生于三月十八日子时。接着，礼部奏报由检婚礼仪注，钦天监选出吉日：天启六年十一月二十五日卯时搬移，十二月初八日午时当冠，十二月十六日辰时纳征发册，十二月二十一日卯时安床，天启七年（1427）正月二十七日卯时开面，二月初三日卯时迎亲。

　　号称以礼治国的大明王朝，在政治生活中的体现，多不尽如人意，而在婚丧嫁娶中，却恪守礼制，极为严格。既然信王由检的婚礼仪注已经确定，即如期举行。天启七年二月庚子（初三日），信王出府成婚。壬寅（初五日），文武百官具吉服赴信王府行礼。癸卯（初六日），信王并妃行庙见礼。

　　新婚之喜的朱由检，面对温柔娇妃，暂时忘却了对生母、养母的思念，欢快地过着儿女情长的生活。同时，有皇叔常浩、常润、常瀛分别以瑞王、惠王、桂王前往汉中、荆州、衡州的藩国，由检怀着喜悦与惆怅的心情，一一道别。

天启七年（1427）四月初七日，皇兄熹宗皇帝命兴建信王府第，遣工部尚书薛凤翔行礼。次日，内官监太监李永贞请求修理惠王府，以备信王居住。熹宗皇帝鉴于国库乏困，加上瑞王、惠王、桂王前往藩国的花费，重建信王府第，的确有点力不从心，而将惠王府加以修理令信王居住，是一节财之举，而以国家安危为重的信王不会不接受。于是同意太监李永贞的请求，下令将惠王府第大行整修。

经过一番紧张的施工，惠王府内外焕然一新，信王朱由检与娇妃周氏迁住其中。王府官属、护卫，先后设置停当，各执其事，一切按其固有的规律运行着。然而，朱由检迁入惠王府后，触景生情，使他想起皇叔惠王，再及瑞王以至于想到了皇父的坎坷遭遇：

皇父常洛为皇祖长子，本该早正储位，立为皇太子。可是皇父降生不久，受皇祖宠爱的郑贵妃生皇叔常洵，皇祖受郑贵妃的蛊惑，左右为难，本想立长子为皇太子，郑贵妃撒娇施泼，从中作梗；若立常洵为皇太子，又违背了立嗣以长的祖训，加上廷臣不予支持，使得皇祖犹豫不决。不得已，便采取拖延的办法，久久不立太子，后来又在郑贵妃的唆使下，下达了三王并封的圣旨。此举遭到了廷臣的极力反对，上疏抗辩，才不了了之。接着，廷臣又上疏请立皇父常洛为太子，皇祖不予理睬。直拖到万历二十九年（1601）十月，才立皇父为皇太子。与此同时，封常洵为福王、常浩为瑞王、常润为惠王。旷日持久的立皇太子之争，才告一段落。由于福王常洵年长，先赴河南的藩国，而年已二十五的瑞王，尚未完婚，尽管有群臣上疏请求，皇祖仍置之不理，反而以此为名每天向户部索要瑞王婚费，多达十八万两银两，藏在宫中，却说冠服无力准备。加上兵事频仍，所需粮饷急迫，瑞王与惠王的婚礼草草了之。

多灾多难的皇父，应该说在立为皇太子之后，一切趋于正常，平平安安地届时接替皇位。可是，事实证明，绝非如此，意外事件一个接一个。当皇父被立为皇太子的两年之后，即万历三十一年十一月，发生了妖书之案。这虽然是朝廷大臣间斗争的表现，可是仍以皇太子不早立为由，大肆渲染，借机说皇祖顺从郑贵妃之意，准备改易太子。皇祖为之大怒，令厂卫搜捕缉拿，务必搜得制造妖书的主谋之人。大臣间的争论也随之激烈，水火不容。最后，锦衣卫百户崔德捕得被罢黜的生员皦生光，处以极刑，才了结此事。四十一年（1613）六月，锦衣卫百户王日乾奏报奸人孔学与皇贵妃宫中内侍，请妖人王子韶诅咒皇太子，制作圣母、皇上木像，钉其双目，又约赵思圣在东宫侍卫，带刀行刺。其中又涉及郑贵妃和其子福王常洵。叶向高密告皇祖："此次发生之事，与往年妖书之案相类似。"希望皇上"以静制动，等待事件的发展变化，使其自然平息。千万不要为其所动而主动追查，徒生滋扰。"因有叶向高多方调停，陈说利害，才缓解了皇祖之怒，将此事压下不问。真是一波未平，一波又起，到了万历四十三年（1615）五月初四日的下午，有一位不知姓名的男子，手持枣木棍，突然闯进慈庆宫，打伤守门内官李鉴，径直走到慈庆宫前殿檐下，被内官韩本用等擒拿，交付东华门守卫指挥朱雄收押。皇父令韩本用以闯宫事报告皇祖，皇祖命法司提问。后经御史刘廷之审理，知道其人名叫张差，奏报此人迹似疯癫，貌实黠猾，不曾审出他闯入宫中的罪名。当刑部官将张差交付三法司审问时，提牢主事王之寀指其表面装出疯癫模样，实际上是受太监庞保、刘成指使进宫梃击皇太子的，且有张差的口供为据。意思很明确，郑贵妃仍被作为怀疑对象。对张差闯宫梃击一事，有着迥然不同的两种结论。不仅成了后来党争的口实，且在当时以此为题引起了轩然大波。言官的纷纷上疏，使皇祖一筹莫展。又因事涉郑贵妃，郑贵妃也异常恐惶，便求助于皇祖。皇祖令其到东宫皇父处表明心迹，贵妃依命而行。贵妃下拜，皇父亦拜，且拜且痛哭流涕。皇祖为了堵住众言官之口，便于当月二十八日早晨，亲自到慈宁宫拜见太后，接着召见大臣，拉着皇父的手，对群臣说："你们都看见了吧，有这样既聪明忠贞，又志向远大的儿子，能说我不珍爱吗？譬如尔等有子如此长成，能不爱惜吗！"同时命内侍将三位皇孙与一皇孙女从左右阶下引到石级上来，令群臣熟视……由检每想及此，都感到十分恐惧。他仿佛记得，百官大臣分班站立，低头敛眉，非常谦恭。皇祖让他们看我们几位皇孙，一个个慢慢抬起头来，又突然低下去。当时虽有恐惧之感，但看到这番情景，不免暗自发笑。心想这种唯唯诺诺的人就是辅佐皇祖处理国家大事的文武百官大臣吗？甚至想到，像他们这种畏缩局促模样，能处理好国家大事吗？真是说不清当时的心情和感受。当他胡思乱想时，听到皇祖说话了，他说："我与皇太子天性至亲，祖宗、圣母俱所深鉴。小臣恣意妄言，离间我父子，真是奸臣！"大臣纷纷叩头，奏称"不敢，不敢"！皇祖又说："只将疯癫张差、庞保、刘成三人决了，其余不许波及，恐伤天和，震惊圣母灵位。"皇祖对皇父说："你有什么话就当着诸位文武大臣的面毫无保留地说吧。"皇父说："张差是一个疯癫之人，决了便罢，不必株连。"又说："我父子亲爱异常，外廷横生许多议论，尔辈为无君之臣，使我为不孝之子。"皇祖因此对群臣说："你们听到皇太子说的话了没有？"又叙述皇父言语，连声重申不已。梃击一案发展至此，便以处斩张差及太监庞保、刘成了结事端。

皇父好不容易登了皇帝宝座，决心有一番建树，便将国库百万银两犒赏边将边军，天下矿税全部罢去，起用建言得罪诸臣，蠲免遭灾地区租赋。然而，皇父壮志未酬，就一病不起，留下了终生的遗憾。思念及此，由检不会忘记，郑贵妃所行之事。起初，皇父遵遗命，封贵妃郑氏为皇后。郑贵妃不知出于何种动机，向皇父进四名美女。到了万历四十八年（1620）八月初十日，皇父就身染疾病，免不了召御医诊断治疗。尽管如此，皇父仍坚持视朝理事。四天之后，掌御药房的司礼秉笔太监崔文升下通利的大黄药，致使皇父病情加重，一昼夜就起床三四十次，支离于床褥之间。如此数夜不得入睡，每天吃不了一小碗粥饭，头晕目眩，身体疲软，四肢无力，不能行动。

这时，郑贵妃仍居住在乾清宫中，与皇父宠爱的李选侍相互勾结，凭借其地位和宠爱，互相推荐请封皇太后和皇后。于是皇父的外家王、郭及时将官禁中的危急状况遍告朝中大臣，揭露郑贵妃、李选侍的阴谋。同时指出皇父病情日见沉重，是崔文升投药所致。而这些都是郑贵妃、李选侍包藏祸心的结果。可怜的皇父，病情一天比一天沉重，不仅没有得到有效的治疗，反而又发生了鸿胪寺丞李可灼进呈红丸药之事。皇父先吃了一丸，觉得身体瞬间舒畅，既想喝水，又想吃饭了，便令李可灼再进一丸。第二丸药吃下之后，还像上次一样，感觉良好。岂料，次日早晨，便与世长辞……

朱由检想到这里，思念皇父之情更加殷切，潸然泪下。同时想到自己的处境：虽然被封为信王，且已成婚，独立门户。与皇叔相比，所不同的只是自己还住在京师，没有到京外封地，仅此而已。可是，如何以王爷的身份，对待皇兄以及朝廷大臣，各项条例，却有明确的规定，不得越雷池一步。年仅17岁的信王朱由检，每念及此，不禁战栗；又因为了给皇父争气，而促使他潜心学问，孜孜不倦。考虑到自身的安全，也就是更好地自我保护，面临的主要问题首先是对朝廷的君臣界限，以及作为被封信王应该做什么、不应该做什么等等，有一个起码的了解和认识。为此，他对《皇明祖训）反复阅读，对其中的主要章节，熟习于心，甚至可以倒背如流。诸如"凡我子孙，钦承朕命，无作聪明，乱我已成之法，一字不可改易"。"凡自古亲王居国，其乐甚于天子，何以见之？冠服、宫室、车马、仪仗，亚于天子，而自奉丰厚，政务亦简，若能谨守藩辅之礼，不作非为，乐莫大焉。至如天子，总揽万机，晚眠早起，劳心焦耳，惟忧天下之难治。此亲王所以乐于天子也。""凡古王侯，妄窥大位者，无不自取灭亡，或连及朝廷俱废。盖王与关子，本是至亲，或因自不守分，或因奸人异谋，自家不和，外人窥觊，英雄乘此得志，所以倾朝廷而累身己也。若朝廷之失，固有此祸；若王之失，亦有此祸。当各守祖宗成法，勿失亲亲之义。""凡王所守者祖法。如朝廷之命，合于道理，则唯命是听；不合道理……遣使密报天子，天子当询其实。"以及持守、祭祀、出入、礼仪、法律等等。朱由检从中认识到，作为亲王，一定要安分守己，严遵君臣之义，享受朝廷赐予的舒适生活，依照圣旨行事。

朱由检在明确认识到自己的身份、地位和所处的环境之后，心情倒平静起来。泰然处之，随遇而安，就成为他信王生涯的主调。然而，外界事物的发展变化，也曾引起过他心中的波澜，他也不同程度地注视某些重大事变的态势和发展的轨迹。这主要是随着年龄的增长表现出对大明王朝巩固的关心，是更好地进行自我保护的需要。

从朱由检被册封信王，到搬出皇宫、成婚的五年间，时时谨慎小心。因有皇兄的关照，倒也平平安安。可是，由于尊贵的信王地位，奢侈舒适的生活，特殊的宫廷环境，养成了特殊的性格：为求自全而生性猜忌多疑，形似谦恭而刚愎自用，兼及为发泄胸中愤怒而凶暴蛮横。

三　战战兢兢登上皇帝宝座

正当信王朱由检把目光越过王府的大门高墙，注视外界事物的发展变化时，一件十分意外的事，使他为之震惊：皇兄天启皇帝龙体欠安。

提起皇兄，留在朱由检心目中的，只有深厚的情谊和发自肺腑的感激。是皇兄关怀他的成长，册封他为信王，为他娶妃成婚；在日常生活中，或派人探视，或亲自召见，问寒问暖。平日处理朝政之外，于闲暇时，做做木匠活，一时兴起，就连续做下去。但怎么也没有想到皇兄会身染疾病。为此，他多方询问，才知道事情的原委：早在去年八月，皇兄祭祀方泽，在还宫途中，喜欢游戏玩耍的皇兄到西苑，当时已至黄昏时分，魏忠贤与客氏乘坐大船开怀畅饮，十分欢乐。而皇兄独与小太监泛舟荡漾，皇兄亲自荡桨，由小太监从旁帮忙，一船的欢声笑语，达到忘情的程度，由着船只漂游。待船只游到深水之处时，忽然刮起大风，掀翻游船，皇兄与两个小太监同时沉入水中。经过一番紧张的打捞，才把皇兄救上岸来。由于遭此惊吓，加上冷水浸袭，而心生不安，染上疾病。虽然还能临朝接见百官大臣，处理政事，但其疾病未从根本上得到治疗，随着时间的推移，越来越厉害。到现在突然加剧，以致卧床不起。

朱由检心情沉重，本想前往探望，而身为信王，多有不便。尤其是在此关键时刻，又遇到极为敏感的事件，自己的一举一动，都会引起人们的注意和议论，所以只好在王府里为皇兄默默祈祷，希望早日康复。本来，信王朱由检知道魏忠贤邀宠专权，把持朝政，顾虑魏忠贤不能容忍，便收敛锋芒，隐藏才能，常常装病，不入朝谒见，以免被魏忠贤罗织罪名，加以陷害。

时至天启七年（1627）的八月十一日，天启皇帝在弥留之际，召皇五弟、信王朱由检入宫。魏忠贤得此圣旨之时，其党羽纷纷献计：令宫妃假称怀有身孕，而将魏良卿之子领入宫中，接替皇位，由魏忠贤辅佐，就像"新莽之于孺子婴"那样。魏忠贤以为言之有理，便派人婉言暗示熹宗懿安皇后张氏。这位张皇后，天性严正，多次在熹宗面前指斥魏忠贤和客氏的过恶，又曾准备召客氏前来，指斥其罪，绳之以法。还未付诸实施，就被魏、客爪牙探知，报告其主。魏、客于是怀恨不已，便到熹宗面前诬蔑张氏不是张国纪之女，而是重犯孙止孝的女儿，几乎被熹宗信以为真。待张氏怀孕后，魏忠贤和客氏密谋，将张氏周围的宫人全部换掉，另派依附自己的私人，迫使张氏流产。一次，熹宗到后宫，张皇后正在读书，熹宗问读什么书？张皇后回答说："读的是《赵高传》。"熹宗默然，无言以对。此后，魏忠贤和客氏不断指使爪牙寻隙滋事，妄图废去张皇后，令魏良卿之女取而代之。无奈事关重大，且有大臣谏阻，才未得逞。

由于张皇后对魏忠贤、客氏的罪恶和野心有深刻的认识，所以，对魏忠贤派人来的目的也一目了然。话虽说得含蓄，便立即遭到张皇后的严正拒绝，直言不可。她说："从命是死，不从命也是死，那就只好等死罢了，不从命而死，可以有颜见二祖列宗在天之灵。"魏忠贤得知张皇后的严正态度，也无可奈何，不再强迫她，只好遵奉圣旨召信王朱由检入宫进见。

信王朱由检奉命来到宫中，探望皇兄。皇兄侧身在床上，目视由检说："到我跟前来。你当为尧舜之君。"朱由检恐惧万分，不敢应答。过了好长时间，才说："臣死罪，死罪！陛下为此言，臣应万死！"熹宗再三安慰劝勉之后，说道："魏忠贤可任。"朱由检听到此言，不觉一怔，内心更加恐惧。好在他年已一十七岁，对宫廷内的集团势力与争斗略知一二，于是，硬着头皮转过身来与魏忠贤交谈，说魏忠贤服侍皇兄，十分劳苦。魏忠贤语气温和地谦虚一番。朱由检立即请求出宫。接着，天启皇帝又在乾清宫召见内阁阁臣、五军府、六部、都察院大臣及科道官员，告谕道："魏忠贤、王体乾皆恪谨忠贞，可计大事。"内阁首辅黄立极说："陛下一心选贤任能，哪敢不遵圣谕。"至二十二日，天启皇帝在懋德殿死去，年二十三。

怀有野心的魏忠贤，面对天启皇帝之死，即想自篡皇帝之位，又犹豫不决，迟迟不将天启皇帝的死讯公之于众。第二天，百官大臣已有所闻，议论纷纷。不得已，魏忠贤才宣布皇后懿旨，将天启皇帝的死讯布告中外，同时派遣党羽涂文辅、王朝辅迎接朱由检。朱由检来到乾清宫，西向而坐。这时的朱由检，十分恐惧，忧心忡忡，大有危在旦夕之感。他为了自我保护，在临来宫中时，就带着干粮和炒熟的米麦等食物，不吃宫中一粒米，不喝宫中一滴水，对宫中的一切保持高度警惕。到了夜晚，秉烛独坐，偶然看见一名小太监，持剑而过，立即叫到跟前，索要其剑，详加审视，便将剑放在小桌上。当听到宫中巡夜者击打木梆的声音，便起身前往慰劳，并回头问左右侍从，如何才能得到酒食赐给这些巡夜之人？侍从回答说，此事由光禄寺管辖，得问问他们。于是，朱由检便下达令旨，由光禄寺准备酒食，赐给他们。霎时间，个个欣喜，欢声如潮。

宫中的小太监和巡夜校尉此起彼伏的欢声笑语，暂时排遣了朱由检内心的孤独和寂寞。可是，魏忠贤的图谋，未卜的前途，使他越发感到不安，心事重重，辗转难眠。

皇宫之外，又是另外一番局面。当时，群臣百官都在自己的寓所，听到天启皇帝的死讯之后，各怀心思，为大明天下、为自己的前途，忧心如焚。但有一点是共同的：出于他们对魏忠贤及其党羽爪牙的了解和认识，以及近年来他们苦心经营而把持朝政的程度，人人都担心明天入朝若有重大事变，生死难以预测。尽管可能会遇到危险，但还是在天明时不约而同地来到宫殿门前，守卫殿门的宦官不准进入，令百官回去改穿丧服。百官急忙返回，穿着丧服赶来，又说穿的丧服不合适。百官如此往返奔波三四次，个个气喘吁吁，上气不接下气，向守卫殿门的宦官苦苦哀求，才得以进门，行哭临之礼。而魏忠贤、王体乾等人都守护在天启皇帝灵柩左右，王体乾来回往还，布置礼部官员准备治丧礼仪及器物用品；而魏忠贤眼睛红肿，侍立灵侧，一言不发。等群臣百官退出之后，魏忠贤只呼唤兵部尚书崔呈秀一人进入殿内，密谈了一个多时辰，秘而不宣，外人难知其详。有人说，魏忠贤在天启皇帝病情严重之时，就想篡夺皇帝位，曾与都督田尔耕、崔呈秀密谋过，田尔耕诺诺连声，而崔呈秀沉默不语。魏忠贤追问再三，崔呈秀才说："恐外有义兵。"魏忠贤一听此言，极为沮丧，但其心不死。这次单独与崔呈秀密谈，也离不开这个题目，旧话重提，一心想自篡为帝，崔呈秀仍以时机尚未成熟而加以阻止。与此同时，一批宦官提出遵照神宗、光宗皇帝之例，把天启皇帝的灵柩安放在乾清宫，信王暂时住在殿前侧的小屋里。而内阁阁臣认为兄弟与父子不同，天启皇帝的灵柩应当安放在别的殿里，信王住在文华殿。意见分歧。此事未了，又有官员提出请皇后移居慈庆宫，各位贵妃也同时前往；别有官员认为贵妃不能迁移，还居住原处。纷纷扬扬，莫衷一是。心绪烦乱的魏忠贤，对此不置可否，尽由礼部安排，而信王朱由检也冷眼旁观，听其自然。朝廷百官大臣既要按照封建礼仪治丧，又避免出现对峙的局面，更不想使矛盾激化，发生意外事变……这就是天启皇帝去世、新的皇帝还未正式登基的敏感环境和各个方面代表人物的微妙心态。

信王朱由检，以他的聪颖和冷静观察，对魏忠贤及朝廷百官大臣的这一微妙心态，了然于胸，但仍为自己的前途担心，静以待变。

魏忠贤在经过反复思考，再三征询同党意见之后，无可奈何地收敛了篡位的野心。令内阁拟撰遗诏，正式宣布："皇五弟信王朱由检聪明夙著，仁孝性成。爰奉祖训'兄终弟及'之文，命诏伦序，即皇帝位。勉修令德，亲贤纳规，讲学勤政，宽恤民生，严修边备，勿过毁伤。内外大小文武诸臣，协心辅佐，恪守典则，保固皇图。"（《崇祯长编》卷1）

17

至此，围绕天启皇帝的去世而引起的皇位继承问题的明争暗斗，方告一段落。朱由检高悬而焦躁的心也踏实了许多，甚至有点因兴奋而躁动不安。长期郁结在胸中的压抑、幽愤、仇恨及志向、抱负，迫使他跃跃欲试，一展身手；而眼前出现的锦绣前程的曙光，还没有真正捕捉在手之前，又不得不强制自己沉着忍耐，故作沉稳。这也许是朱由检狡黠之处，抑或是他性格的另外一面。

天启七年（1627）八月丙辰（二十三日），当公、侯、伯、驸马、文武百官及军民耆老等呈上劝进表文时，尽管朱由检内心十分激动，但表面上却显得格外平静，以表示自己的谦逊深沉。劝进表文先后三次呈上：第一次，朱由检回答说："览所进笺，具见卿等忧国至意，顾予哀痛方切，继统之事，岂忍遽闻，所请不允。"第二次，他回答说："卿等为祖宗至意，言益谆切，披览之余，愈增哀痛，岂忍遽即大位！所请不允。"第三次，他回答说："卿等合词陈请，至再至三，已悉忠悃。天位至重，诚难久虚，遗命在躬，不敢固逊，勉以所请。"（《崇祯长编》卷1）按照朱由检的本意，恨不得立即登上皇帝宝座，施展他的宏图伟略，发泄久积胸中的幽怨，光复父皇与皇兄的业绩。然而，他跳不出封建礼仪的羁绊，不得不忸怩作态一番。这是因为，按照惯例，文武百官，军民耆老都要三次劝进，才能答允。

朱由检答允继承皇位之后，礼部便及时地将登极礼仪程式呈进：丁巳日清早，大行皇帝几案前设酒菜，朱由检穿孝服，亲自前往祭奠受命；再在皇极殿前设香案、酒果等物，朱由检穿戴衮冕，行告天礼；接着前往奉先殿谒告祖宗，再到皇祖宣懿昭妃前行五拜三叩之礼，再行四拜之礼，最后回到中极殿。余如常仪。

当天，朱由检以将要登极，派遣宁国公魏良卿、保定侯梁世勋分别祭告南郊、北郊，驸马侯拱辰祭告太庙，宁晋伯刘天锡祭告社稷。

一切准备就绪，17岁的皇五子、信王朱由检于天启七年（1627）八月丁巳（二十四日）清晨，按照礼部拟定的礼仪，依次祭奠、行礼，在午时时分来到皇极殿即皇帝位。鉴于皇兄新逝，下达圣旨，令群臣百官不要朝贺，只前来朝见。恰在此时，突然天雷轰鸣，使得群臣百官不免心中顿觉惊异，但还是谨慎平静地朝拜新皇帝登极，同时分别奏报职权范围之内的当兴当革之事。所有这些例行公事，都是沿袭千年不变的程式，而这位以藩王身份，在大明王朝这架封建机器运转长达二百余年之时入继大统的朱由检来说，既觉得新奇和兴奋，又因天雷突然轰鸣而显出人们难以觉察的惊悸和苦涩。尽管如此，他在听完群臣百官的奏报，且一一应答之后，还是拿出阁臣早已撰写好的《即位诏》照本宣读，他说："我国家列圣，缵圣休烈，化隆俗美……远垂万祀。我大行皇帝，仁度涵天，英谟宪古，励精宵旰，锐虑安攘，海宇快睹，维新疆土，勤思恢复。万机总揽，六幕提休。方启鸿图，忽宾龙驭。爰膺顾命，及予眇躬。侧聆凭几之言，凛念承祧之重。文武群臣、军民耆老合词劝进，至于再三，辞拒弗获，乃仰遵《遗诏》，于八月二十四日祇告天地，即皇帝位。以明年为崇祯元年。①朕以冲人，统承鸿业。祖功宗德，惟祗服于典章；吏治民艰，将求宜于变通。毗尔中外文武之贤，赞予股肱耳目之用，光昭旧绪，愈茂新猷。"（《崇祯长编》卷1）朱由检在群臣百官高呼的万岁声中，成为明朝的末代皇帝，与大明王朝一起，共度艰难曲折的岁月。

---

① 关于朱由检改元，文秉《烈皇小识》卷1有如此记载："上既即位，廷议改元，礼部拟进者四：'永昌'、'绍庆'、'咸宁'、'崇贞'。御笔改'贞'为'祯'，点用之。"

第二章

理想：构筑难圆的中兴之梦

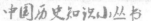

长期深居宫中，衣来伸手、饭来张口的生活，使朱由检几乎与外界隔绝。虽然偶尔外出，但只是为了排遣宫廷生活的孤独与寂寞。被册封为信王之后，其活动的天地与环境，较前没有根本性的变化。即使是从宫内迁出成婚，也还是居住在京师重地。对大明王朝的状况，尤其是外部的情势，诸如边塞军事、民间疾苦等等，知之甚少，以至于茫然不知。倘若朱由检仍是信王，知与不知，无碍大局。而现在是一国之君，不能不对关乎民生社稷的重大问题有一深刻的了解，作出正确的决择。

当朱由检把注意力集中于朝廷内外的局势，且有所了解之后，不禁为之惊愕：朝廷政治的混乱与黑暗；民间疾苦的严重，以至揭竿而起，波及全国；后金势力的日益强大，大明官军的将骄卒惰，等等，处处潜伏着严重的危机，大有一触即发之势。如此危机和破败的局势，是朱由检无论如何也没有想到的。

真是内忧外患并生，时局十分险恶，初登帝位的朱由检该如何处置，既是对他的极大考验，又直接关系到明王朝的中兴与衰亡。封建史家事后论及，多指其当疏壅蔽，救败亡。抑或当如创业之君那样，兴利除弊，重振朝纲，等等。多为空泛之论。崇祯皇帝朱由检凭借其血气方刚，希图有一番作为，他在《即位诏》中说："朕以冲人统承鸿业。祖功宗德，惟祗服于典章；吏治民艰，将求宜于变通。"寥寥数语，表达出他的历史抉择：承其皇祖典章旧制，改革吏治，缓解民艰。也就是说，崇祯皇帝已经意识到朝政的混乱，是由吏治不严所致，使国家机器不能正常运转，须要切实治理；广大百姓在连年灾荒和加派田赋的双重压迫下，生活得异常艰难，须要变通。客观地讲，在当时，他不可能也不会历数前朝弊端，提出有效的治理措施；加上以信王登极，也很难对面临的危机有较深的了解和认识，缺乏对内忧外患的正确估计。他只能简单地认为，在严格遵循祖制典章的前提下，只要肃清吏治，使其勤于职守，提高办事效率，再运用皇帝手中的至高无上的权力，加以督促，不难度过积重难返的时局。

在具体实践中，应该说是执着的，为此付出了极大的努力。他登极伊始，就表现出与皇祖、皇兄不同的风格，"不迩声色，忧勤畅励，殚心治理"。（《明史》24《庄烈帝赞》）在危机四伏的形势下，尽量作出切合实际的抉择，构筑着中兴之梦：潜移默夺，机智地清除魏忠贤为首的阉党集团；采取措施，兴利除弊，澄清吏治；重新组建东林内阁，加速封建国家机器的运转，等等。企图凭借自己的聪明才智和至高无上的权力，多方努力，使大明王朝在他的统驭下实现中兴之治。然而，崇高的理想与残酷的现实之间的矛盾，日趋激烈，积重难返；加上刚愎自用的性格，举措失当。中兴之梦难圆，终于化为泡影，成难圆之梦。

一　智除魏忠贤

改前朝长期不理政事的恶习，事必躬亲的朱由检，对宦官之祸，尤其是对魏忠贤的擅权乱政，作恶多端，有着深刻的了解和切身的体会。因此，在他即位伊始，就着手设法清除以魏忠贤为首的阉党集团。先潜移默夺，剪除其羽翼，使其孤立；继而寻找有利时机，智除巨恶，且尽量做到一网打尽，表现出朱由检的聪明才智。

宦官之祸与魏忠贤

在中国历史上，宦官之祸，由来已久，且有其产生和发展的历史过程。明太祖朱元璋以武力夺取天下，在其立国之初，非常注意吸取前朝的历史教训和经验，事事谨慎，恰当处置，尽可能避免重蹈前朝灭亡的覆辙。对待宦官的态度和处置，应该说是较为成功的一例。早在洪武二年（1369）八月规定内侍之制时，朱元璋就告诉吏部官员说："朕观《周礼》，所记不及百人。后世至逾数千，卒为大患。今虽未能复古，亦当为防微之计。古时此辈所治，止于酒浆醯醢，司服守祧数事。今朕亦不过以备使令，非别有委任，可斟酌其宜，毋令过多。"又顾谓侍臣说："此辈自古以来，求其善良，千百中不一二见。若用以为耳目，即耳目蔽矣；以为腹心，即腹心病矣。驭之之道，但常戒饬，使之畏怯，不可使之有功。有功则骄恣，畏怯则检束，检束则自不敢为非也。"（《明太祖实录》卷44）六年闰十一月，朱元璋又令官员考究前代纠劾内官之法，设官纠察。不仅如此，在具体实践中，朱元璋发现问题，即将其扼杀于萌芽之时。一次，有一内侍，以在内廷供奉时间长久，便从容言及政事，朱元璋立即将其遣还乡里，不得任用。态度严厉而果断。并以此告谕群臣："自古贤明之君，凡有谋为，必与公卿大夫谋诸朝廷而断之于己，未闻近习嬖幸之人得与谋者。况阉寺之人，朝夕在人君左右，出入起居之际，声言笑貌，日接乎耳目，其小善小信，皆足以固结君心，而便嬖专忍其本态也。苟一为所惑而不之省，将必假威福、窃权势，以干预政事。及其久也，遂至于不可抑，由是而阶乱者多矣。朕尝以是为鉴戒，故立法。寺人不过侍奉洒扫，不许干预政事。今此宦者虽事朕日久，不可姑息，决然去之，所以惩将来也。"《明太祖实录》卷22）不久，又下令：内臣不许读书识字。十七年七月，朱元璋敕令："内官毋预外事。凡诸司毋与内官监文移往来。"且对侍臣说："为政必先谨内外之防，绝党比之私，庶得朝廷清明，纪纲振肃。前代人君，不鉴于此，纵宦寺与外臣交通，觇视动静，夤缘为奸，假窃威权，以乱国家，其为害非细故也。间有发觉，奋欲去之者，势不得行，反受其祸，延及善类。汉、唐之事，可深叹也。夫仁者治于未乱，知者见于未形。朕为此禁，所以戒未然耳。"（《明太祖实录》卷163）由于朱元璋立国之初，就注意到对宦官严加约束和限制，加上朱元璋本人享有崇高的威望，致使宦官不敢越雷池一步，尽管朱元璋有派遣宦官出使，之举但未曾酿成祸患。

历史喜欢捉弄人，喜欢同人们开玩笑。朱元璋订立的对宦官的各种限制和禁令，被他的继承者——破坏，而酿成如正统年间的王振、成化年间的汪直、正德年间的刘瑾等宦官之祸，且较前代更甚。到天启年间的魏忠贤，可以说达到了登峰造极的程度。

魏忠贤本是一位目不识丁的市井无赖之徒，于少年时赌博，负债累累，因而自宫，隶于司礼监掌东厂太监孙暹，谨慎侍奉皇孙朱由校。凭借其骑马驰驱及右手执弓、左手彀弦，射多奇中的本领，引导朱由校游戏玩乐，得到了朱由校的欢心和宠信。后夤缘，为朱由校生母王才人办膳。又由朱由校乳媪客氏从中斡旋，魏忠贤得以充任东宫典膳。朱由校即皇帝位，客氏、魏忠贤一并得到宠爱，不到一个月，客氏被封为奉圣夫人，荫其子侯国兴、弟客光先及魏忠贤的哥哥魏钊俱为锦衣千户。不久，魏忠贤自惜薪司迁至司礼秉笔太监兼提督宝和三店，手中握有相当的权力。便寻隙驱逐魏朝，再陷正直宦官王安，尽斥其名下诸阉。使得宫中之人，个个俯首，不敢有些微违抗。接着，笼络私人，用司礼监王体乾及李永贞、石元雅、涂文辅为羽翼，客氏、魏忠贤的势力得到扩大，地位亦为之稳固。一个淫而凶狠，一个残忍阴毒，狼狈为奸，共同作恶；或排斥异己，残酷迫害，必欲置于死地而后快；或广树私人，起用奸邪，把持要津，揽权肆虐。不仅如此，魏忠贤又奉命提督东广，势力更加烜赫，为祸更甚。天启五年前后，朝中正臣如吏部尚书赵南星，左都御史高攀龙，吏部侍郎陈于廷以及杨涟、左光斗、魏大中等数十人皆被罢斥；又逼迫内阁首辅叶向高致仕，逐追阁臣韩爌及兵部侍郎李邦华。正人君子，纷纷被迫离任。接着，便矫中旨召用例转科道。以朱童蒙、郭允厚为太仆少卿，吕鹏云、孙杰为大理丞，再次任命霍维华、郭兴治为给事中，徐景廉、贾继春、杨维垣为御史，而起用徐北魁、王绍微、乔应甲、徐绍吉、阮大铖、陈尔翌、张养素、李应荐、李嵩、杨春懋等为爪牙。不久，复用拟戍的崔呈秀为御史。与此同时，进一步迫害东林正直之士。先将杨涟、左光斗、袁大化、魏大中、周朝瑞、顾大章牵扯到熊廷弼一案之中，制造了"六君子之狱"；再伪造浙江太监李实奏疏，逮捕高攀龙、周宗建、缪昌期、李应升、周顺昌、黄尊素、周起元而制造"七君子之狱"。当魏忠贤利用皇帝的宠信，打击朝中正臣，且取得绝对优势后，又对两派争论最为激烈的梃击、红丸、移宫三案，重新加以改写，编成《三朝要典》，分别以王之寀、孙慎行、杨涟为三案罪魁祸首，肆意打击和迫害。另有《缙绅便览》、《同志录》、《点将录》等，开列东林党人名单，由魏忠贤斥逐。至天启末年，被魏忠贤集团残酷拷打而毙于诏狱者十余人，下狱谪戍者数十人，削夺者三百余人，革职贬黜者不可胜计。于是朝中"善类为一空。"（《明史》卷240《叶向高传》）当此之时，内外大权全归魏忠贤，内竖自司礼监王体乾外，又有李朝钦、王朝辅、孙进、王国泰、梁栋等三十余人，为左右拥护。外廷文臣有崔呈秀、田吉、吴淳夫、李夔龙、倪文焕主谋议，号"五虎"；武臣则有田尔耕、许显纯、孙云鹤、杨寰、崔应元主杀戮，号"五彪"。又有吏部尚书周应秋、太仆寺少卿曹钦程等，号"十狗"，又有"十孩儿"、"四十孙"之号。而为崔呈秀门下的鹰犬、走卒，不计其数。从内阁、六部以至四方总督、巡抚，遍置死党，把持要津。不仅如此，还冒功滥赏，广建生祠，若魏忠贤出行，所过之处，士大夫遮道拜伏，至呼九千岁。加上客氏主于内，群凶煽虐，以是流毒海内。宦官之祸，于此为烈。

从明代宦官之祸的演变过程，似乎可以发现这样一条规律：宦官作恶与否，恰与皇帝的态度紧密地联系在一起。换言之，若皇帝勤于政事，处事果决，且严格约束宦官，使其恪守其职，宦官必不敢肆意妄为，为非作歹，制造祸乱；反之，皇帝贪图安乐，怠于朝政，宦官必乘机假公济私、招权纳赂，以售其奸，终于酿成祸乱。如前所述，朱元璋以开国之君，整饬宦官，极为严厉；朱棣继其父业，虽眷顾宦官，但由于他的雄才大略的威慑力，使宦官畏惧。就像日事斋醮的朱厚熜，在处理其他政务时的失误姑且不论，仅以管束宦官而言，因吸取了朱厚照时期的教训，应该说在嘉靖一朝，宦官还算安分。再看正统、正德、熹宗三朝，英宗朱祁镇是一孩童，其处事能力可想而知。王振窃权误国，不难理解。武宗朱厚照、熹宗朱由校，或放荡不羁，行径怪诞而荒唐；或性好走马，嗜操斧锯凿削而日事营造，根本无暇也无意于朝政治乱。有两条史料，足以说明：《明史·刘瑾传》载："瑾每奏事，必侦帝为戏弄时。帝厌之，亟麾去曰：'吾用若何事？乃溷我。'"《三朝野记》载：熹宗朱由校"性好走马，又好小戏，好盖房屋，自操斧锯凿削，巧匠不能及。又好油漆匠。手使器具，皆内官监、御用监办进。日与近侍之臣涂文辅、葛九思辈朝夕营造。造成而喜，不久而弃；弃而又成，不厌倦也。当其斧斫刀削，解衣盘礴，非素昵近者不得窥视。王体乾等每伺其经营鄙事时，即从旁传奏文书。奏听毕，即曰：'尔们用心行去，我知道了！'所以太阿下移，忠贤辈操纵如意，而呈秀、广微辈通内者，亦如枪鼓之捷应也。"这一对龙子龙孙的言行如出一辙。若朱元璋地下有知，一定会勃然大怒，愤恨不已。

潜移默夺，智除阉党

朱由检入继大统，走进皇宫，立即被阉党所包围。毒雾迷空，荆棘遍地，犹如只身出入于刀锋剑铓之中，形势极为危险和严峻。然而，他处危境而不乱，以少有的冷静，不动声色，坐以待变。是其"天纵英武"的表现，抑或另有苦衷？

事实上，朱由检对魏忠贤、客氏相互勾结，狼狈为奸，擅权作恶的行径，早已耳闻目睹。因此，当他被皇兄召入宫中，临床接受皇兄的委托时，其紧张、畏惧的表情，就是很好的说明。此时的心情，十分复杂、矛盾：一是能否顺利地按兄终弟及的祖训继承皇位？二是继承皇位之后该怎么办？受其挟制，还是清除阉党之祸？当前者变成现实之后，朱由检集中考虑的首要问题，是如何对待以魏忠贤和客氏为首的阉党集团和势力。按照朱由检的性

格，他很可能凭借皇帝手中的至高无上的权力立即下达圣旨，即日可除。可是，他清醒地认识到，就目前阉党势力之大，超过皇祖、皇父及以前的任何朝代，而且所有衙门都被其牢牢把持，几乎到了牵一发而动全身的程度。若没有充分的准备，其结果将适得其反，不仅不会达到预期目的，而且会为其所害。同时，朱由检心中另有苦衷：皇兄尸骨未寒，"忠贤宜委用"的嘱托，犹言在耳。既然胸怀雄图大略，使大明王朝在自己的手中重新振兴，万万不能置皇兄的嘱托于脑后，给廷臣、军民，尤其阉党留下任何口实。于是，他只能从长计议，根据情势自身的发展和变化，相机而行。

经过一番深思熟虑之后，朱由检成竹在胸，施以潜移默夺的策略，一步一步地对付阉党势力，以至最终彻底清除，把封建秩序纳入正常轨道。为此，朱由检采取了如下步骤。

首先，剪除羽翼，孤立臣奸。

朱由检即位之初，仍像皇兄那样对待魏忠贤及其党羽，该赏赐的照样赏赐，该荫官的照样荫官，就连皇兄曾赐予魏忠贤的匾额也照样赐予，一切照旧，毫无变化。有时在处理朝政之时，还向魏忠贤、王体乾询问前朝事务。天启七年（1627）八月末的一天，朱由检见魏忠贤、王体乾侍立在侧，偶然想到魏忠贤对待异己，动以立枷示威，前后毙死者数以千计，便以此事问魏忠贤。当魏忠贤还未反应过来之时，王体乾就赶紧回答说："这些刑具都是对大奸大恶才用的。"朱由检默然良久，忧愁地说："虽然如此，我还是觉得太残酷，不是国家盛事。"魏忠贤、王体乾为之瞠目结舌，无言以对。九月初一日，忧心忡忡的魏忠贤看到朱由检即位有日，亲理政事，有条不紊，宫中也一片平静，不见有不利于自己的迹象。越是这样，魏忠贤反而越发不安。尤其是当他一想到朱由检询问立枷之事，不禁为之战栗。他为了保住高爵厚禄，不得不去对皇帝信任的原在他管辖的内侍徐应元毕恭毕敬，馈赠珍奇异宝，结为兄弟。又运用以攻为守的伎俩，上书乞求辞去东厂提督之职，交还印信，借以试探虚实。结果，大出所料，朱由检不仅没有批准，而且还好言相劝，慰留一番。这也许是徐应元从中起了作用。过了两天，宫中的唯一变化，就是准许奉圣夫人客氏出宫到私人宅第居住。魏忠贤感到此事似与自己有关，又似乎仅是宫中嫔妃之事。为了使悬着的心能够踏实，又于初三日上书乞请免去户部丧礼香蜡三万金，朱由检立即表示同意，付诸实施。辞职不允和乞请允准的两次试探，把魏忠贤本已慌乱的心搅得更加慌乱，朱由检的准与不准，看起来合于常规，也合于事理，令他未能从中窥探出究竟。第二天，司礼太监王体乾接踵而来，向朱由检请求辞职，朱由检仍然切实地慰留一番，令其安心任事。到了这月的二十五日，魏忠贤仍忧心忡忡，上书乞请停止为其建立生祠，朱由检优礼有加，给予答复："其前赐额许如故。余止之。"又说："建祠祝厘，自是舆论之公，厂臣有功不居，更见劳谦之美，准辞免，以成雅志。"五天之后的九月三十日，巡抚江西右佥都御史杨邦宪、巡按御史刘述祖分别上书称颂厂臣魏忠贤的"功德巍巍"，请求为其建祠。朱由检拿着杨、刘的奏疏，且阅且笑，并不明示。最后以"已有旨了"了事。同年十月初四日，荫司礼太监徐应元锦衣卫指挥同知，王之政、王国泰、王永祚荫指挥使。又荫徐应元、周世治、商辅明正千户，曾文学、张宗德、李承恩、徐延年、商作霖、黄一魁、李天寿副千户，王之政、王国泰、王永祚、范寿宁百户。又荫旧御前太监王佐、陈秉政、齐本正、张永庆、王永年百户，并世袭。同月初九日，以"赞襄典礼"，荫司礼太监王体乾、魏忠贤锦衣卫都指挥佥事。十一日，录东江功。太监魏忠贤、王体乾、徐应元及胡良辅、金捷、郭尚礼各荫锦衣卫指挥同知，苗成指挥佥事，郭尚礼千户，边进朝等二十一人各百户。崔呈秀等荫锦衣卫指挥同知。其余的人，赐给多少不等的金币。与此同时，追随魏忠贤的涂文辅，搜括太仓节省银一万二千两呈进，以备恩赏。朱由检予以称赞；阉党工部尚书杨梦衮连续上书乞假，朱由检亦予以挽留，等等。至此，朱由检对原信王府第随侍宦官与魏忠贤、王体乾的党羽同时荫庇赏赐，在一定程度上打消了他们的疑虑，也迷惑了他们。魏忠贤、王体乾等似乎于心稍宁。

面对魏忠贤、王体乾等接二连三地试探，朱由检都应付自如，态度诚恳，连心怀奸诈之徒也未完全觉察。虽然如此，朱由检对宫中近侍的安排和防范不敢有丝毫放松，在暗地里默默地把原来信王府第侍奉于左右的太监屡屡推用，召入宫中供事。徐应元升至司礼监太监，委以重任。然后根据李朝钦、裴有声、王秉恭、吴光成、潭敬等人的请求，先后准其致仕，魏忠贤的党羽，得到清除，以便另行寻找时机，剪除其余的爪牙。

正当朱由检一步一步地将潜移默夺阉党势力的计划付诸实施之时，突然收到了新任南京通政使杨所修的奏疏，弹劾崔呈秀夺情，周应秋贪墨。其实，这份奏疏的背后是极为复杂的。原来，杨所修由给事中升迁为太仆寺少卿，亦属阉党中的一员。后被推升为南京通政使，这本来是迁官晋秩，只是由于南京是个清闲之地，比起京师来，其权力范围相差悬殊，因而，极不高兴。所以，看到其党必将失败，便与同党吏科都给事中陈尔翼及李蕃等密谋，准备把多年以来的劣迹都推到崔呈秀身上，并上疏参劾，借以逃脱罪责。又以周应秋任吏部尚书，贪秽无耻，趁机一并铲除，由孙杰代其任，再将杨所修调回京师。然后纠合众力，共持残局。因此，由杨所修先发，陈尔翼、李蕃相继跟进。这就是杨所修首先呈进奏疏参劾崔呈秀、周应秋的个中奥秘。当崔呈秀得知其谋之后，径直到都察院斥骂李蕃，李蕃不敢还口。又指孙杰骂道："你的进士从何而来？你的官职从何而来？居然敢指使人来弹劾我！"孙杰惶恐，无言以对。接着，崔呈秀借清查经管钱粮之事要挟孙杰，且说："你必须令陈尔翼出面驳斥杨所修，再看情况是不是要饶恕你。"孙杰唯唯诺诺，连声答应。于是吏科都给事中陈尔翼依照崔呈秀的旨意送上一份奏章，他说："南京通政使杨所修奏，仰体圣孝，诸部臣屡疏乞去。夫君臣上下，可相安无事，而播弄多端，葛藤不断。闻东林余孽，遍布长安，欲因事生风，忧不在小。乞敕下厂卫、五城缉访。"目的是扰乱朱由检的视线，掩护阉党。朱由检得此奏章，虽然不知其背景和幕后的密谋策划，但首先想到的是此举是否会影响他清除阉党计划的实施。如果按陈尔翼的请求，派遣厂卫校骑，四出缉访，势必又生事端，引起混乱。尤其是在即位伊始，政局还未稳定之时，取此举动，不仅搞得人心惶惶，且直接影响阉党的清除和朝政的治理。朱由检经过仔细考虑后，下达圣旨："群臣流品，经先帝分别澄汰已精。朕初御极，嘉与士大夫臻平康之理，不许揣摩风影，致生枝蔓。"谈迁对朱由检的这一决策大加称赞："甚哉，金人之过虑也。睨见将销，兔窟欲避，遂以缇校箝将来之口。李斯督责，饴试新主，幸未中其说，薄示优容，彼辈益自为得计矣。逐鱼者濡，逐兽者趋，无足怪也。"（《国榷》卷88）朱由检就这样不动声色地实施着他的计划。

其次，静以待变，清除阉党。

朱由检的冷静，使作恶多端的阉党集团更觉畏惧，时刻都可能大祸临头。而首恶魏忠贤，虽有此感，但还心存侥幸。尤其是经他多年经营而盘根错节的势力，又使他有恃无恐。当他试探朱由检的动向后，再次相信自己的估计：新皇帝还没有能力与自己较量。然而，魏忠贤万万没有想到，朱由检之所以没有立即采取行动，是在寻找有利时机，取静以待变的策略。更出魏忠贤意料之外的是，朱由检居然等到了机会，而且是原来追随自己而没有被重用的云南道御史杨维垣上书弹劾兵部尚书兼左都御史崔呈秀，说他与阁臣冯铨争权，嗾使吴淳夫攻讦。此疏虽未直指魏忠贤之名，但所罗列的罪恶，厂臣亦被涉及。朱由检觉得时机还未成熟，便下达圣旨，虽说杨维垣轻率，但不予追究。尽管如此，对当事者崔呈秀无疑是一个沉重的打击。他便一面上疏辩白，一面请求回家守制。朱由检仍然未予批准。三天之后，杨维垣再次上书弹劾崔呈秀，指其贪淫横肆，兼及吴淳夫、倪文焕、李应荐等人。朱由检还是不立即处置，只是令其静听处分。继续寻求有利时机。直到十月二十一日，朱由检在崔呈秀三上辞呈之后，才令其乘驿站车马，回家守制。

因有杨维垣首次弹劾崔呈秀的奏章，无异于一石投入平静的水中，顿时引起反响，涟漪渐渐扩大。十月二十三日，工部都水司主事陆澄源上书言四事，即正士习、纠官邪、安民生、足国用。其中涉及魏忠贤劣迹。同月

二十五日，新任兵部武选司主事钱元悫，专疏直接揭露东厂太监魏忠贤的罪恶："迩年以来，百辟卿士，不媚天子而媚奸臣，至舆厮贱隶，夤缘扳附，立跻显要，玷列卿行，污滥朝署。常伯有续貂之诮，烂羊兴关内之谣，甚非盛世所宜有也。厂臣魏忠贤以枭獍之姿，供缀衣之役。先帝念其服勤左右，假以事权，群小蚁附，势渐难返。称功颂德，布满天下，几如王莽之妄引符命；列爵三等，畀于乳臭，几如梁冀之一门五侯；遍列私人，分置要津，几如王衍之狡兔三窟；舆珍辇宝，藏积肃宁，几如董卓之郿坞自固；动辄传旨，钳制百僚，几如赵高之指鹿为马；诛锄士类，伤残元气，几如节甫之钩党株连；阴养死士，陈兵自卫，几如桓温之壁后置人；广开告讦，道路以目，几如则天之罗钳吉网。先帝念忠贤有驱使之微劳，闻誉言之日至，岂料其威权趋附之至此。使先帝而早知其横祸，亦必有以处忠贤矣。即皇上念其劳，贷之不死，宜勒归私第，散死士，输蓄藏，使内廉无屑火之烛，外廷无尾大之虑。魏良卿辈，既非开国之勋，又非从龙之宠，安得玷兹茅土，污此彝章。速令解组褫绅，长农没世。至告讦获赏之张体乾，锻炼骤贵之杨寰，夫头乘轿之张凌云，委官开棍之陈大同，号称长儿之田尔耕、宁国契友之白太始、龚翼明等，凡为爪牙，俱明暴其罪，或殛或放，奸党肃清，九流澄澈。"朱由检说道："钱元悫小臣，如何又来多言，姑且不加追究。"而继其后上书揭露魏忠贤十大罪恶的贡生钱嘉征，语言更为犀利、尖锐，而且详尽："曰并帝。封章必先关白，至称功颂德，上配先帝。及奉谕旨，必云朕与厂臣，从来有此奏体乎？曰蔑后。皇亲张国纪，未罹不赦之条，先帝令忠贤宣皇后，灭旨不传，致皇后于御前面折逆奸，遂罗织皇亲，欲致之死。赖先帝神明，祗膺薄衍，不然，中宫几危。曰弄兵。祖宗朝不闻内操，忠贤外胁臣工，内逼宫闱，操刀禁苑之中。曰无二祖列宗。高皇帝垂训，中涓不许干预朝政。乃忠贤一手障天，杖马辄斥，蛊毒缙绅，蔓连士类。凡钱谷衙门，边腹重地，漕运咽喉，多置腹心，意欲何为？曰克剥藩封。三王之国，庄田赐赉，不及福藩之一；而忠贤封公侯伯之土田，拣选膏腴，不下万顷。

曰无圣。先师为万世名教主，忠贤何人？敢祠太学之侧！曰滥爵。古制非军功不侯，忠贤竭天下之物力，佐成三殿，居然袭上公之爵，觊不知省。曰邀边功。建虏犯顺以来，堕名城，歼士女，杀大帅，神人共愤，今未恢复尺寸地。宁远稍捷，袁崇焕功未克终，席不及暖，忠贤冒封侯伯；假辽阳、广宁复归版籍，又何以酬之乎！曰朘民脂膏。郡县请祠不下百余，计祠费不下五万金。敲骨剥髓，孰非国家之膏血！曰通同关节。顺天乡榜，二十六日拆卷，而二十四日崔铎贴出，复上贤书，其夤缘要挟，不可胜数。"钱嘉征具疏赴通政司封进，而通政使吕图南以"字划称谓不如式"，命其重新誊写。钱嘉征又弹劾吕图南"党奸阻抑"。吕图南不服，上疏争辩。朱由检令"以原驳二疏呈览"。朱由检阅完嘉征奏疏，批道："魏忠贤事体，朕心自有独断。青衿书生，不谙规矩，姑饶这遭。"比起钱元悫的批语，应该说缓和得多了。况且，钱嘉征仅仅是一贡生，有此批语，实意味着充分的肯定和赞许。次日，魏忠贤得知此疏，极为愤恨，在朱由检面前痛哭流涕，连呼冤枉。朱由检不为所动，命内侍当廷诵读钱嘉征奏疏，让魏忠贤亲耳聆听，魏忠贤"震恐丧魄"。之后，魏忠贤以身体不适为由，请求辞职。徐应元本起于信王府第，因魏忠贤与其相勾结，但见魏忠贤将要失势，也以有病，请求疗养。朱由检批准魏忠贤、徐应元"私家调理"。同时改宁国公魏良卿为锦衣卫指挥使、东安侯魏良栋为指挥同知、安平伯魏鹏翼为指挥金事。太监涂文辅请求解职，准其辞监视仓库之任。直到十月末，因言官劾奏频繁，且舆论统一，才将崔呈秀的情罪交付吏部勘处。罢免工部尚书吴淳夫、太仆寺卿白太始、尚宝司卿魏抚民以及东厂太监王体乾的官职。（《崇祯长编》卷2）如此处置，真可称是不急不躁，步步为营，平稳妥切。

天启七年（1627）十一月初一日，朱由检在一切准备妥当之后，即着手处置巨奸魏忠贤，他告谕道："朕闻去恶务尽，驭世之大权；人臣无将，有位之炯戒。我国家明悬三尺，严惩大憝，典至重也。朕览诸臣屡列逆恶魏忠贤罪状，俱已洞悉。窃思先帝以左右微劳，稍假恩宠，忠贤不报国酬遇，专逞私植党，盗弄国柄，擅作威福，难以枚举，略数其概：皇兄怀宁公主生母成妃李氏，假旨革夺，今冤未雪；逼裕妃张氏，立致弃生；借旨将敢谏忠直之臣，罗列削夺，又同心腹酷刑严拷，诬捏脏私，立毙多命。他若謷谔痛于杖下，柔良苦于立枷。臣民重足，道路以目。而身受三爵，位崇五等，极人臣未有之荣，通同客氏，表里为奸。先帝弥留之时，犹叨恩晋秩，亡有纪极。赖祖宗在天之灵，天厌巨恶，神夺其魄，罪状毕露。朕思忠贤等不止窥攘名器，紊乱刑章，将我祖宗蓄积贮库传国奇珍异宝金银等朋比侵盗几空。本当寸磔，念梓宫在殡，姑置凤阳。二犯家产，籍没入官。其冒滥宗戚，俱烟瘴永戍。於戏。"于是，将魏忠贤贬谪到凤阳祖陵司香。而客氏，先送至浣衣局收管。（《国榷》卷88）

　　朱由检削夺魏忠贤、客氏及崔呈秀的权力，且做了相应的处置，仍不放心，加上科道官屡次上书，继续揭露阉党罪恶，尤其是魏忠贤前往贬所凤阳过程中，仍然威风八面，不减当年。于是，朱由检在十一月初四日告谕兵部："朕御极以来，深思治理，而有逆恶魏忠贤，擅窃国柄，蠹盗内帑，诬陷忠直，草菅人命，狠如狼虎。本当肆市以雪众冤，姑从轻降发凤阳，不思自惩，将素畜亡命之徒，身带凶刃，不胜其数，环拥随护，势若叛然，朕心甚恶。着锦衣卫即差的当官旗前去扭解，押赴彼处，交割明白。所有跟随群奸，即擒拿具奏，勿得纵容贻患。若有疏虞，责有所归。尔兵部马上差官，星驰传示。"此时，魏忠贤行至阜城，而其心腹爪牙李朝钦得知这一圣谕，立即前往阜城，密告魏忠贤设计自处，众随从纷纷逃散。魏忠贤见此情势，知不可免，便与李朝钦痛饮，直至深夜四鼓，一起在阜城旅舍上吊自杀。同月初九日，已经归至蓟州的崔呈秀接到削籍夺爵的圣旨，又得知魏忠贤自杀身死，便列姬姜，罗珍宝，呼酒痛饮。尽一卮，即掷之于地。饮毕，即自缢身死。朱由检再敕部院："巨恶魏忠贤，窃先帝之宠灵，擅朝廷之威福，密听群奸，矫诬善类，稍有触忌，肆行惨杀。数年来蔑诬不知几许？削夺不知几许？幽圄蔽日，沈黑累弥天，冤抑所积，上干玄象，致星陨地裂，岁祲兵连。今魏忠贤、崔呈秀天刑已殛，臣民之愤稍舒，而诏狱游魂犹郁，锢籍誉髦未伸，岂所以昭朕维新之治。着该部院并九卿科道，将以前斥害诸臣，从公酌议，采众评定。有非法禁死、情最可悯者，即与褒赠荫恤；其削夺牵连者，即与复官起用；当有身故控赃难结、家属波累犹羁者，即与开释。勿致久淹，伤朕好生之心！"（《崇祯长编》卷3）十七日，在浣衣局将客氏掠死，其子侯国兴逮捕入狱。崇祯元年（1628）正月，朱由检下令磔忠贤尸于河间，斩崔呈秀于蓟州，又斩客氏尸，且将客氏尸发净乐堂焚化。

与此同时，朱由检先后处死、罢免、削籍、降用魏忠贤、客氏、崔呈秀的党羽和爪牙，计有内阁首辅黄立极，阁臣施凤来、张瑞图、李国槽；吏部尚书周应秋，户部尚书张我续，礼部尚书孟绍虞，兵部尚书田吉、闫鸣泰、刘诏，刑部尚书苏茂相，工部尚书杨梦衮、孙杰、孙贞、薛凤翔、刘廷元、吴淳夫、李夔龙，锦衣卫左都督田尔耕、孙云鹤，巡抚单明翊、朱童蒙，提督操江右佥都御史刘志选，太仆寺卿张凌云、陈大同、梁梦寰、白太始，尚宝司卿魏抚民，太监李永贞、李实、涂文辅、王国泰、崔应元、王莅民、魏持衡等。十二月二十三日，将吴淳夫、田吉、李夔龙、倪文焕追赃遣戍，田尔耕、许显纯论死，崔应元、孙云鹤、杨寰戍边。另外处斩魏良卿，永戍客光先、客王番、杨占奇等。谈迁对朱由检的这一举措评论说："逆贤在肘腋，若急霆迅雷以处之，事或叵测，惟探骊如睡，市虎不惊，彼志渐安，疑忌稍泯，思长保郿坞，当不失为富家翁。始出之外宅，寻置中都，纡徐容与，然后司寇操三尺以律之。"（《国榷》卷88）道出了朱由检处置阉党过程中的策略及其聪明才智。

与此相联系，朱由检趁机裁撤了派往各地的镇守内臣；销毁了以梃击案、红丸案、移宫案为主要内容，魏忠贤等为美化自己排斥异己、壮大阉党势力而编辑的《三朝要典》；以及为彻底消除阉党余孽，钦定逆案。

然而，任何事务的发展演变，都具有两面性，此时朱由检清除阉党的态

度是坚决的，且要除恶务尽，代表着他对宦官之祸的认识，才有此举措。但随着时间的流逝，在另一种客观环境中，他对待宦官却是另外一种态度，成为不安定的因素和时刻可能引发党争的导火线。

二　不凡的构想

作为皇帝的朱由检，为大明王朝的巩固和发展，有着不凡的构想。也就是说，他要运用手中的权力，驾驭大明之舟，渡过种种急流、暗礁和险滩，到达理想的彼岸，且为此付出了全部心血和努力。如果说他在《即位诏》中所表达的志向与理想略嫌空洞抽象的话，那么，他在政务的处理和实践中所表示的意向，就显得具体多了。

朱由检智除魏忠贤后，于崇祯元年正月十二日戒谕百官说："除奸赏俊，人主之大权；毕力竭忠，人臣之大节。"所以，"必借劝绳以维法守，戒覆辙以励新图"。作为大明王朝的文武百官，千万不要像督师王之臣那样，与"逆恶罪姬，表里为奸，招聚群狐，盗窃国柄，刑政多懈，赏罚无章"。以致"上累先帝之明，下结万民之怨"。"幸天厌大奸，早正国法，蠹孽尽洗，内外廓清。即尔诸臣，才品各有短长，立身各有本末，殷鉴不远，其可忽诸。自今为始，各务涤濯肺肠，各修职业，提精明振作之念，戒悠忽延慢之习，勿得苟怀私图，致债国事，动诿之权奸掣肘，不得自行其志。今大奸既除，职掌还之各司，而犹不致忠竭节，亦非所以事朕也。至内外各衙门积年弊窦，尚未清厘，该部院自行检举陈奏，痛加洗剔，勿事虚文。大要为国节财，为民择吏。固圉者以封疆为重，守土者以民困为本。其有挟私坏公，逞臆荧听，不从国家起念，专以窥睄妄营者，朕不时廉察，决不轻贷。一切奏议有关国计者，遵我祖宗成法，不得妄议纷更，惟其大法小廉，柔远宁迩，以佐朕平明之治。"五月二十四日，朱由检在平台召见阁部大臣等官，对阁臣说："票拟之事，须悉心商榷。"告谕吏部大臣说："起废事重，会推宜慎。"斥责户部"帑金零星，边饷措办无术。"谕兵部边事尚书王在晋"语未详，命内使授笔札录进。"告谕刑部："天旱，凡用法务效先朝平允。"次日，朱由检又告谕吏、户、兵三部说："昨召对九卿科道等官，辅臣刘鸿训奏，官员更调甚速，若不行久任之法，终鲜实效。又云海内差繁赋重，更不可加派。朕切思之。更调速则民受扰，官久任则课成功。今后藩臬郡邑官，务择人地相宜，俱如旧制。俸期一日未足，不许朦转改调。言官荐举人才，不无过私市恩。今后吏部以荐疏成册，后或隳职偾事，举主连坐。辽、黔兵事未结，加派前已不少，该部将新旧兵饷造简明册呈进，抚按官查有司私派即参处。三尺具在，断不尔贷。司农系军国命脉，非清严心计之臣，岂胜其任，所荐毕自严才品兼优，户部尚书缺，速行推补。"又谕吏部："严纠贪墨，慎选抚按。(《国榷》卷89)

上述记载可以窥探出朱由检治理朝政的不凡构想：人主除奸赏俊，人臣毕力竭忠，借劝绳以维法守，戒覆辙以励新图。具体说来，主要有如下几个方面。

第一，百官大臣，各司其职，忠于职守，一心为公。这类训示，似有老生常谈之嫌。诚然，任何一位封建统治者，在其即位之初，都会有如是戒谕。可是，对处在正常历史时期的封建统治者和处在非常历史时期的封建统治者来说，同一训示和戒谕，有着本质的不同。前者当为平庸之辈的平庸说教，而后者却可透露出其非同一般的不凡气象。这是因为，由于魏忠贤集团的长期经营，窃夺权柄，胡作非为，已将朝廷政治搅扰得混乱不堪，正常的封建秩序遭到严重破坏。百官大臣唯魏忠贤之命是从，根本无心为朝廷的稳固或发展尽忠职守。尤其是一些奸佞之徒，趁机钻营奔走，以谄媚为能事，企求高官厚禄。这种反行邪念像瘟疫一样，播延于朝廷内外的百官大臣之中，也同时侵蚀着已经衰朽的国家肌体。所以，朱由检在智除魏忠贤及其党羽之后，在"职掌还之有司"之时，要求百官"致忠竭节"，其目的在于将封建秩序纳入正常轨道，从而加速国家机器的正常运转。从这一点说，朱由检的训谕就有着不同凡响的特殊意义。

第二，大恶既除，加强吏治的同时，更重要的是选拔廉能之士，充任重要官职。这也是朱由检不凡的构想的重要内容。这是因为，文武之政，布在方策，人存政举，人亡政息。兴亡治乱之由，多在于用人的得失。朱由检从皇兄宠任魏忠贤的失误中，深深地懂得了这个道理。他从整饬朝政出发，在选拔官员过程中，注重实效，对祖制多有变通。诸如阁臣不专用翰林，选官不分甲科、乙科及先才后守，推行久任之法等。

第三，注意以封建法律条例约束官吏。在朱由检的心目中，祖宗成法，诸司职掌，条理分明，尤其是各种法律条例，十分细密。而且相信并依靠这些法律条例来约束各级官吏，可以收到扭转危局，迈向朝政清明的效果。因此，他在朝见、议政、告谕、戒敕诸活动中，反复强调，"三尺具在，断不尔贷"，等等，不一而足。

应该说，朱由检即皇帝位于危难之时，有上述不凡的构想，就其动机而言，是极好的；对一位年仅十七八岁的青年来说，的确难能可贵，且为此付出满腔热情和心血。然而，是其操之太急，抑或对面临的具体历史环境认识浅薄，甚至有所隔膜，终于使其不凡的构想在严酷的现实面前变得软弱无力，勉强延续王朝十七个年头，才走投无路而命归煤山。这又不能不说是时代的悲剧。

三　励精图治

几乎所有的历史典籍在记述朱由检即位之后为大明王朝的中兴而付出的努力和心血时，都给予了充分的肯定，而且是众口一词。诸如励精图治，慨然有为，沈机独断，不迩声色，忧勤惕励，殚心治理等好的词句，都不厌其烦地加诸朱由检。而这类赞颂，在一定程度上，是有其事实根据的。可以这样说，勤于政事，不知疲倦，且始终如一，以及他的执着精神，不仅与其皇祖、皇兄的长年不临朝听政、专事淫乐判然有别，形成显明的对照，乃至在中国封建社会皇帝之中，也为数不多。

经筵与日讲

政事丛脞，时局千变万化。崇祯皇帝的"中兴"愿望，赋予他强烈使命感；血气方刚和至尊的地位，给了他快刀斩乱麻的资本。以圣君的形象来要求自己，使得他对时间尤为珍惜。尽管案牍堆积如山，但他对例行的经筵与日讲仍照常举行。经筵是宫中最重要的讲学活动之一，也是皇帝在繁忙政务之外，学习《四书》、《五经》及《资治通鉴》等典籍的重要机会，讲官亦多是饱学之士。从礼部择吉期，皇帝御经筵前行礼至圣先师，至讲官进讲，知经筵及侍班等官员依秩侍立，讲案、御案、讲章如何摆设，以及讲毕赐酒饭等一系列规矩与程序都有严格的规定。明制，经筵一月有三次，自正统时始每月初二、十二、二十二等三日开经筵。万历时又定二月十二日到五月二日为春讲，八月十二日至十月二日为秋讲。日讲的礼数逊于经筵，只有讲读官和内阁大学士侍班。原先，日讲止设一御案，经书放在案上，讲官指书口授，没有讲章。崇祯皇帝为了表示对日讲的重视，令日讲也预设讲章。

崇祯皇帝没有把日讲作为一种形式而敷衍了事，而是把它作为学习先圣高德、倾听讲官见解的良机。有的皇帝十分反感在讲章之末夹议时政，譬如有一次，明武宗在听杨廷和、刘忠二人讲课，二人借古讽今，使武宗大为不满，问太监刘瑾："经筵讲书耳，何又添出许多话来！"刘瑾奏称："二人可令南京去。"杨廷和、刘忠果然被改为南京官。表面上是提升了职官品级，实际上是打发他们离开京师重地罢了。崇祯皇帝则不一样，他倒要求讲官能结合实际，谈出自己的一些真知灼见。而且，每次讲毕，也不急于把讲官速速打发了事，而是询问一些时事。与此同时，讲官讲的水平也影响到自己的升迁。有时崇祯皇帝常常突然发问，让讲官们着实紧张一番，一方面显示出自己的高深莫测，另一方面也可借此看出讲官的反应能力。如他关于"宰相须用读书人"的提问，弄得讲官无言以对，就是一个典型的事例。另如讲官徐光启刚讲完《中庸》，崇祯皇帝便问道：既然说"知天地之化育"，又说"其孰能知之"，这两者是一回事吗？徐光启答：两者是不一样的，"化育"讲的是内知，"孰能知"讲的是外知。他哂笑道："知，难道也有内外之分吗？"由此认为徐光启有点迂腐，不再由他进讲。

相对来说，少詹事文震孟充任讲官时则要幸运得多。他以善讲《春秋》，颇合皇帝口味，被破格升迁入阁，参与机务。文震孟是一个资质甚高、秉性直率的人。他认为：帝王之学是一门学问，追求的应当是经世致用之学，与通常的饱学之士所学不一样。鉴于崇祯皇帝在后金（清）兵入侵和农民起义军风起云涌的双重夹攻下，焦劳困苦，综核事功，未挈纲领；用刑虽严，猜疑渐启，于事功无补。因此在讲"君使臣以礼"一章时，对皇上培养士气，推心感人，辨别贤奸，酌定用舍等反复规讽。又在进讲"管仲器小"一章时，特引管子的一段话予以讽喻，即"兵主不足畏，则战难胜也，德必当其位，功必当其禄，信小人者失亡也。"针对阉党势力时刻图谋翻案，即于"子语鲁太师乐"一章，劝皇上辨别邪正，认清是非，譬如一曲音乐，一音杂，则众音皆乱；同样道理，一小人进，则众君子皆废。针对吏部尚书王永光，自为六部之长，又蒙皇上宠爱，却假威窃福，擅行私心，在进讲"甘誓"一章时，说："战胜攻取，非独左右之共命，尤在六卿之得人，而曰用舍不淆于仓卒，则国是定而王灵畅；威福不假于信任，则神气振而敌忾惕。"又在讲"五子之歌"一章时说："识精明，则环而伺者无所售其欺；心纯一，则巧于中者无所投其隙。"崇祯皇帝听到这些得体的评述，颇为赏识。时称"真讲官"。不久，文震孟专门就进讲时所包含的微言大义，上疏向崇祯皇帝表白说：今日大小臣僚，应当视国如家，除凶雪耻，而不该分别门户，呼朋引类。为此，他虽九死也要进言，不改初衷。崇祯皇帝批道："文某讲幄敷陈，寓规时事，知道了！所指吕纯如惨杀名贤，藉援求雪，及年例变制，考选摈才等语，还着据实奏明！"崇祯皇帝也是个精明的人，他不会天真地为大臣们慷慨激昂的陈词所迷惑，指出说话必须讲究事实。后来，文震孟上疏说明，而吏部尚书王永光也有疏反驳，并与太监王永祚秘密交结，影响了崇祯皇帝对文震孟的评价，对文震孟的奏疏批道："讲官怀忠启沃，循职自可敷陈，文某不得任情牵诋！"（《明史》卷251《文震孟传》）文震孟毕竟不是监察官员，不可能对朝臣或朝政中的弊端掌握详细的第一手材料，但不管其具体细节是否有出入，他所讲的这一类现象是确确实实存在的。崇祯帝对此称之为"任情牵诋"，似乎有些过分。不过，文震孟明快的风格倒是给了崇祯帝异样的感觉，留下了较深的印象。

给皇帝讲课，使讲官一职具有非凡的魅力。尤其是进讲时的借古讽今，常令一些心里有鬼的人胆战心惊。因为一旦被讲官点名，皇帝心动，则此人仕途之美景即可变为泡影。或许正因如此，内阁格外强调讲官的讲章要经内阁审定，方可开讲。这样，内阁既可让讲章规范化，尽量符合皇帝的口味；也可将其中有些于己不利的言辞去掉。一次，日讲官罗喻义拟进讲《尚书》，撰《布昭圣武讲义》，其中有"左右之者不得其人"等语。后送讲章给内阁，大学士温体仁看到其中有许多话是冲着他来的，很不高兴，便令正字官转告罗喻义删改。罗喻义很不服气，到内阁与温体仁理论，并予以冷嘲热讽，相持不下，双方争得面红耳赤。温体仁恼怒，就奏上一本，说："按照惯例，惟经筵，进规多于正讲，日讲则正多规少。今喻义以日讲而用经筵之制，及令删改，反遭其侮，惟圣明裁察。"罗喻义被勒令"闲住"。此事一时令人大惑不解。(《明史》卷219《罗喻义传》)

崇祯皇帝的经筵开讲，设讲官二人，一人讲《论语》，一人讲《尚书》。他与讲官各置一桌。经筵常分春秋两次进行，称为春讲、秋讲。日讲有讲官六个人，其中四人分别讲《论语》、《中庸》、《尚书》、《通鉴》；另外两人轮流。皇帝与讲官共用一条桌，显得十分随便，以体现出君臣亲密无间、和衷共济的气氛和尊师重道。日讲之时，崇祯皇帝来到文华殿，正襟危坐，然后阁臣率领日讲官向崇祯帝行五拜三叩头礼。礼毕，太监安置好讲桌。皇帝宣"先生们来！"讲官依序鱼贯而入。讲毕，皇帝又宣布："先生们吃酒饭"。饭毕，讲官、阁臣谢恩而退。如果遇有斋戒之日，则说"茶饭"。通常是春、秋开讲后，日日进讲，除非是皇上传免，否则不能废止。即使是传免，也要于先一天傍晚传旨："明日暂停讲读一日。"哪怕是接连十天半个月不进讲，也要每天传免，不过只说："暂停一日"。遇上立春、端阳、中秋、重阳、冬至、除夕等节日，日讲官每人赏赐酒馔一盒，内装菜肴五样，汤饼二样，酒二瓶。而万寿节、元旦则要赏赐进讲官以钱钞。(《烈皇小识》卷2)

崇祯皇帝朱由检面对艰难的时局，仍不忘讲学，也属难得。崇祯七年(1634)十月，日讲官姜曰广进讲《通鉴》时读错了段落，朱由检命停讲，改进《春秋》，由文震孟进讲，因其讲解精彩，崇祯皇帝竟于十七、十八、十九、二十日连续听讲四天。只见他身着月白龙袍，和颜悦色，就像在风平浪静的环境里沐浴着阳光的一位长者。文震孟考虑到"宰咺"一章系阙疑，

以不讲为妥，但崇祯认为："'宰咺'一章，正见当时朝政失宜，所以当讲。今后以此类推！"反映了崇祯皇帝的孜孜求治之心。（《烈皇小识》卷3）

在陶醉圣学的同时，崇祯皇帝没有忘记回到现实中来。他求学的目的是为了寻找足以解答时局提出的种种疑难问题的答案，希望先圣的论断能给他以灵感与启迪。他自己也意识到：如果明朝亡在他的手上，那他是无论如何承担不了这个罪责的。这种强烈的负罪感笼罩着他的生活。先时经筵、日讲完毕，常是君臣皆大欢喜一番，阁臣、讲官品尝皇帝赐赏的酒饭之后，志得意满而归。而今的情形则有些不一样了，高谈阔论，于事无补；品头论足，有害于政。皇上脸上的阴云让讲官们惶恐不安。再加上皇帝常在经筵、日讲毕，即召见大臣，探讨时政，使得讲官们如果只会诵经讲书，而于时事不问究竟，毫无思索，学不致用，则难以引起皇帝好感，甚至一语答对不上，就会成为仕途前景的优患。检视崇祯朝讲官讲章，就会发现一种定式，即讲章之末一定附有一段时论，不管它是否有用。

崇祯十一年（1638）二月十二日，经筵之后，崇祯皇帝朱由检召见礼部左侍郎顾锡畴等二十余人，询问保举与考选二法，何法最能得人？大臣们支支吾吾，没有说出个所以然来。谕德黄景昉只说原刑部尚书郑三俊因罪不得参预考选；编修杨廷麟说阁臣温体仁、王应熊曾分别举荐唐世济、王维章，如今均因罪遭罚，但温体仁和王应熊却安然于内阁重地，如此难收保举之效。崇祯皇帝不知不觉中露出了赞许的神色。

吏部的内线人物侦知此情，第二天，黄道周、黄景昉、杨士聪、田维嘉各有疏论荐举与选举得失。四月十二日，崇祯皇帝御经筵毕，又召见六部官员。兵部尚书杨嗣昌在奏陈中有孟子"盈城盈野，善战上刑"的话，崇祯皇帝听了却颇为不快，声色俱厉地戒谕以后不要再说。杨嗣昌叩头认罪不迭。后来，又言及湖广巡抚余应桂用将官不得力之事。未过多久，圣旨传下：杨嗣昌以礼部尚书兼东阁大学士，参预机务，仍掌兵部；余应桂逮问治罪。

杨嗣昌还为言失而惊恐不安，忽闻入阁殊遇，真有点受宠若惊，不禁感激涕零。对此，有人曾大发感叹："其转移之机，甚密甚捷，人不得而测之也。"（《国榷》卷96）自古以来，皇帝就始终富有神秘色彩，崇祯皇帝以他的突然动作更增加了这种神秘感。

实际上，讲学是一件十分繁忙的事情。崇祯帝临经筵或日讲，虽也曾为先圣先贤的经世妙语所叹服，悠然自得，但更多的时候是其心并不在讲学本身，而在于道与济世的结合。本来日理万机，颇费神思，而今即使是讲学也究心于政事，使这位年轻的皇帝也感到了人生精力的极限。

勤于政事，注重效率

朱由检以为，作为封建王朝的最高统治者，事事以身作则，将对百官大臣是一个无声的鞭策和激励，尤其是诸种矛盾相互交错，诸种难题需要立即解决之时，更应如此。朱由检是这样思考的，也同时付诸实践。仅以朱由检即位之后的天启七年九月为例：初一日，魏忠贤乞辞东厂提督之任，不许。初二日，平辽总兵毛文龙上书奏不平五事，乞求身代，不许，且表示优容。初三日，令客氏出归私第；准免户部丧礼香烛之费三万两；批准总督仓场户部尚书苏茂相请复放折两月之例。初四日，司礼太监王体乾乞求辞任，不许。初五日，定颁诏使臣。初六日，户部尚书请有关钱粮之事独用硃印，许之。初七日，请漕河、黄河两岸税粮以本色运至河上，官自为解，军民交济，从之。初八日，巡抚天津户部尚书黄运泰奏请关门内外粮料，先期料理，部覆从之；定先帝山陵。初九日，御门。十三日，谕朝鲜。十五日，叙三殿功；赠谥鲁钦。十六日，览批杨所修奏章；工部尚书薛凤翔求发帑百万，有事山陵，命给其半。十七日，升迁李精白、刘诏、张继世、孙织锦。二十一日，上刘妃尊号。二十四日，逮处狂词挟遁监生。二十五日，谕停刑；阅览批复辽东奏疏；魏忠贤乞止建祠，优答允准。二十六日，阅批陕西巡按御史袁鲸奏疏。二十七日，册立皇后周氏；升迁张素养等人官。

二十八日，颁诏，三十日，巡抚江西都御史杨邦宪、巡按御史刘述祖各颂厂臣请祠，不许。从中可以清楚地看出，朱由检有疏必亲自阅览，阅毕即予批答，而且十分认真。有记载说，朱由检的圣谕，用"黄楮，长仅尺，阔二尺余，界以墨印，龙边，中押御宝，色鲜润。其所谕用朱书，纍纍数百言，字皆行书，甚隽逸。"（《三垣笔记》附识上）不仅如此，他还主动召见百官大臣，或询问政务的处理，或将自己的意向告谕臣僚，等等，在崇祯朝的史籍中，记载颇多，俯拾即是。为了加速封建国家机器的运转，朱由检告谕阁臣说："朕欲与大小臣工日筹庶务，而诸司各有职掌，宣召频繁，恐滋耽搁。惟是辅臣呼吸相通，今除盛暑祁寒之外，朕当时御文华殿，参详章奏。"（《国榷》卷89）白天如此，即使在夜深时分，亦览批章奏，处理政务。在其交付部院科道的章奏上，"类硃批时日，以防壅遏，多有子、丑时者，盖批阅至丙夜不休也。"臣僚为之感动，无不发至肺腑地赞叹道："勤哉！"（《三垣笔记》附识上）若遇军马紧急之务，更是批阅频繁，废寝忘食，忧系国事，几乎每天深夜都多次降下圣旨，及时处理军事重务。有时为得到下情，下诏求言，令陈奏的官民到会极门报名，即日召对。而朱由检经常是鸡鸣而起，夜半不寐，正常的生活秩序被打乱，加上劳累过度，经常处于精疲力竭的状态之中。有一史料真实地反映出朱由检的精神面貌：神宗昭妃刘氏，性情宽厚谨慎，对诸王十分疼爱，后居慈宁宫，掌太后玉玺。朱由检"礼之如大母"，每逢岁节，都前往谒见问候，于帘内行礼。一次，朱由检按例朝见昭妃刘氏，礼毕，"就便坐，俄假寐。太后戒勿惊，命尚衣谨护之。顷之，帝觉，摄衣冠起谢曰：'神祖时海内少事，今苦多难，两夜省文书，未尝交睫，在太妃前，困不自持如此。'太后为之泣下。"（《崇祯遗录》）

与此同时，朱由检要求百官大臣提高办事效率，明确命令自崇祯元年二月所发章奏，具限十日内题覆。如仍稽违，部科互勘。工科给事中刘安行巡视太仓银库，奏报预支官俸的弊端，积侵三十六万。朱由检敕令安行同户部清核，自某年某月某人，历历查明，限旬日奏上。朱由检告谕各衙门，章奏不应冗长，必须简明扼要，条理明晰，一事一议，每封章奏不超过一千字，如词意未尽，另行条奏。

朱由检的目的在于以自身的勤勉辛劳，影响臣僚，即行身教胜于言教之义，从而使封建秩序纳入正常轨道，希求大明王朝在百官大臣的办事实效中得以稳固和发展，最终实现他的中兴之梦。由此可以看出，朱由检的良苦用心。

不拘一格选拔人才

封建帝王自身的勤勉辛劳及其精明强干，比起不理朝政而沉湎游乐的昏庸之主来，应该说对天下的治理，其结果判然有别。在非常情况下，前者可力挽狂澜于既倒，收到起死回生之效；而后者就可能使兴旺发达的江山每况愈下，或者因其昏庸而毁于一旦。此类历史事例，所在多有。

朱由检处于明代末世，且危机四伏，深知靠一人之力是难以将不凡的构想变为现实的，必须调动百官大臣的积极性和创造性。而要做到这一点，关键是对百官的选拔和任用。既处非常时期，选拔和任用官吏也就不能采取常规，而应是重视在非常时期能救时济世的实际才干，不必十分注重操守。为此，他与廷臣有过争论，可以透露其不拘资格的用人之意。当左都御史刘宗周指责朱由检处分未当，请求进贤才、开言路时，朱由检说："目下烽火逼畿甸，且国家败坏已极，当如何？"宗周回答道："武备必先练兵，练兵必先选将，选将必先择贤督、抚，择贤督、抚必先吏、兵二部得人。宋臣曰：'文官不爱钱，武官不惜死，则天下太平！'斯言，今日针砭也。论者但论才望，不问操守；未有操守不谨，而遇事敢前，军士畏威者。若徒以议论捷给，举动恢张，称曰才望，取爵位则有余，责事功则不足，何益成败哉。"朱由检说："济变之日，先才后守。"宗周说："前人败坏，皆由贪纵使然；故以济变言，愈宜先守后才。"朱由检说："大将别有才局，非独操守可望成功。"宗周说:"他不具论,如范志完操守不谨,大将偏裨无不由贿进,所以三军解体。由此观之,操守为主。"朱由检说:"我知道了。"(《明史》卷255《刘宗周传》)为臣的守经重道,言之有理;为君的权宜变通,以济时艰。君臣意见相左,终以为君的旨意施行。据此,选拔任用官吏的原则为之一变:

第一,阁臣拣选,不专翰林。所谓翰林,是对在翰林院任职官员的简称。其主要职掌是从事制诰、史册、文翰之事,同时考议制度,详正文书,备天子顾问。明朝初年,翰林院官员,诸色参用。自天顺二年(1458),内阁首辅大学士李贤奏定翰林院纂修专用进士。于是自此之后,不是进士出身的不得任官翰林院,不是翰林院的官员不得进入内阁。通计有明一代宰辅一百七十余人,翰林官占十分之九。

朱由检认为那些自幼入学,沉溺于举子之业,几经挫折而成进士,有幸授翰林院官,再被推荐入直文渊阁的学士、大学士,虽有文学之才,但多不熟悉政务,脱离实际,又与吏事相隔膜。坐而论道则犹可,因时应变以济时艰却很难。周道登、郑以伟的表现,进一步证明了朱由检的判断。这也是发生在崇祯朝的颇为典型的事例:一天,朱由检到经筵听讲经史,问阁臣:"'宰相须用读书人'当作何解释?"周道登回答说:"容臣等到阁中查明回奏。"朱由检听到如此回答,心中不悦。又问阁臣:"近来诸臣奏内,多有'情面'二字,何谓情面?"周道登竟回答说:"情面者,面情之谓也。"鄙浅的奏对,不仅朱由检很不高兴,左右人等也禁不住偷偷地笑了起来。另一位修洁自好、读书过目不忘的郑以伟,文章奥博,而不善于票拟,曾叹息说:"我富于万卷,而常常被数行票拟难倒,以至于被年轻后辈瞧不起。"就是这样一位书呆子,看到奏疏中有"何况"二字,以为是人名,在票拟写道:"何况着按、抚提问。"朱由检予以驳改,才恍然醒悟。因此,朱由检便对翰林院、内阁的组成,参用其他职官。如将治行著卓的知县、推官予以升迁,分别任翰林院编修、检讨。翰林院官员的来源,不再是缺乏实践经验的进士。封建史家盛赞朱由检的这一变更，是非常之制的创举。另外，阁臣拣选，不专翰林，而是注重才能。八年（1635）六月，增置内阁阁臣，朱由检来到午门，召廷臣数十人，告谕道："廷臣才品，朕未遍知，今试票拟一疏。"阁臣、尚书立阶上，其余臣僚分班试阶下。中官发给每人一份奏疏和二小柬，传谕将该疏票拟书于柬上，一稿一誊，九卿詹翰各拟进。又命吏部登录其年貌履历，经过考试，便擢张至发礼部左侍郎兼东阁大学士，与文震孟一同入直。自世宗朝许瓒后，外僚入阁，张至发是崇祯朝的第一人。后来，朱由检皆以此为拣选阁臣的原则。可是吏部仍跳不出——驳回再拟，仍坚持推举在籍堪任者。最后推出吏部侍郎刘宇亮、礼部侍郎傅冠、户部尚书程国祥、兵部尚书杨嗣昌、工部右侍郎蔡国用、都察院左金都御史薛国观，俱改礼部尚书；礼部右侍郎方逢年、大理寺少卿范复粹，并进礼部左侍郎，皆兼东阁大学士入直文渊阁。朱由检的用意极为明确，"欲阁臣通知六部事，故每部简一人：首辅刘宇亮由吏部，国祥以户（部），逢年以礼（部），嗣昌以兵（部），国用以工（部）。刑部无人，复粹以大理代之"。朱由检从政务需要的实际出发，选用熟悉政务，且有专业特长的外僚入阁，对朝政的处理、效率的提高，无疑是有益的，而且具有深远的历史意义，直接影响后代内阁成员的身份和结构的形成。

第二，破格用人。明代选拔任用官吏，在其立国之初，朱元璋曾告谕吏部，选任官吏，毋拘资格。选人有即授侍郎者，而监、司最多，进士、监生及荐举者，参错互用。永乐、宣德以后，渐循资格。至弘治、正德以后，更为严格，变为成例。隆庆年间，大学士高拱对"重进士，轻举人"的现状颇为不满，虽乞请自授官以后，唯考核政绩，不问其出身。但由于积重过深，难有根本性的改变。朱由检为贯彻其务实的宗旨，面对积重难返的情势，仍在努力地改变着。

朱由检首先从科举应试入手。崇祯三年（1630）御史王道纯疏陈破资格之说，言铨除、举劾、考选，甲、乙科重轻过于悬殊，应该适时变通，以便

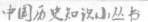

招揽更多的贤才志士。朱由检立即命令施行。而且亲自改动策问试题，其内容都是关于当时时局和社会矛盾最为棘手的问题。又特设"裕国安民科"、"奇谋异勇科"，选择有实际才干的人才。方逢年、倪元璐以时方需才，奏请武举殿试传胪，全如文科之例。朱由检批准，赐王来聘等及第、出身有差。自此，始有武举殿试。

注重实际才能，破格选拔官吏，这是朱由检的又一举措。为此，他多次告谕吏部说："国家用人，惟求事理民安。庸鄙之徒，不堪内外。若拘资俸，其人得矣，如国事苍生何？"又说："朝廷设官，分叙爵秩，优任才能。近来人心日竞，铨政诡随。如传升京堂，本酬劳奖贤。今则科道、吏部司官视为固有，不论贤否，循例必浮。至于监司、知府，官阶隆重，祖宗特选朝臣为之，何以今日轻鄙若此，背违旧制，竞习嚣风。若不亟加挽正，滥筋日久，又将轻视京堂，希营卿贰矣。今添注闰升，一概停止。以后科道、吏部司官，果才品兼优者，准升监司，风力稍逊升知府。若才品劳勋并懋及司道卓异，准予京堂。永遵为令。敢朦胧奏引，必置重典。"（《国榷》卷91）从中透露出朱由检不拘于资俸履历约束之意。在实践中，朱由检特命举人、贡生就试教职者，悉用为部寺司属推官知县，共二百六十三人。号为庚辰特科。因而，就整个明代来说，出现了如下局面：明世举于乡而仕至巡抚者，隆庆朝止海瑞，万历朝张守中、艾穆。而至崇祯朝，朱由检破格求才，得九人：丘民仰、宋一鹤、何腾蛟、张亮以忠义著节；刘可训以武功闻名；刘应遇、孙元化、徐起元皆以勤劳致位；而陈新甲官至兵部尚书，官位最显。

第三，宗室子弟入学应试授官。明初，朱元璋钦定《皇明祖训》，对宗室子弟管理极严，出城省墓之类，都得请示批准后，方可进行，以至于二王不得随便相见。一个个藩王及其子孙，犹如一个个坐享宗禄的寄生虫。时间一长，尤其是子女多者，皆困于一城，不得安生。不仅给朝廷的经济带来极大困难，而且成为地方不安定因素。至嘉靖、隆庆年间，就有郡王及有识之士为此上书进谏，建立宗学，给宗室子弟出路，节省禄米，未有结果。万历初年，臣僚又提开宗室四民之业，自谋生路，引起神宗朱翊钧的重视，藩禁有所松动。至万历二十二年（1594），下达诏书，令宗室将军、镇辅国中尉与生员一起应试。还具体规定了进士出身的宗室子弟，除京职之外，可分别授予推官、知县等职。此举不失为明代诸王分封制度的一大变革。

如果说万历年间，神宗皇帝接受郡王、大臣的建言，允许宗室子弟入学应试授官，仅仅是为了崇德教、省禄米，着眼于减轻经济负担，缓和朝廷与宗室子孙的矛盾的话，那么，朱由检的同样举动，却更多的考虑是因情势所逼，亟须延揽人才。崇祯四年（1631）朱统𨧥中进士，初选庶吉士。吏部认为朱统𨧥为宗室子弟，不宜官禁近，请改为中书舍人。朱统𨧥上书争辩，朱由检令仍授庶吉士。后来，他下诏援《祖训》，郡王子孙堪任用者，得考验授职。比之前朝来，明显地省略了许多手续，放宽了任用的范围。同时也透露出在险恶的形势下，对宗室子孙寄予的厚望。礼部大臣奉命拟议选任宗室子孙的条例，就是一个极好的明证。崇祯九年（1636）二月二十五日，礼部大臣呈上"议选宗才"条例称："曰荐举。先由五宗保结，长史据结详访，启亲王核勘，开才能实迹以闻。曰考验。部院疏列学行俱卓，博学多闻，精于心计，熟于刑名，娴于礼乐文章，兼通屯田水利，保障附循，一一叩其经纶，各分差等。请临轩策问，或召对平台，然后因才授官。曰换授。《祖训》换授官职，明旨谓是否必拘原品，明品级之不必拘也。在外府佐、州县正以及教职，在京则中行评博以及部曹，俱篆仕之秩，俟有成绩而递进焉。今换授国属，请一循其序。曰升转。《祖训》升转如常选法。曰举劾。黜陟自应一体。曰体统。贤宗居藩邸则宗藩规仪，出而服官，体统一准官制。曰解任。宗室服官，第支官俸，及解任则原禄俱存。"据此，有辽王府后裔朱术珣，奉命入京，授户部主事，管理草场。术珣以其宗室之尊，对这一官职很不满意，就上书说："我奉皇帝之命，亲承召对，得此一官。不料，一出门外，便被户部尚书拿去买草。"不平之气，溢于言表。由此可见朱由检的厚望，宗室子弟并不理解和接受。虽然应试授官或推荐入仕，不乏其人，然

而为时已晚，于事无补。赵翼在其《二十二史札记》中说："向使早如唐制，宗室各有进身之路，则平时决无坐食廪禄之费。一旦有事，或亦有如吴王、虢国之为国立功，未尝不可收藩维之助。乃直至末造，始开入仕之途而已无及矣。"这番评论，不无婉惜之情，同时道出了朱由检，乃至其皇祖皇父时期，开宗室之禁，令其习四民之业，以及入学应试授官之举的本质和实际状况。

第四，朱由检还重申"保举"之制。他告谕百官大臣："致治安民，全在抚道守令，抚道得人则守令自肃。年来推升抚道，内地竞营，边缴规避。或其老耄贪庸，又情面姑容，兼以守令不才，民生愈悴。今后吏部务在详核，见在抚道不堪者，科道直纠，按祖宗朝保举成法可遵，着两京文只三品以下、五品以上各举堪任知府一人，亡论科第贡监。（在内）翰林科道，在外抚按、司道、知府，各举州县官一人，亡论贡监吏士。过期不举者议处，失举连坐。"（《国榷》卷94）朱由检此谕，由于限制过死，难以保举到合适的人选。例如，文职三品以上、五品以下保举知府；在内的翰林科道，在外的抚按、司道、知府保举州县官。事实上保举官职，关键在于对被举者熟悉了解，且有才华。若三品以上官所知之人当堪任州县，因明旨保举知府，而弃之不举；科道抚按所知之人当堪任知府，因明旨保举州县，亦弃之不举。如此则交弃则交失。加之，"失举连坐"的重大责任，保举一事，效果甚微。至崇祯十一年（1638）二月，吏部以保举试授知州五人，知县二十一人，州同知三人，判官五人，县丞、主簿各七人。其不堪任使的五人，罢斥回家。一日，朱由检御经筵毕，召詹事、翰林诸臣问："保举、考选哪一种最能得到贤才？"编修杨廷麟回答："保举应当严格举荐之人的责任。如唐世济、王维章，为温体仁、王应熊所荐。今天唐、王二臣皆败，而对举荐之人听之任之，不予追求。这样做，是连坐之法先不行于大臣，要想收到保举之效，是不可能的。"朱由检听后，似有所动。说明他无时无刻不在思考着尽量将有用之才通过保举选拔上来，同时设法避免其弊端的滋生。

四　内阁的再建

朱由检即皇帝位时，内阁首辅是黄立极，次辅是施凤来，阁臣有张瑞图、李国楮。由于魏忠贤的苦心经营，自顾秉谦之后所拣选的阁臣，都是以是否依附和听命于他为标准。黄立极的入阁，就是因其是同乡的缘故。所以，他在内阁的举措当然唯魏忠贤之命是从。施凤来、张瑞图是万历时的同年进士，凤来殿试第二，瑞图第三，同授编修，同累官至少詹事兼礼部侍郎，同以礼部尚书同时入阁。前者是素无气概志节的柔和媚世之徒；后者系不学无术，以善于书法，曾书写魏忠贤生祠碑文而得超擢之人。在混乱的朝政里，身居揆席，漫无主持，多次被言官弹劾。可是，黄立极等阁臣，居然表现出满腹委屈，于奏辩一疏中，可见一斑："臣等思从来大臣罪过深重，至为缝掖书生所指，未有如臣等之辱朝廷而羞当世者也。焕猷以魏忠贤碑文责臣等不能拒而阿意为之，不知臣等实未尝为忠贤作碑文也。彼其食客游士，能为忠贤效笔札工谀言者何限？且假先帝之严命索臣等官衔，臣等能不与乎？与之亦臣等之罪也。然以忠贤之势，取旨如寄，而谓臣等敢惜其微衔以撄崛虎之怒乎？至于取旨褒赞，则亦往日一二文书官称上命便依票拟之，一言不合，则令改票，甚至严旨切责，此事从来俱在。臣未承乏之先，为日已久，臣等不尽受罪。但票拟不能尽其职，计惟有见机之作，而彼且操虺蝎之毒以随臣等之后。盖彼不惟视臣等之去就轻，而视臣等之生死亦轻也。且夫以去就生死争之而有益于国，犹若可为也。虎狼之性，愈触则愈怒。今四年来乳虎养鹰，罗钳吉网，毒遍天下。去就生死之争，其效可见于此矣，不得已徘徊其间，冀有毫发之益于国，则亦不少尽臣等区区之心耳。"（《国榷》卷88）无可奈何之情，昭昭可见。

朱由检对内阁的状况显然是不满意的。然而，由于他着力于清除魏忠贤的谋划，以及对其余孽的处置，做到除恶务尽，抑或保持即位伊始政局的稳定？并未立即对内阁有所动作。相反，当有人弹劾内阁阁臣时，他毫不犹豫地处置弹劾者，指责其逞臆轻诋，以"生员不许言事律"，论杖除名，而对被劾的阁臣多所安慰和勉励。

天启七年（1627）十一月中旬，内阁首辅黄立极及阁臣等四人联名上疏乞请增补阁臣。朱由检命沿袭廷推旧例，由九卿科道从公博议。结果，推举孟绍庚、钱龙锡等十二人，待朱由检点用。黄立极亦于同月二十六日致仕而归。十二月二十三日，朱由检突发奇想，采取与孙丕扬的掣签法类似的枚卜法选用阁臣。他从事这一荒唐之举时，显得十分郑重严肃：集大臣和科道官到乾清宫，先拜天祈祷上苍默佑，再将推荐的阁臣姓名一一写出，装入金瓯之中，然后用箸夹出。先夹出钱龙锡、李标、来宗道、杨景辰四人。阁臣纷纷说时局艰难，请扩大群辅数额。便又夹出周道登、刘鸿训二人。此六人就一并被任命为礼部尚书兼东阁大学士，入阁预机务。史书还记载说，王祚远已被从金瓯中夹出，大风一吹，不知去向。事后，才在施凤来身后发现，但为时已晚，阁臣也就做不成了。更增加了朱由检荒唐之举的儿戏色彩。

朱由检首次以枚卜法拣选的内阁，虽说是借此以破除结党营私之弊，但用枚卜法，取贤才真才于探枚夹箸之中，其效果如何，自不待言。不过，朱由检以新内阁代替魏忠贤内阁的目的达到了。至崇祯元年（1628）五月，施凤来、张瑞图、李国槽相继致仕，来宗道、杨景辰按时入阁办事，李标、刘鸿训已先后回京到任，天启朝的内阁首辅韩爌已下旨征召。就其主体而言，内阁阁臣的组成，较前整齐，奉公理事者居多。

接替李国槽为内阁首辅的来宗道，次辅杨景辰，可以说是枚卜之法不得其人的事例。好在未过多久，来、杨二人便于崇祯元年（1628）六月致仕。

此时的内阁，有二月到任的李标、刘鸿训及六月到任的周道登、钱龙锡。李标为首辅，龙锡、鸿训协心辅理。尤其是刘鸿训，在魏忠贤被诛，其党羽犹盛，而其他阁臣不敢明确表态予以辩白之时，毅然主持，斥杨维垣、李恒茂、杨所修、田景新、孙之獬、阮大铖、徐绍吉、张讷、李蕃、贾继春、霍维华等阉党，人心大快。尤其是在朱由检锐意求治，不时召大臣当面裁决政事，或有问询，其他阁部大臣回答多不称旨之时，鸿训应对敏捷，得到信任。不仅如此，鸿训又请由检久任责成。如善于治赋的毕自严、善于治兵的王在晋等，应多加倚重。朱由检一一采纳，使朝政稍清。

不料，刘鸿训以锐意任事，招致攻讦而去，韩爌被召还朝。

韩爌的被召复用，经过了曲折的过程。朱由检即皇帝位不久，言官即乞请恢复被魏忠贤擅权罢官的韩爌，直到崇祯元年正月，朱由检才下令征召。此时，又有言官请求令韩爌还朝理事，而逆党余孽杨维垣等从中作梗，朱由检仅赐敕存问，官其一子而已。至同年五月，李国槽请求归里养疾，推荐韩爌、孙承宗自代，朱由检始遣行人召韩爌入朝。韩爌入阁，李标让为首辅，而与钱龙锡等悉心佐理。当时被称作东林内阁。

身为内阁首辅的韩爌，先后做相，老成慎重。他与阁臣一起处处从稳固封建统治的宗旨出发，在复杂多变的时局里，沉稳地处理繁重的政务，引正人，抑邪党。天下称其贤，于时局多有补益。

急于成功，又举措失当的朱由检，在后金兵临城下的非常时期，中后金反间之计，更加重了他的猜疑之心。于同年十二月初一日，逮袁崇焕入狱；二十二日，以讲款、杀毛文龙事，放归钱龙锡；二十七日，天性警敏，又善于窥伺皇帝旨意的周延儒等入阁。次年正月，首辅韩爌亦因"崇焕座主"被劾致仕；三月，李标得请家居。所谓的东林内阁，为之解体。正直的成基命，还在尽心尽力地维持着。虽然一些建言引起朱由检不高兴，但仍遇事以理相争，毫不退避。由于朱由检想将政务交周延儒处理，又眷顾于六月入阁的温体仁，致使成基命不安其位，终于借崇焕事被劾而去。周延儒继为首辅，与温体仁，时而明争，时而暗斗，时而利害一致地把矛头指向东林党人，党争又起。

第三章

实践：踯躅在矛盾与孤独中

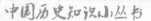

皇家血统的自傲与自幼失去母爱、寄养他人的自卑，为求得生存的自我保护而对外界事物的猜疑和一心想出人头地的独立意识，缺乏系统教育的无知和享有至高无上权力的一代之君的不可侵犯的虚荣、尊严及独断专行，勤于政事、锐意兴革的作风和主观、急躁，乃至刚愎自用的素质缺陷，等等，集中于朱由检一身。因此，他力图凭借皇帝的威望和个人的努力，使大厦将倾的明王朝"中兴"的构想，在付诸实践之后，不仅收效甚微，抑或在某些重要方面，大相径庭，形成了一道难以逾越的鸿沟，以致事与愿违，向相反的方向发展，使他不得不踯躅在矛盾与孤独之中。

一　反对植党，党争愈演愈烈

在漫长的中国封建社会里，几乎每个朝代的百官大臣，由于利害的需要，分裂成不同的党派、集团，相互展开争斗。随着时间的推移，党派、集团间的争斗也在曲折地发展着。就明代而言，万历年间的党派纷争，东林党议和天启时期的党祸，给朝政的影响是显而易见的。朱由检据此反对大臣植党，澄清朝政，无疑是正确的。然而，事实证明，面对党争本身所包含的各种复杂因素，必须慎重对待，绝不能一厢情愿，或者运用个人权威去简单处置，更不能以为皇帝的一言九鼎，而使党争消弭。如果作为封建帝王，以其高超的洞察力和辨别力，了解党争的复杂的派系脉络，认识引以为口实的事件真相，然后予以处理，当可达到预期效果，否则，只能给一批奸佞之徒以可乘之机，把本来较为简单的争论搞得更加复杂，皇帝本人亦陷入其中不能自拔，再加上其素质缺陷，诸如轻信、猜疑等，势必助长党争的激烈化。朱由检在即位之初遇到的情况正是如此。

朱由检介入党争——

朱由检在智除客魏集团，钦定逆案过程中，因派别的不同，争论不曾停息，加上慑于皇帝的威严，明争变成暗斗。依附客魏集团的房壮丽、杨维垣等，趁考察天下官吏之机，引其同类。崇祯元年（1628）十一月初三日，吏部会推阁臣。礼部尚书温体仁、侍郎周延儒，预计自己必被推举无疑。尤其是周延儒，具有警敏的秉性，又善于察言观色，时刻揣摩皇帝的旨意决定自己的言行。在此之前，锦州兵哗变，袁崇焕请饷，朱由检召问诸位大臣如何处置，诸位大臣都说请发内帑。唯有周延儒见皇帝的心思并不在此，便持相反的意见，说："关门过去防敌，今且防兵。宁远哗变，以饷给之；锦州哗变，又以饷给之。若各边效尤，仅有的帑藏，怎么能够满足呢？"朱由检对此议颇感兴趣，也与自己的忧虑相吻合，便问道："卿以为如何处置更合适？"延儒趁机说："当下兵事急迫，不得不发，但当求经久之策。"朱由检点头采纳，并说"卿言是也。"降旨切责诸臣。几天后，朱由检又召延儒询问，延儒说："饷莫如粟，山海粟不缺，缺的是银两。为什么会哗变？其中必有隐情，莫不是骄弁故意滋事以胁迫崇焕？"朱由检早就怀疑边将要挟，今日得闻延儒之说，由此更加宠信延儒。周延儒还与戚畹郑养性、万炜及东厂唐文征结好，以为内援。一切准备妥帖，若予列名，必蒙点用。可是，会推的结果，有吏部左侍郎成基命、礼部右侍郎钱谦益、郑以伟，尚书李腾芳、孙慎行、何如宠、薛三省、盛以弘，礼部右侍郎罗喻义，吏部尚书王永光，左都御史曹于汴等十一人。而温体仁、周延儒以无素望，未被列名推举，大出所料，便散布流言，说此次枚卜，皆由钱谦益把持。朱由检也以延儒不预而颇感疑惑。温体仁据此发难，上书弹劾钱谦益为考官时，关节受贿，不当被推为候选阁臣。于是，在朱由检即位之初，以延推阁臣为导

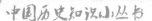

火线，引起了公开的党派争斗。（《明史》卷308《周延儒传》；谈迁《国榷》卷89）

其实，在此次廷推阁臣之前，双方即在暗中行动起来，周延儒与温体仁除积极活动之外，还花费八万银两，买通内廷，排挤东林党人。而钱谦益对此却懵然不知，只是尽力活动以阻止周延儒入阁。虽然钱谦益的初步目的达到了，但此举却加重并验证了朱由检对大臣植党的怀疑。周延儒、温体仁乘机而进谗言，朱由检信以为真。

说起钱谦益为考官时的"关节受贿"，那已是天启元年（1621）的事。当时官任翰林院编修的钱谦益，主持浙江乡试。而金保之、徐时敏伪作关节，用俚俗语"一朝平步上青天"七字，分置七义结尾，授给钱千秋，后钱千秋中试而为举人。钱谦益对此事毫无觉察，而被同考官韩敬发觉，又唆使礼科给事中顾其仁参送，奉旨交付礼部拟议处理。钱谦益为之惊骇，遂上书弹劾金保之、徐时敏及钱千秋，使之被捕入狱，金保之、徐时敏死于狱中，钱千秋发配东胜右卫充军，钱谦益以"失于觉察"，罚俸三个月。后钱千秋遇赦，抚按官给贴释放。此事已经了结，且历七年，又被温体仁重新提起，其用心不言自明。

朱由检郑重其事而又倾向十分明显地过问此事，企图借此消弥大臣植党之祸，于同年十一月初六日，朱由检召廷臣科道官及温体仁、钱谦益到文华殿，导演了一次党派之争的闹剧。《烈皇小识》对此记载颇详：

开始，钱谦益就钱千秋"关节"一事争辩说："千秋关节，已经疏参。刑部勘问明白，现有案卷在部。"温体仁说："千秋在逃，过付者为金保之、徐时敏二人，提至刑部，亲口供扳谦益，如何隐得？"彼此质辩良久，朱由检令将辩疏与参疏一起取来，遂问温体仁："疏内称'神奸结党欺君'，奸党是谁？枚卜大典，谁人一手握定？"温体仁回奏："谦益之党甚多，臣还不敢尽言。至于此番枚卜，皇上务求真才，其实多是谦益操弄。"吏科都给事中章允儒奏："钱千秋一事，久经问结。体仁资俸虽深，品望甚轻，会推不与，遂不甚热衷。如谦益关节果真，何不纠于未卜之先？今会推疏上，点与不点，一听圣裁"体仁奏："科官言，正见其党谦益。盖未卜之先，不过冷局，参他何用？纠之于此时，正为皇上慎用人耳。"允儒奏："从来小人陷害君子，皆以'党'之一字。昔魏广微欲逐赵南星、杨涟等，于会推疏中，使魏忠贤加一'党'字，尽行削夺，留传至今，为小人害君子之榜样。"朱由检听后勃然大怒，斥责道："胡说！御前奏章，怎这样胡扯？拿了。"当时无人行动，朱由检就问锦衣卫在哪里？卫帅才动手把章允儒扶出。温体仁趁机又奏："皇上试问冢臣王永光，屡奉温旨，何以不出？直待瞿式耜有疏完了枚卜大事，然后听其去。是冢臣去留，皇上不得专，有此事否？谦益热衷枚卜，先令梁子璠上疏，欲令侍郎张凤翔代行会推，此从来未有之事。"朱由检召来温体仁所指诸臣问道："早已告谕明白，枚卜大典，会推要公，如何推这等人，是公不是公？"王永光说："皇上召问吏科河南道与朗中耿志炜，便知道了。"温体仁说："永光是众卿之长，用贤退不肖是他的职掌，如何推在司官身上？"河南道御史房可壮奏："臣等多是公议。"朱由检说："会推大事，推这等人，还说是公议？诸臣奏来！"阁臣李标等都说："关节与谦益无干。"温体仁说："分明满朝俱是谦益一党，臣受四朝知遇，忠愤所激，不容不言。关节是真，若不受贿，如何得中？况今钱千秋现在京师，日入谦益之幕，指望谦益入阁，希图辩复。谦益可以枚卜，则千秋亦可会试。"李标等又说："前次招问明白。"朱由检说："招也闪烁，不可凭据。"礼部右侍郎周延儒看到朱由检已深信温体仁所言，便奏道："皇上再三问，诸臣不敢奏者，一者惧于天威，二者牵扯于情面。总之，钱千秋一案，关节是真，现有招案朱卷，已经御览说明。关节已有的据，不必又问诸臣。"朱由检又诘问诸臣："朕着九卿科道会推，便推这样人，就是会议，今后要公！若会议不公，不如不会议。卿等如何不奏？"周延儒说："大凡会议会推，皇上明旨，下九卿科道，以为极公；不知外廷只沿故套，只是一两个人把持定了，诸臣都不敢开口，就是开口也不

行，徒然言出祸随。"温体仁观察到己言已入，便装出一副极为可怜的姿态说："臣孑身孤立，满朝俱是谦益之党，臣疏既出，不惟谦益恨臣，凡谦益之党无不恨臣。臣一身岂能当众怒？臣叨九列之末，不忍见上焦劳于上，诸臣皆不以戒慎为念，不得不参。恳乞皇上罢臣归里，以避凶锋！"企图以退为进，且在试探朱由检的态度。朱由检说："既为国劾奸，何必求去？"温体仁听得此谕，内心踏实了许多。与此相反，因钱谦益毫无思想准备，言辞颇讪，又见皇上明显支持温体仁，周延儒也为其帮腔助威，只好"伏地待罪"。次日，朱由检下达圣旨："钱谦益既有议论，着回籍听勘！钱千秋交法司提问！"章允儒、房可壮、瞿式耜、梁子璠"俱著降三级调用。"不久，又有御史毛九华、任赞化分别纠弹温体仁"逆祠献媚诗册、居乡不法事"，因朱由检认定温体仁是为国劾奸，钱谦益植党，所以，毛九华、任赞化都被归于其党之中，予以处置。"自是体仁以告讦见知于上，结党之说，深启圣疑，攻者愈力，而圣疑愈坚。"

朱由检介入其中，只一味地轻信温体仁、周延儒攻击钱谦益植党之说，而并未认识引起纷争的事件的实质，尤其不懂得温体仁为什么对时过七年的旧事重提。所以，崇祯朝的党争不仅没有因其亲自过问、严旨斥责而消弭，反而以其信任的周延儒、温体仁为主，在不同的时期，不同的事件上，又制造了更加严重的党争。《御定资治通鉴纲目三编》对温体仁攻击钱谦益一事，有一段十分深刻的评论，切中其要害："钱谦益关节一事，真伪虽不可知，然前此草率具狱，温体仁已官礼部，何不闻特疏纠陈？乃因不与廷推，辄假公直之名，潜行倾轧。章允儒斥其'热中觊望'，实洞见症结之言。体仁顾以谦益昔皆闲曹为解，尤为理穷辞遁。殊不思科目重关名器，贪缘干进，犯即宜惩。设如所言，则谦益或不与枚卜，竟可不加穷治，而末僚散秩，皆可听其公行舞弊乎！如此闪烁支离，庄烈尚深信亟赏之，甚矣其弊也。"

周延儒、温体仁再起党争

崇祯皇帝朱由检即位之初，以会推阁臣而引起的党争，周延儒、温体仁二人从中得到了极大的好处，而赐予这人好处的正是被其迷惑的朱由检。崇祯二年（1629）十二月，命周延儒以礼部尚书兼东阁大学士入阁，参与机务。次年六月，温体仁以同样的职衔入阁办事。二人如愿以偿，弹冠相庆。刚愎自用的朱由检不仅没有在这一事件中看到幕后隐藏的祸患，反而得出大臣们不忧国家之安危，惟挟私报复，结党营私，还大发感慨说，如果不是温体仁及时揭露，我就会被他们欺骗而犯下大错！致使满朝正直的文武大臣为之骇然，无一不对当朝皇上得出如此与实际相悖的结论感到惋惜和遗憾。

事实上，周延儒、温体仁先后入阁之后，把持朝政，党同伐异。又为首辅之位，明争暗斗，拉拢私人，组织党派，展开攻讦，使崇祯朝的党争更趋激烈。

周延儒的资历比温体仁深，入阁时间也早一些。当随着时间的推移，周延儒终于出任内阁首辅，不失时机地利用手中的权力，大行其私。后来者温体仁，自认在皇帝面前，更有发言权；对皇帝的心理、好恶的观察与领会要高出周延儒一等。尽管自己的入阁，周延儒帮了不少忙，说是鼎力相助，亦不为过。然而，为了自己能出人头地，满足出任首辅的欲望，也无法计其恩德短长了。因此，温体仁对周延儒采取阳奉阴违的伎俩，表面上唯唯诺诺，而实际上总在寻找缺口，挑拣时机，极尽排挤之能事，以便取周延儒而代之。

事有凑巧。周延儒的姻亲陈于泰殿试第一；又出于私情，引用大同巡抚张廷拱、登莱巡抚孙元化；其兄周素儒冒锦衣卫籍，职授千户；家人周文郁擢升为副总兵，等等不光彩行径，舆论哗然。给事中孙三杰、御史徐应桂等，摭拾其事，纷纷上疏，弹劾周延儒。一时，周延儒成了众矢之的。与此同时，更有人攻击周延儒收纳了"巨盗"神一魁的贿赂。纷纷扬扬，弹劾之声越来越高。

温体仁得知，无比兴奋。但他却装出十分难过的样子，对周延儒多加安慰，情意绵绵，恨不得自己为其受过。可是离开周延儒之后，便竭力鼓动私人继续上疏弹劾，声势造得越大越好。不仅如此，凡是攻击周延儒的人，都不分青红皂白，一律加以护持，以便扩大自己的势力。吏部尚书王永光去职之后，温体仁即拔擢同乡闵洪学补其缺。闵洪学骤得显官，感恩戴德，唯以阿谀奉承温体仁为能事。一些势利之徒，也纷纷趋附。温体仁志得意满，长久垂涎的首辅之位，指日可待。

不料，几乎被攻击的声浪淹没的周延儒，并没有坐以待毙。多年的经营，亦有私人为其效力。兵部员外郎华允诚的一份奏疏，使周延儒稍觉安慰。

华允诚在奏疏中明确指出："庙堂不以人心为忧，政府不以人才为重；四海渐成土崩瓦解之形，诸臣有角户分门之念。"又说："国家所借以进贤退不肖者，铨衡也。我朝罢丞相，以用人之权归之吏部，阁臣不得侵焉。今次辅体仁与冢宰洪学，同是朋比，惟异己之驱除。阁臣兼操吏部之权，吏部惟阿阁臣之意，造门请命，夜以为常。黜陟大权，只供报复之私。甚至庇同乡，则逆党公然保举，而白简反为罪案；排正类，则讲官借题逼逐，而荐剡遂作爰书。欺莫大于此，擅莫专于此矣，党莫固于此矣。遂使威福下移，举措倒置。"（《明史》卷258《华允诚传》）

华允诚此疏可谓切中时弊。而崇祯皇帝看到此疏，第一个印象是华允诚如此胆大，敢于攻击次辅与吏部尚书同邑党比，必定别有大人物指使。待华允诚上疏辩白之后，他才隐约觉察到温体仁、闵洪学二人既为同乡，私情或许有之。于是下达圣旨，夺华允诚半年俸禄，以示惩戒。不久，也将闵洪学罢官，令其回乡，借以削去温体仁的党羽，并对此事的后果，拭目以待。

温体仁受到这一小小的打击，但并没有因此而停止对周延儒的算计。暗通温体仁的宣府监视太监王坤此时向崇祯帝狠狠地奏上了一本，参劾周延儒庇护陈于泰。太监参劾内阁首辅，这在明朝历史上也是少有的事。吏部尚书李长庚率同僚上奏说，陛下博览古今史书，有内臣参论辅臣的吗？当时，举朝争议，多为首辅辩护。周延儒也很希望温体仁能出来替他说句公道话，但作为这一圈套的设计者，温体仁只会暗暗地发出几声冷笑，他内心期待的是周延儒快快从首辅的位置上滚下来，由自己取而代之。他不仅不帮忙，反而火上浇油，唆使给事中陈赞化弹劾周延儒亲昵武弁周立功等招摇图利，并说周延儒把崇祯帝比作"羲皇上人"，言语悖妄不敬。这一招果然管用。崇祯六年（1633）六月，周延儒便主动引疾乞归，温体仁摇身一变为首辅。崇祯皇帝把他原先对周延儒的宠信又一股脑儿地转移到了温体仁身上来了。

温体仁承皇上殊宠，本来面目逐渐显露出来，变得专横狠毒，趾高气扬，但在外表上还是一副平静、儒雅、宽宏的样子。从他挤掉周延儒的全过程来看，他所走的每一步都是不露声色，而用意深远。崇祯帝对温体仁的评价有四个字：纯忠亮节，这为温体仁行己之私撑起了一把保护伞。于是，温体仁时时处处玩弄权术，迷惑皇帝，没有半点蛛丝马迹，达到了党同伐异的目的，同时也为自己树立了一个"公正无私"的形象。被蒙在鼓里的朱由检，却还给骗他的人以无比的恩泽。

讲官姚希孟一向为东林所推重，颇负名望。昔年韩爌主定逆案，希孟的意见起了一定的作用。华允诚疏劾温体仁，温体仁认为其幕后主使者可能是姚希孟，便设法排挤。借姚希孟主持顺天府武乡试时有二武生冒籍之事，严追其失职之过，终于使姚连降二秩，改为少詹事，去南京掌翰林院事。

罗喻义是一个性情冷僻而刚毅的人。天启时，魏忠贤曾辑东林党籍贯，湖广二十余人，罗喻义名冠其首。崇祯时为礼部右侍郎，声望渐高。一次，例行日讲，罗喻义有感于时局日坏，执政非人，在讲章中借古讽今，大谈时政，其中有"左右之者不得其人"的话。当内阁审读讲章时，温体仁甚是不快，并上书自劾说：依照旧例，只有经筵时可进规言，谈论时事，日讲则一般进规从简，"今喻义以日讲而用经筵之制，及令删改，反遭其侮，望圣明

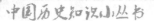

裁察"。崇祯皇帝觉得不能凭信一面之词，命吏部详议此情。吏部为了讨好温体仁，议将喻义革职闲住。罗喻义遂被罢职，家居十年而卒。

崇祯八年（1635），崇祯皇帝召廷臣数十人试以票拟，结果特擢文震孟以礼部左侍郎兼东阁大学士入阁，参与机务。此举确称英明，但温体仁的心里却是酸溜溜的，因为他担心崇祯皇帝会把注意力转移到文震孟的身上。文震孟以正直、才卓而闻名，即使在皇帝面前也不隐讳自己的观点，该说的从不含糊。一次，身为少詹事的文震孟进讲《鲁论》"君使臣以礼"一章，反复规讽，崇祯皇帝当即降旨将系狱的刑部尚书乔允升、侍郎胡世赏释放。又一次，文震孟进讲《五子之歌》时，崇祯皇帝竟跷起了二郎腿，震孟讲至"为人上者，奈何不敬"时，用目光瞟向皇帝的腿，朱由检忙用袖子掩盖，再慢慢放下。最初，经筵上不讲《春秋》，崇祯皇帝则以为有裨于治乱，于是诏令进讲。文震孟对《春秋》素有研究，进讲时又常巧妙地结合实际，讲论时政，颇合皇帝的口味。可见，文震孟的入阁并非偶然。文震孟初入阁，温体仁似相与默契、和谐。每次拟旨，温体仁都要找文震孟商量，有所改动，则一概听从。文震孟未曾意会这是一种假象，不无高兴地说："温（体仁）公虚怀，怎么有人说他奸诡？"大学士何吾驺提醒道："此人机深，怎么可以轻信？"果然，当文震孟放松戒备时，温体仁每见文震孟拟旨不当，就摆出首辅的姿态，令其重拟，如果文震孟不从，则径自抹去。如此多次，文震孟也感到气愤不过，就毫不客气地将疏稿甩在温体仁的面前。温体仁表面上显得很有风度，装出无所谓的样子，内心里却是欲除文震孟而后快。工科都给事中许誉卿也是一个亢直之人，曾疏言："体仁纳贿庇私，贻忧要地，以皇陵为孤注，使原庙震惊，误国孰大焉。"因之成为温体仁的眼中钉。这次，温体仁嘱意吏部尚书谢陞劾许誉卿营求高官，温体仁票拟贬谪，他预计皇帝对这种钻营求官的不正之风必然会重惩。果然，崇祯皇帝发先前票拟重改，温体仁票拟斥许誉卿为民。文震孟据理力争，大学士何吾驺也壮胆帮言。没过几天，圣旨传下，许誉卿被削籍为民，文震孟愤愤不平。温体仁向崇祯皇帝密奏：文震孟到处讲言官罢斥是极其光荣的事，这分明是讽刺皇上赏罚不公，不足以劝惩，此与悖理蔑法有什么不同？崇祯皇帝听他这么一说，怒火中烧，如此徇私扰乱，那还了得。使先前对文震孟的信任、尊敬之感顿时一扫而光。几天后，文震孟、何吾驺双双罢职。文震孟从入阁到落职出阁，前后不过三个月，是崇祯朝在阁时间最短的一位。事实证明，在权术上，他还远不是温体仁的对手。

倪元璐、黄景昉、陈子壮、刘宗周、文震孟、何吾驺等一大批朝中重臣因得罪首辅温体仁，或降职，或削籍；而面对农民起义烈火焰焰，边境事端日滋，民生困蹙，温体仁未曾有点滴建树，整天考虑的是如何保住权位，结宠于上，又日与善类为仇。善类被斥，所引者又多为平庸之辈，碌碌充位而已。当时内阁温体仁、王应熊、吴宗达三人被时人讥为："内阁翻成妓馆，乌归、王巴、笾片，总是遭瘟。"温体仁，乌程籍，归安人；王应熊，巴县人；吴宗达因无所作为，人称"笾片"。居于文官之首的内阁大臣竟然被目同"乌归"、"王巴"、"笾片"，谈何表率百官？王应熊系崇祯皇帝特旨入阁的，史称"博才多学，熟谙典故，而性黠刻强很"。士林对其入阁颇感震惊。礼科给事中章正宸上疏弹劾他刚愎自张，纵横为习，小才足覆短，小辨足济贪。今日得到大用，必且芟除异己，报复恩仇，混淆毁誉。章正宸所反映的士林的这种担忧并不多余，王应熊入阁后，与温体仁狼狈为奸，倾陷忠良，即是明证。如此阁臣既不能团结百官，为上选才，也不能有所作为，补益时局，相反却在崇祯皇帝急躁、严厉的性格上火上浇油。

一些有正义感的大臣纷纷上书弹劾温体仁。千户杨光先准备好了棺材，抱着视死如归的信念，疏劾温体仁，结果被崇祯皇帝赏了八十大板，遣戍辽西极边。或许有人会问，崇祯皇帝自恃英察，个性鲜明，眼睛里容不下半点沙子，为何对于天下士人切齿痛骂的温体仁却反而如此倚信呢？这里面自有其奥妙。但千言万语，归结为一句话那就是，温体仁的权术玩儿得高明。

早年温体仁疏劾钱谦益时，已经给崇祯皇帝形成了一个"孤立"、"无党"的印象。刘宗周弹劾温体仁十二罪、六奸，宗藩如唐王聿键，勋臣如抚宁侯朱国弼，布衣如何儒显，千户如杨光先等皆有论劾。崇祯皇帝不仅未加省思，反而对温体仁要加以保护，责难言官，有的甚至被杖死。山西提学佥事袁继咸看到给事中李世祺因论温体仁、吴宗达而被降级调用，甚为不平，上疏说："养凤欲鸣，养鹰欲击，今鸣而钳其舌，击而继其羽，朝廷之于言官，何以异此？"崇祯皇帝认为这是越职言事，降旨切责。温体仁在皇帝面前装出一副可怜相，无疑满足了崇祯帝的虚荣心。朱由检为了处理荆棘丛生的时局，极力呼唤能臣出世，但实际上在他眼皮底下需要的更多的则不是才华毕露，而是顺承己意的所谓"良臣"。温体仁在崇祯帝面前的谦虚谨慎、廉洁奉职，是他结知于皇帝的又一法宝。崇祯皇帝有时不免召问温体仁兵饷之事，温体仁则说："臣夙以文章待罪禁林，上不知其驽下，擢至此位。盗贼日益众，诚万死不足塞责。顾臣愚无知，但票拟勿欺耳。兵食之事，惟圣明裁决。"有人攻击温体仁专门窥伺皇上意旨，以行其私，温体仁则说："臣票拟多未中窾要，每经御笔批改，颂服将顺不暇，讵能窥上旨？"（《明史》卷308《温体仁传》）崇祯皇帝听了这些话，觉得温体仁朴实无华，忠心无二。其实，内阁作为皇帝的智囊团，参预政务决策的机构，又岂能将"票拟"之权轻描淡写？崇祯皇帝问温体仁军政大事，温体仁虽然敢以愚钝无知而无所建言，他却不以为罪，反以为忠，这只能说明朱由检偏信之时常有笨拙可笑之举。这恐怕也就是他的英明所在吧！或许与温体仁同列者，多平庸之辈，以此更显出温体仁的智慧与高大。

温体仁自知受他排挤而落职获罪者甚多，担心日后有报应。于是，但言内阁为密勿之地，事关机要，所上皇帝的密揭，不宜宣泄于外，规定内阁密揭一概不许发抄，不许存底。希图用这种办法来掩盖真相，消灭证据。因此，他所中伤的朝臣，不为外人所尽知；而对个人的利益前途上，又是深谋远虑的。然而，物极必反，普天同理。崇祯十年（1637），张汉儒讦奏钱谦益、瞿式耜居乡不法之事，温体仁如获至宝，拟旨逮钱谦益、瞿式耜下诏狱，严刑追查，欲置其宿敌于死地。钱谦益在此危急之际，使出了平日他最鄙弃的一招，即向太监曹化淳求援，想让曹化淳上下疏通一番，免此大难。张汉儒探知这一情节，急忙告诉温体仁；温体仁当即向皇上密奏，请皇上下旨将曹化淳一并治罪。温体仁此举未免有点高兴得过早。他万万没有想到，崇祯皇帝把温体仁之疏给曹化淳看，曹化淳害怕之极，自请查访其中缘由。果然，尽得张汉儒奸情及温体仁的密谋，崇祯皇帝这才大为省悟，恰巧抚宁侯朱国弼再次弹劾温体仁，更感到自己受了骗，原来以为不结党的人却是无时不在编织党派罗网。一气之下，命将张汉儒枷死。温体仁施展惯技，装病引退，料想崇祯皇帝定会慰留。然而，这次他的感觉发生了误差，在温体仁以病移居湖州会馆调养之时，内阁已票旨罢归，崇祯皇帝只在票旨上批了三个字"放他去"，其余冗长的话一概抹掉。温体仁得到圣旨时正在用餐，乍闻此讯，匕箸失落，顿时像泄了气的皮球。浮想在阁八年，官至少师兼太子太师，进吏部尚书、中极殿大学士，秩同左柱国，可谓荣耀风光之极，而今转眼之间，这一切即化为乌有，心里的平衡失调了。京城士民闻知圣旨，欢声雷动，连妇人孺子也拍手相庆。温体仁被放归后不过一年，即一病呜呼哀哉。

温体仁罢后，崇祯皇帝用枚卜之法点用吏部侍郎刘宇亮、礼部侍郎傅冠，俱为礼部尚书，佥都御史薛国观为礼部侍郎，并兼东阁大学士，参与机务，首辅为张至发。张无所创举，只是一味遵守温体仁当政时之旧，但在才智、机变上都赶不上温体仁，崇祯皇帝对他也谈不上什么眷注。而且，张至发由外僚入阁，进入中枢机关，颇有点儿沾沾自喜，常将机密泄露。对此，崇祯帝尤为厌恶。后因事令张至发"回籍调理"，一时人们还以张至发"遵旨患病"，传为笑谈。

继张至发之后为首辅者有孔贞远、刘宇亮、薛国观、范复粹。看到这些滥竽充数的庸劣之辈，崇祯皇帝不免思念起被罢归故里的周延儒。崇祯十四年（1640），特旨起用，复为首辅，不久又加少师兼太子太师，进吏部尚

书、中极殿大学士。他对周延儒施以师礼，说："朕以天下事悉听先生谋划。"表达出他的殷切希望。其实，周延儒的再召还有其他一些人的功劳。如冯铨、侯恂、阮大铖等出资各为一股，每股银万两，共六万两，由庶吉士张溥、礼部员外郎吴昌时为之活动，交结近侍，打通关节。张溥对周延儒说："公若再相，改变以前的处事态度，就可重得贤声。"周延儒大为感动，说："吾当锐意行之，以谢诸公。"（《明史》卷308《周延儒传》）

周延儒再相之初，一举一动颇有革旧布新之势，给崇祯皇帝带来了难得的一点宽慰。过去，周延儒与东林人士作对，结果引得一身腥臭，现在他悉改前非，并尽反温体仁之政。他请求恩准开释漕粮白粮欠户，蠲除民间积逋，凡属兵残岁荒之地，减免两年赋税；苏、松、常、嘉、湖等诸府遇水灾，许以来年用夏麦代漕粮；凡属戍罪之下者，一律赦免回家；召还因言事而贬谪诸臣，如李清等。以郑三俊长吏部、刘宗周掌都察院，范景文长工部，倪元璐佐兵部，都是从家召还任职的。一时在周延儒的主持下，朝廷内外咸称贤政。然而，有所得必有所失，要亲贤选能，就会得罪一批无能而又恶劣之辈；要政归内阁，刑付司法，就会惹恼宦监和厂卫。更何况周延儒本性贪财，庸驽无才略，而在周延儒身边的一帮人又以势竞相逐利。

渐渐地有人开始弹劾周延儒。行人司副熊开元在上朝时公开揭露周延儒纳贿之事，崇祯皇帝此时正倚重周延儒，闻言即怒，命将熊开元处以廷杖，投入诏狱。左都御史刘宗周、金都御史金光辰等均因救熊开元而被罢职；尚书徐石麟又以为刘宗周说了句公道话而论罢。周延儒沉默不语，心里或许在说："去就去吧。"锦衣卫头目骆养性虽然是被周延儒推荐的，但周延儒奏罢厂卫缉事之权，令骆养性报恩以仇，他与宦官勾结、专门侦缉周延儒的不法之事。

崇祯十五年（1642）元旦，大朝完毕，崇祯帝召大学士周延儒、贺逢圣、谢陞入殿，东向而立。崇祯皇帝从宝座上缓缓下来，转而西向三位阁臣深深作了一揖说："古来圣帝明王，皆崇师道，今日讲官称先生，犹存遗意，卿等即朕师也。宗社奠安，惟诸先生是赖。"这三位大学士突遇皇上如此大礼，恐慌不安，忙跪下叩头。崇祯皇帝解释说："圣书言修身、尊贤、敬大臣、体群臣，朕之如此，原不为过。自古君臣志同道合，天下未有不平治者。"说到这，他的脸显得沉重，似思潮翻滚，又似寄托希望。他随之告诫周延儒等："职掌在部院，主持在朕躬，调和在卿等。"周延儒连称菲才不敢当。崇祯皇帝请"先生起来"！（计六奇《明季北略》卷18《降座揖相》）他亲手导演的这一幕着实让人深感意外，也有人称皇上"礼非其人，徒自贬损耳"。不过，崇祯皇帝此举不是一种简单的做作，或是形式而已，实际上它反映了崇祯皇帝对内阁寄予的最后一点希望。尽管他也难以相信内阁大臣会脱胎换骨，有面貌一新的一天，但他还是强迫自己去相信他们。

正因如此，人们不难理解，周延儒的话为什么崇祯皇帝还是愿意听的。黄道周因直言惹怒了皇帝，被永贬广西，周延儒在受召时从容地向崇祯皇帝进言，为宗周说情，没过几天，上谕：黄道周，着以原官起用。崇祯十六年（1643）四月，清兵深入畿内，京城戒严，崇祯皇帝召见大学士周延儒、陈演和蒋德璟，声色俱厉地说："朕欲亲征。"周延儒见事已至此，便主动请缨，督师抵御清兵。然而，军机实非周延儒所长，而周延儒之心机也着实庸劣。同年十二月，周延儒由于欺罔而被赐死，得到了应有的下场。有人说：周延儒再次入阁，"以贿进，也以贿败；以内官进，也以内官败；以（吴）昌时进，也以昌时败"。周延儒也可以说是落到了自己挖的陷阱里，岂不悲哉！

周延儒罢后，如果说崇祯皇帝还信任过内阁阁臣的话，此人就是陈演。陈演是靠巴结太监，探听崇祯帝意向，而奏对称旨，被简入内阁的。在内阁继周延儒为首辅，毫无筹划，后引疾辞职。崇祯十六年五月入阁的魏藻德也是一无建白，但倡议令百官捐助而已。其他如李建泰、方岳贡、范景文、丘瑜等都是新近入阁，莫能补救。明王朝在朝廷内部这种争论不休、尔虞我诈、君臣猜忌的气氛中度过了它最后的时光。

《明史》对于温体仁以后阁臣做过一番评述，说："天下治乱，系于宰辅。自温体仁导帝以深刻，治尚操切，由是接踵一迹。（王）应熊刚狠，（张）至发险诐，（薛）国观阴鸷，一效（温）体仁之所为，而国家之元气已索然殆尽矣。至于（陈）演、（魏）藻德之徒，机智弗如，而庸庸益甚，祸中于国，旋及其身，悲夫！"确实，就崇祯朝五十位阁臣的道德、才华而言，令崇祯皇帝失望，也令天下士民失望。在国家动荡不安、祸乱丛生之际，为人才之脱颖而出提供了宽广的舞台，但这些阁臣却无惊人的表现。那么，人们不禁要问，是天下无有才之人，还是崇祯帝选任阁臣有问题呢？固然，明之将亡，势所必然，人的作为也受客观定式左右，但个人素质却是主观修炼的结果。说崇祯皇帝不信任大臣，似乎也不怎么准确，因为他信任过许多人，如温体仁和周延儒就是突出的两位。说他信任大臣，又常猜忌，刚愎自用。他不拘一格地选拔人才，最后选的又多是些无能之辈；即使有点才能的人，也因用之不专而未得正果。看来这不能全然苛责崇祯皇帝，因为这是与晚明政局日坏、世风日下紧密相联的。不贪就发不了财，不奸就掌不了权。这种气候一旦形成，人们就会自觉或不自觉地受到感染，受感染的人越多，事业成功就少了一分希望。崇祯皇帝挖空心思，谋求秘方，欲使明朝起死回生，虽也曾有过瞬间的回光返照，但终为劫数难逃。呜呼，人之将死，其言也哀，崇祯皇帝叹"朕非亡国之君，事事皆亡国之象"。但他又岂能对明朝的灭亡而逍遥无咎吗？崇祯皇帝与宦官的关系同样表明，他无意中在自掘坟墓。崇祯帝对大臣恨铁不成钢，却不知道刑余的太监们更不会有可喜的表现。这才是真正的可悲。崇祯皇帝声言"诸臣误我"，一推了之。岂不知他的言行举措也在误诸臣吗？

复社与政争

引人注目的是，复社这一群众性组织也参与到了崇祯朝的门户之争。知识分子结社，以文会友，切磋学问，在明末渐成一种风气。崇祯时有名的文人社团有松江几社、浙西闻社、江北南社、历亭席社、吴门羽朋社、匡社、武林读书社、江西豫章文社、合社等，而其中影响最大的还是以张溥为首的复社。这类社团除了研习时艺外，还积极参政。

复社成立于崇祯二年（1629），系太仓人张溥号召而联合许多小文社而成，因图"兴复古学"而得名。转相联络，名声日大，凡天下文武将吏及朝列大夫、雍庠子弟，称门下士者达万余人。迄崇祯十四年（1641），先后召开了尸山、金陵和虎丘等三次大会。据称，张溥约举虎丘大会，山东、江西、山西、湖广、福建、江南等地以舟车至者数千人，为三百年来的空前之举。复社内部各小社的精彩文章还汇编成集，题名《国表》，广为流散。复社以东林之嗣自诩，天下名士齐集复社，由复社而金榜题名而荣登仕途一时成为捷径。如张溥、吴伟业、杨廷枢、吴昌时、陈子壮等复社名流都中了进士，并获得官位。在朝的要人多方拉拢复社，培植自己的势力，而使复社介入了士大夫门户之争的旋涡之中。一般说来，官府中与东林有关的人，多与复社相亲相助；与阉党有关的人，则与复社作对，一些与东林素有积怨的人也汇入了反复社的群体之中。

内阁首辅温体仁对于复社与东林的声气相投，尤为忌恨，想唆使言路弹劾张溥。苏州人陆文声求入复社而未得，一直耿耿于怀，探知有此报复良机，便于崇祯十年（1637）三月赶赴京城，弹劾复社，说："风俗之弊，皆原于士子。溥、（张）采为主盟，倡复社，乱天下。"温体仁想乘机制造大狱，"拟严旨究治"。崇祯帝令将此事交提学御史倪元璐核查。倪元璐很快就呈上了一份调查报告，并得了结论："诸生诵法孔子，引其徒谈经讲学，互相切磋，文必先正，品必贤良，实非树党。文声以私憾妄奸，宜罪。"（杨彝《复社事实》）温体仁见倪元璐不买账，拟旨将其降职为光禄寺录事。又有苏州推官周之夔对张溥也有宿怨，赴京上疏弹劾张溥等"树党挟持"。复社处于围攻的困难境地。

为了避免日益严重的孤立之势，复社开始在朝廷中有意识地寻求支持

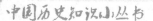

者。他们决定先攻倒薛国观内阁，重建东林内阁。张溥等复社头面人物经过一番深思熟虑，最后选中了崇祯六年（1633）被挤出内阁的周延儒作为他们的代言人。周延儒自罢相后，与东林交游甚欢。张溥不仅对周延儒如何做官提出建议，还给周延儒开了一份应起复人士的名单，周延儒表示答应。双方交易成功后，复社多方活动，周延儒终于如愿以偿。周延儒果然向崇祯皇帝推荐重新起用了郑三俊、刘宗周、范景文、倪元璐等一批人物。张溥暴病死亡，周延儒为其美言，崇祯皇帝表示不再追究张溥的过失，甚至还让进呈张溥的著作，以备御览。

终崇祯之朝，讲学、结社之风高潮迭起，虽然不能说诸如东林、复社中尽正人君子，但从他们的一些政治主张来看，还是比较进步的。把明亡归之于士大夫徒知讲学是不公平的。讲学、结社不等于空谈。他们结社的真正目的也非纯粹是为了探究学问，更多的还在于获得日后出入仕途的资本，并通过影响言路来影响朝政。崇祯帝深知结党拉派之风已非一日，也非一日可禁绝，所以他容忍了党派的存在。纵观崇祯朝内阁不难发现，其成员多为东林的对立面，而在言路则以东林为多。这也是崇祯帝对待党派的办法之一。然而，正因如此，它加剧了明末政治的危机。很显然，诸如温体仁、薛国观等非东林党势力把持政府，其与东林之间的矛盾冲突进一步激化，他们用各种手腕打击政府中的东林力量，并钳制言路；同时，通过培植亲信，分化言路之间的互相斗争。言路与执政水火不相容，使政局更加不安，统治阶级内部的不稳定性增加，始终难以形成一个能够为众派势力所支持的政府。士大夫的离心趋势加快了明亡的步伐，对此崇祯皇帝是难逃其责的。可以肯定地认为，崇祯皇帝反对结党与官贪吏污不仅没有取得成功，反而越演越烈。

明亡除了客观形势的紧逼之外，崇祯帝主观上的失误在缺乏可行的治国方略的情况下，用人上的乖谬直接导致了明王朝的覆灭。

二 唯才是举，朝署中半染赭衣

朱由检在清除阉党的同时，为了使封建国家机器正常运转。一面整饬吏治，一面以"先才后守"的原则，重视真才实学，不讲出身，选拔任用各级官吏。致使出任地方大吏巡抚非进士出身的人数超过以往任何一个历史时期。此举的实施，在长期形成的过分看重进士出身的用人制度的明朝末期，有其积极的作用和效果，同时说明作为封建帝王的朱由检的开拓精神。然而，在选拔的人才被任用之后，是用而不疑，尤其是在其处理诸种政务的过程中，偶尔出现失误时，分析其失误的原因，是人为的？客观的？稍示宽容，给予改正失误的机会，抑或运用朝廷严刑峻法，予以重处，使人人自危，重足而立？表面看来，虽然是一个策略问题，但就其本质而言，仍深刻地反映出朱由检的复杂性格和急切心理，以及在这种性格和心理影响下造成的现实。

在朱由检看来，当官员被任用之后，就应该恪守制度、法规，认真办事，前朝遗留下来的混乱就会为之澄清，社会危机也随之平息，展现在眼前的是一片升平。可是，当这种理想化的蓝图在极为复杂且危机四伏的现实中受挫之后，他那种求治急切的心理，失去了平衡，变得更加焦躁。一般情况下，若能冷静地审时度势，分析受挫的诸种因素，或许会好一些。但血气方刚的朱由检从不这样考虑，对自身"程效太急，不免见小利而速近功"的失误视而不见。反以为自己的一举一动十分正确，无懈可击。受挫的根源是文武百官不尽忠职守、敷衍塞责造成的。于是运用皇帝至高无上的权力，严加惩处。致使文武百官心怀畏惧，每处一事，都首先想到的是皇帝的意图，而不是事实本身。由于不从实际出发处理问题，难免不出现失误和过举，一旦发生，即置重典。重者杖死，轻者贬谪，致使朝署之中，半染赭衣。

重惩文武百官

朱由检文武百官的重惩，在明朝是极为罕见的。据有关资料记载，他诛戮总督多达七人，如三边郑崇俭、蓟辽袁崇焕、刘策，漕运杨一鹏，南畿等处熊文灿，蓟州等处范志完、赵光抃。这七人中，郑崇俭总督陕西三边军务兼督四川时，杨嗣昌协同督师，追剿农民军张献忠部，后张献忠挥师入川，杨嗣昌状告郑崇俭撤兵太早，致贼猖獗。崇祯皇帝初命削籍；后杨嗣昌畏罪自杀，又怪罪郑崇俭不掎角平贼，科以"纵兵擅还，令按臣核实"，而被弃市。袁崇焕千里驰援京师，被诬以与敌联络，处以极刑。农民军攻克凤阳，户部尚书兼漕运总督杨一鹏在淮安援救不及，朱由检为祭告受惊的祖灵，怒斩杨一鹏。赵光抃以兵部侍郎为总督蓟州、永平、通州、山海关、天津诸镇军务，因不能有效地阻遏清兵的入侵和攻掠，下旨论死。

朱由检诛戮巡抚十一人，蓟镇巡抚王应豸，因处置军士哗变不力，又有克饷之罪，论死。山西巡抚耿如杞率总兵张鸿功领兵五千人入援京师，三日变更三处驻防，致使士卒粮饷无继，大肆鼓噪，四出劫掠。朱由检恼怒，逮捕耿如杞、张鸿功入狱，不久被斩于西市。宣府巡抚李养冲，已致仕家居，同侵盗抚赏银七万两及曾冒功匿败而论死。大同巡抚张翼明，因不能抵御插汉部入犯，论死。顺天巡抚陈祖苞，失事系狱，服毒自杀，朱由检余怒未消，又令禁锢陈祖苞之子陈之遴，永不叙用。保定巡抚张其平、山东巡抚颜继祖，以没有抵御清兵入扰而被斩首。永平巡抚马成名，以坐失战机，被逮入狱，被斩西市。杨嗣昌为减轻压力，决计驱逼农民军入川，四川巡抚邵捷春难以抵御，崇祯帝朱由检不罪杨嗣昌，反将邵捷春逮捕入狱，处以死刑。

尤其是在以礼治国的明代，对待身居高位的内阁辅臣，十分尊重。但在崇祯皇帝威风横扫之下，同样难免君要臣死，臣不得不死的厄运。朱由检连杀周延儒、薛国观，成为自世宗朱厚熜杀夏言以来所仅有，而且极其凄惨。如薛国观，朱由检赐其自尽，国观遵命，但准予取殓的圣旨迟迟不发，谁也不敢擅自取殓，致使国观吊了两天两夜，成为空前绝后的悲惨事件，载入史书。

廷杖杰作——

如果说崇祯皇帝朱由检惩处封疆大臣，还事出有因的话，那么，对一些直言敢谏的官员，动辄得咎，且旋以廷杖，就显示出朱由检的急功而不达的褊狭性格特征了。

崇祯十三年（1640）四月，詹事府少詹事黄道周因召对忤旨，被贬为江西布政司都事。江西巡抚解学龙认为黄道周才学兼备，向崇祯皇帝举荐，适逢大学士魏炤乘与黄道周不合，上疏攻击解学龙滥荐。崇祯帝一气之下，命速将解学龙、黄道周逮至京城，各廷杖八十，关入刑部牢狱。数日后，户部主事叶廷秀上疏救解，又被廷杖一百，削籍为民，真为不幸之至。太学生涂仲吉也上疏说黄道周为盖世大儒，"一生学力，止知君亲，虽言尝过戆，而志实忠纯"，如今系狱不出，臣"为皇上天下百世惜也"。他认为断不宜以党人二字来随意议处像黄道周这样学行才品兼善的大臣。此疏崇祯皇帝没有看到，因为通政司官员害怕皇帝览之不悦，未转呈御览。岂知涂仲吉不服邪，再次上疏，并弹劾通政使施邦曜。崇祯皇帝知悉此事，便立即下令，将涂仲吉逮捕入狱，并廷杖一百，处以谪戍。

崇祯皇帝亲自鞭打总督范志完和吏部文选司郎中吴昌时，为明代廷杖的杰作。

崇祯十六年（1643）五月，首辅周延儒因贪贿、纵敌之罪贬归故里。给事中郝昌疏劾吴昌时和礼部郎中周仲琏，言词激烈，称吴昌时、周仲琏窃权附势，纳贿行私，内阁票拟机密，每事先知。总而言之，周延儒为天下之罪人，而吴昌时为周延儒之罪人。紧接着，御史蒋拱宸也上疏历数吴昌时之罪。其中谈到，吴昌时与周延儒幕客董延献表里为奸，贪赃枉法，主持乡试，收受贿赂，即使目不识丁也荣登榜中；而且，藐视王法，公然"通内"。此书一上，击中了吴昌时的要害，也点燃了崇祯皇帝的心头之火。

吴昌时，浙江秀水人。崇祯六年（1633），内阁首辅周延儒为次辅温体仁所挤，失宠于上，致仕归乡。吴昌时看准了机会，四处奔走，多方活动，为周延儒的复出不厌其劳。崇祯十四年（1641），周延儒再次入阁，吴昌时感到自己腾达的机会已经来到，虽然官礼部郎中，但实际已成为周延儒的高级幕僚。每天吴昌时下班后，即更换便衣，直达内廷宦官卧室，与宦官交好，探听阁中消息，然后在外面招摇过市，卖弄信息。吴昌时醉心于吏部，曾扬言：假如有朝一日为吏部郎中，即死而无憾。可谓利欲熏心！周延儒为了酬谢吴昌时的一片苦心，终于破格将其转为吏部文选司郎中。吴昌时大权在握，呼吸通天，意在驱除异己，激起了科道官的强烈不满。原被周延儒得罪的锦衣卫骆养性和宦官等也在秘密搜集证据，以便将其置之死地。

七月二十五日，崇祯皇帝在文华殿，召府部院、科道官等文武百官，亲自审理蒋拱宸疏中所参吴昌时与周延儒朋比为奸一案。崇祯皇帝身着素服，一脸怒气，随同审理的还有皇太子和定王。大殿内，陈列着东厂和锦衣卫所有的诸般残酷刑具，弥漫着严肃、恐怖的气氛。当事人如兵科给事中方士亮、兵部主事尹民兴、户部主事刘嘉绩，以及周延儒的门客董心葵等都被传讯候审。

审讯开始，崇祯帝一声厉喝，诘问吴昌时"通内"之事。吴昌时自知已犯上怒，如罪名成立，势难身全，便辩解道："祖宗之制，交结内侍者斩，法极森严，臣不才，安能犯此？"崇祯皇帝传蒋拱宸上前对质。蒋拱宸哪里见过这等场面，浑身直打哆嗦，匍匐在地，一句话也说不出来。崇祯皇帝叱退蒋拱宸。其实，他心中主意已定，传蒋拱宸对质只不过是一种形式而已。

吴昌时始终不承认，还理直气壮地说："皇上必欲以是坐臣，臣何敢抗违圣意？自应承受。若欲屈招，则实不能。"崇祯皇帝见问不出什么名堂，即命大刑侍候。阁臣蒋德璟、魏藻德出班奏道："殿陛之间，无用刑之例，乞请将昌时交付三法司究问明白，以罪量刑。"崇祯皇帝以略带轻蔑的口吻说："此辈奸党，神通彻天，若离此三尺地，谁敢据法从公勘问者？"蒋德璟、魏藻德二阁臣被说得惶恐不安，只是说："殿陛用刑，实三百年来未有之事！"崇祯皇帝说："吴昌时这厮，也三百年来未有之人。"（以上均见《明季北略》卷19《审吴昌时》）蒋德璟、魏藻德二人顿时哑口无言。崇祯皇帝立命行刑，夹板一紧，只听得一声惨叫，吴昌时昏倒过去。待稍清醒，继续用刑，直夹得吴昌时两胫皆断方止。整套刑具都已用过，吴昌时终于一一承认。崇祯帝又问董心葵：周延儒靠行贿而得复职，又受贿而用人，究竟行贿而起用者为何人？董心葵答道：记不清了。崇祯皇帝把一缙绅簿扔在地上，内臣一看，见上题福建道施公征等人姓名，即命缇骑前往逮捕。崇祯皇帝愤恨交加，忍无可忍，一把将案桌掀翻在地，挥袖而去。

十一月，崇祯皇帝朱由检下达谕令，吴昌时弃市。不久，周延儒赐死。此后不出五个月，他也在煤山找到了自己的归宿：自尽。未见半点改变。这出怒鞫吴昌时的戏成了明王朝的绝唱。崇祯皇帝的心情难以平静。一个人在大势已去，坐以待毙之时，其内心的悲凉、凄楚是可想而知的。是啊，大明王朝二百余年未有的事，都让这位末代皇帝赶上了，幸哉？悲乎！

除此之外，对直言敢谏的臣僚，亦依其好恶，轻易处置，诸如刘宗周、黄道周的遭遇，堪为崇祯皇帝贬谪直臣的典型事例。

三　惩治宦官，宦官之势大增

崇祯皇帝朱由检智除魏忠贤，严惩干政宦官，招来阵阵喝彩，誉为明智果断之举，大明中兴有望。然而，时过不久，同一位皇帝，同一个人，又开始信任宦官，京城内外，提督、监军四出。

目睹宦官耀武扬威，人们感到不可理解，为何崇祯帝撤还监镇宦官、委任大臣的余音犹在，却转眼又使宦官备受重任？崇祯皇帝的解释是，士大夫多营私利，热衷于门户之争，廉谨者又不能筹划一策，只好依靠宦官，而依靠宦官又显然是下策。他似乎别无选择，矛盾得很。这次宦官行使监军和提督京营大权，表面上是因为应付偶发事件所采取权宜之计，实际上却是崇祯皇帝对文臣看法偏颇的必然结果。从此宦官势力重新抬头。

崇祯二年（1629）十一月，因后金兵再次南下，崇祯皇帝特遣乾清宫太监王应朝监军。十二月，以司礼监太监沈良佐、内官监太监吕直提督九门及皇城门，司礼监太监李凤翔提督京营。

乖巧的宦官东山再起

更大规模地起用宦官是在崇祯四年（1631）九月至十一月，主要的任命有：太监张彝宪总理户、工二部钱粮；唐文征提督京营戎政；王坤、刘文忠、刘允忠等分赴宣府、大同、山西监视兵饷；王应朝、张国元、王之心、邵希诏等太监分别被派往关宁、蓟镇东协、中协、西协监军；李茂奇监视陕西茶马，等等。从此，各地重镇都派有太监监军，职权在督抚之上。令人惊讶的是，崇祯皇帝派内臣总理户、工二部钱粮，将堂堂的两部尚书搁置一旁。并且，还下令为张彝宪专建衙署，名曰户部总理，其权与总督、团营提督一样。这一做法激起了文臣的坚决反对。

给事中宋可久、冯玉飙等十余人上疏极谏。崇祯皇帝不予理睬。吏部尚书闵洪学率领朝班大臣俱疏力争，请求收回成命，崇祯皇帝不为所动，只是淡淡地说："诸臣如果个个实心用事，我又何必要去任用此辈？"毫不掩饰他对文臣的轻视，闵洪学等哑口无言。次年，工部右侍郎高宏图疏称：工部本有公署，尚书居中，侍郎旁列，而今内臣张彝宪奉命总理户、工二部，位居尚书之上，"不亦辱朝廷而裹国体乎？臣今之为侍郎，贰尚书非贰内臣，国家大体，臣固不容不慎"。在高宏图看来，堂堂朝廷大臣竟然要对这些本该供内廷洒扫之使的宦官行属臣之礼，岂非奇耻大辱。崇祯皇帝对此置若罔闻。他认为军兴饷急，张彝宪应当到户、工二部去核查粮饷收支情况，却没想到二部采取如此不合作的态度。高宏图此疏上过七次，并引疾求去，崇祯帝勃然大怒，斥责高宏图无人臣礼，命将高削籍罢职。（文秉《烈皇小识》卷3）

张彝宪见崇祯帝竭力庇护，愈益骄纵，故意扣下边镇军器不发，试试谁敢再说。管盔甲主事孙肇兴恐稽滞军事，便上疏劾其误国。崇祯帝见疏，命详细奏来，结果孙肇兴被论罪遣戍。南京礼部主事周镳慷慨激昂，力陈任用内臣之害，说："任用内臣容易而裁撤困难，这是历来的一大祸患。如果不能立即裁撤，那么希望皇上将其数额减少，并加以严格约束。"崇祯皇帝听罢，暴跳如雷，即令将周镳削职。至此，宦官更加有恃无恐，气焰更加嚣张。

太监王坤抵达宣府，不满一个月，即上疏弹劾巡按御史胡良机。崇祯皇帝不容胡良机分辩，就将胡良机降职，并命王坤接治。给事中魏呈润疏争不可，说："我国家设立御史巡九边，秩卑而任巨。良机在先朝以纠逆珰

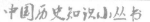

削籍，今果有罪，则有回道考核之法在，而乃以付（王）坤。且边事日坏，病在十羊九牧。既有将帅，又有监司；既有督抚、有巡方，又有监视。一官出，增一官扰。中贵之威，又复十倍。御史偶获戾，且莫自必其命，谁复以国事抗者。异日九边声息，监视善恶，奚从而闻之？乞召还良机，毋使仰鼻息于中贵。"（《明史》卷258《魏呈润传》）崇祯帝视之为党比，将魏呈润降职三级，谪为外官。王坤承帝恩宠，目空一切，竟上疏弹劾大学士周延儒，使宦官与官僚之间的斗争更趋激烈。周延儒劣迹昭彰，有所弹劾，本不奇怪，只是一个宦官公然弹劾内阁首辅，这岂不令所有文臣斯文扫地、脸面无光吗？所以，许多人上疏论王坤之非。给事中傅朝佑称，王坤僭权弹劾，历朝未有。从其疏文词练达、机锋犀利来看，必定背后有人指使，暗示温体仁捣鬼。崇祯帝对此不加理睬。左副都御史王志道也上言：近来内臣的举动，几乎是手握朝廷大权，而身为辅佐的大臣们，对此反常之举，始终不敢指斥其非。至于身被弹击，犹忍辱缄默。如此作为何以付明主之知？王坤系一内臣，不宜弹劾辅臣。

这天，崇祯皇帝在平台召见大臣，特意对王志道说："遣用内臣，本是不得已而为之。我的意思说得够明白的了，怎么还有这么多的议论？昨天王坤的奏疏，我已责其诬妄，乃廷臣举劾，莫不牵扯引内臣，岂处分各官，皆为内臣吗？"王志道回奏说："王坤直劾辅臣，举朝皇皇，为纪纲法度之忧。臣为法度如此沦丧而可惜，不是为诸臣辩护。"崇祯皇帝一脸怒色，说："廷臣于国家大计不之言，惟因内臣在镇不利奸弊，乃借王坤疏要挟朝廷，真是不忠于职守之辈。"周延儒忙在一旁说："志道非专论内臣，实责臣皆溺职。"崇祯皇帝才收起了怒容，说："职掌不修，沽名立论，何堪宪论。"未过多久，傅朝佑、王志道均被削职而去。崇祯皇帝这时正专意委任内臣，与此相左的意见听不进去，而且愤怒异常，因为他认为大臣们于国家大计不言，却专挑内臣的过失，这无疑是"要挟朝廷"。面对崇祯皇帝的偏袒内臣，内阁诸臣缄默忍受，周延儒本人也忍辱不言，至于温体仁则幸灾乐祸，暗地与宦官勾结。也就是说，文臣集团内部派别林立，钩心斗角，分散了自己一方的力量，以致从崇祯二年底信用宦官，至崇祯六七年间，凡是进言揭露内臣过恶的文臣轻则遭到呵斥，重则被削职、遣戍，一如高宏图、金铉、魏呈润、赵良曦、王弘祖、李曰辅、熊开元、周镳等。

崇祯五年（1632），崇祯皇帝朱由检命太监曹化淳提督京营戎政。次年，又以流贼蔓延，各路兵将云集，一切功罪勤惰，应有监纪，特命太监陈大金、阎思印、谢文举、孙茂霖等四人分监曹文诏、张应昌、左良玉和邓玘军，监功纪过，督催粮草。又以司礼监太监张其鉴、郝纯仁、高养性、韩汝贵、魏伯绥等赴各仓储，与提督诸臣盘验收放。六月，太监高起潜监视宁（远）、锦（州）兵饷。

宦官干政的种种劣迹，历朝屡见不鲜。他们的专横、暴戾、贪婪、无耻，令人切齿痛恨，魏忠贤更是臭名昭著。难道崇祯皇帝竟然如此健忘？当然不会。他之所以寸磔魏阉、清除阉党，后又否决和指斥为阉党翻案等，正说明他对宦官的过恶有所认识。但是他现在为何又偏偏重视宦官，且不惜贬斥文臣来保全内臣呢？按照崇祯皇帝自己的解释是原非得已，而原非得已的原因又在于诸臣不实心任事、士大夫负国家。此外，他还认为，宦官能否为害，关键在于皇帝的英明与否，成祖用宦官不是照样天下大治吗？以他的英明，宦官是会为自己所用的。张彝宪请求征天下逋赋以佐军饷、镇守太监王坤上疏揭发宣府巡抚马士英侵吞饷银六千两等，都使崇祯皇帝认为内臣果然能够根绝情面，剔除积弊。崇祯皇帝曾命张元佐为兵部右侍郎，镇守昌平。当时提督内臣即日前往，张元佐不曾出发，便给崇祯皇帝以口实，他对阁臣们说："内臣即日就道，而侍郎三日未出，怎么能责怪我用内臣呢？"并以此来证明自己重用内臣的正确。但在另一方面，他也并未摆脱士大夫集团，彻底委政于宦官。他较为清楚地知道，内臣可以起到耳目的作用，但真正出谋划策，协助处理国家大事的还是要依靠一班文臣。可以说，在依靠宦官，还是重用文臣上，这一时期的崇祯皇帝的内心始终是矛盾的。不过，宦官在

其天平上显然要重得多。

当崇祯皇帝对文臣、宦官有此认识之后，看问题总是有失公允，并易于固执己见，当他认定宦官可以信任时，任何善意的劝说都会被视为多余。在他看来，内臣可以重用，是因为他觉得内臣易于对付，不足为虑；内臣对皇帝忠贞不二，即所谓"三尺在我，此曹（指宦官）也何能为！"当然，在这种重用之中又有防范，其时，除了监视太监，还有监视太监的太监。力图让太监们明了，威福出于皇帝，使太监们由他挥洒自如地任用。

太监们得寸进尺，不把文臣们放在眼里。总理太监张彝宪甚至请入觐官向他投册致好，以隆体统，崇祯皇帝居然欣然同意。给事中袁继咸疏言：士有廉耻，然后有风俗；有气节，然后有事功。今诸臣未觐天子之光，先拜内臣之座，士大夫尚得有廉耻乎？逆珰方张时，义子、干儿昏夜拜伏，犹以为羞，今且白昼公庭，恬不知怪，所为太息也！崇祯皇帝责其越职言事。张彝宪奏辩：朝觐官参谒，实为尊朝廷。袁继咸义愤填膺，反驳道："尊朝廷莫大于典例。知府见藩臬行属礼，是典例；见内臣行属礼，也是典例吗？诸司至京，投册吏部各官，是典例，先谒内臣也是典例吗？事本典例，虽坐受犹以为安，事创（张）彝宪，即长揖只增其辱。高皇帝立法，内臣不得干外事，若必以内臣绳外臣，《会典》所不载。"（计六奇《明季北略》卷10《袁继咸论谪言官》）袁继咸持正之论，仍然受到斥责。崇祯皇帝信任宦官，引起了科道官的无比愤慨，虽因言而罢者接踵，犹论争不止。令人不解的是，内阁却在这场斗争中似乎无动于衷，实则其中另有难言之隐。周延儒在内阁时，常常借宦官为奥援，实际上使得内阁之权流向宦官。崇祯皇帝让宦官四出，内阁不发一语。所以，有人认为，崇祯朝阁体之坏，自周延儒始。

监视内臣的撤与复

崇祯皇帝是否一个心眼地重用宦官呢？回答是否定的。崇祯七年

（1634）八月，他下诏撤回监视总理内臣。其诏云："朕御极之初，撤还内镇，举天下事悉以委之大小臣工。比者多营私，罔恤民艰，廉谨者又迂疏无通论。己巳之冬，京都被兵，宗社震恐，此士大夫负国家也。朕不得已，用成祖监理之例，分遣各镇监视，添设两部总理，虽一时权宜，亦欲诸臣自引罪。今经制粗立，兵饷稍清，诸臣应亦知省，其将总理、监视等官，尽行撤回，以信朕之初心。张彝宪俟漕竣即回监供职，惟关宁密迩外境，高起潜兼监两镇暨内臣提督如故。"

其实，所谓形势好转，只是一种自欺欺人的说法。在辽东，袁崇焕被冤杀，军心涣散，人人自危，没有强有力的人物能加以约束，战斗力低下；在西北，对付农民军方面虽然督抚频频报捷，但起义军在一天天壮大，宦官监军没有扭转局面。因此，崇祯皇帝对宦官必然多少有些失望。这次诏罢内臣是崇祯帝这种情绪的一个反映，他又一次把注意力转向文臣。但崇祯皇帝还留有一个尾巴，即太监高起潜仍然监视锦州、宁远二镇，以及京营提督太监不变。他把这次诏撤监视内臣称为践信诸言，以示其并非重用宦官，而是特殊情况下的权宜之计。这样认识或许更能接近事实。

从崇祯七年八月至九年六月间，基本上没有内臣外出监军活动。可以说，士大夫取得了一个小小的胜利。正当他们为之陶醉、庆幸之时，七月间，清兵又一次南下，抵达居庸关。崇祯皇帝一看形势不妙，不假思索，即派太监李国辅、许进忠等分守紫荆、倒马、龙门诸关，孙继武、刘元斌率禁旅六千，防治河口。不久，清兵入昌平，直接威胁京师。崇祯皇帝令兵部尚书张凤翼总督各路援军，太监高起潜为总监，辽东前锋总兵祖大寿、山海关总兵张时杰俱归属高起潜指挥。

此后，又以太监张云汉、韩赞周为副总监，提督巡城、阅军；魏国征总督宣府，邓良辅为分守；卢维宁总督天津、通州、临清、德州，孙茂霖为分守。从这时的委任来看，宦官已不仅仅是监纪，而且是总督、分守，直接指挥军马。在这次京城保卫战中，高起潜畏惧不前，即使在清兵退归之时，部

将请战，仍怯于追击，唯割死人首级冒功而已。

崇祯皇帝此次的分遣太监监镇与分守，较之前次在规模上是有过之而无不及，宦官在朝中的势力顷刻大张。对于此次大遣宦官监守，崇祯皇帝没有明确的解释，其实在内心上仍然是出于对文臣们的一种失望，感到在关键时刻还是宦官可以信赖，易于使唤。事实上，宦官离开了皇帝也就失去了生活的意义，更谈不上权力的占有和作威作福了。而皇帝一旦垂青宦官，则不仅助长了宦官的肆虐，而且加速了官僚队伍的分化。儒生官僚中的清流坚决与专权的宦官作对，而其中一些利欲熏心的不肖之徒则不惜脸面去迎合巴结宦官。高起潜建议捐助俸禄市马，崇祯皇帝随即命令实行，大学士温体仁等带头捐助俸禄。工部右侍郎刘宗周就对此颇不以为然，上疏言：大臣们一岁之间，助陵工，助城工，又助马价，不时奉旨捐献急公，但其作用并不大，无异于杯水车薪，还不如皇上停不急之务，节省爱养。崇祯皇帝不听。刘宗周的言论反映了当时有抱负、有正义感的士大夫心声。他还针对崇祯皇帝"士大夫负国家"的观点上疏说："人才之不竞，非无才之患，而无君子之患；今天下即乏才，也何至尽出二三中官下，每与缓急之计，必授以大任，三协有遣，又重其体统，等于总督，将置总督于何地？是以封疆尝试也。且小人于中官每相结纳，而君子独岸然自异，故自古有用小人之君子，无党比中官之君子，皇上诚欲进君子而退小人，而复用中官以参制之，此明示以左右袒也。"此番论断可谓切中时弊。他对崇祯皇帝每在关键时刻而重任中官尤为愤慨，认为这是拿社稷安危作游戏，与崇祯皇帝所标榜的"进君子退小人"背道而驰。依照崇祯皇帝的逻辑得出的必然结论是天下无才，故为宦官是用。但是，人们不禁要问：是天下无才还是崇祯帝慧眼不识英才呢？崇祯帝是难以回答的。"耳目参于近侍，心腹寄于干城"，使告密之风盛行；"总理之外，又设监纪，权愈分，法愈废，而盗愈多。"（文秉《烈皇小识》卷4）用宦官并不能使明王朝起死回生，相反却加速了它的灭亡。可是，崇祯皇帝朱由检并未从中得到启发和省悟，反而更加重用宦官，使其几乎成了大臣们言论不敢涉及的一个敏感区。耿直的御史金光辰决心撞一撞，疏请罢还所遣内臣。崇祯皇帝大为震怒，厉声诘问是否要"借题沽名"。金光辰的牛劲也起来了，答道：皇上以文武诸臣无实心任事，委任内臣。臣愚以任内臣，诸臣益弛卸不任。结果被处以降三级谪外。与此形成对比的是一些无耻文臣，或揣摩皇帝旨意，或替宦官涂脂抹粉，千方百计地陷害、惩治正直官吏。崇祯十年（1637），总监高起潜行部视师，令监司以下俱行军礼。但永平兵备刘景耀、关内守备杨于国觉得对这样一个宦官行属礼是一种耻辱，于是，上疏自请免官。当时内阁首辅温体仁拟旨：总监照着总督体统行事，申饬已久，景耀、于国徇私瞻顾，殊属藐玩，姑着降三级管事。（文秉《烈皇小识》卷5）这完全符合崇祯皇帝的意思。刘景耀、杨于国横遭降职。自此以后，各地文武大臣俯首屈膝，不敢多言，大多数官员不得不苟安于现状；内阁对于皇帝也只是揣测、附和和奉承。工部侍郎方岳却别有一番高见，他上疏说：皇上亲擒魏忠贤而手刃之，哪里是仅仅溺情奄竖？由于外廷诸臣，无一可用，而借才及之。况人臣感恩图报，何论内外？认为内臣蒙此旷世奇恩，谁不想抛头颅、洒热血，效忠皇上呢？方岳为宦官的这番辩护到了肉麻的程度。给事中何楷疏参方岳通内，请给予重惩，以示警戒，崇祯皇帝命降秩三级，调为外官。看来，他虽然偏袒宦官，但他也反对大臣们不思奋进，唯图勾结内臣以求显达。他不会忘记在即位之初就曾下旨，戒廷臣交结内侍。这一点无论何时都应该坚定不移。只有在能够控制宦官时，才大胆起用宦官；如果让宦官与大臣自由往来，内外交结，那是绝不行的。正是由于这种思维原则，在此后几年，他对宦官始终宠信有加。

青睐与回报

宦官依恃窃取的权力，到处横行残暴。士大夫慑于威势，不敢有所非议。宦权在实质上来讲是皇权的一种延伸，它易于得到皇权的保护，但由于宦官多半缺乏必要的教育和修养，其性恶的一面往往一朝权在手，就暴露无遗，乃至有愈演愈烈之势。对军政的危害也就可想而知了。有人说：宦官之中很多是市井庸愚，冥然无觉，妄自尊大，所以天下事日益败坏。崇祯十一年（1638），真定巡按李模上《监臣贪肆非常》一疏，揭露了真定分守太监陈镇夷贪婪暴虐，败坏政务的情况。他说：陈镇夷上任伊始，旧相识郭名扬即迫不及待地前往保定迎接，馈银三百两。他到真定伊始，就将郭名扬纳为心腹，大凡关通贿赂、本章批判，均出其手，使得奸人得志，好人受气。把总何起龙送银二百两，求管关税，每日抽钱二三千文，即使是单身过关，也得留下买路钱。向里甲科派工食器用，大建衙署，劳民伤财。营兵每月饷银二两二钱，便每名扣除四钱、七钱不等。令郭名扬向每名将官索贿三千，火器营将领王震仲不肯应承，即整天加以呵责，王无奈，送银炉、银如意各一件，罗缎、潞绸各十匹，马二匹，尚嫌不足。对待地方官，则是耻高气扬，随心所欲，稍不称意，则开口题参；遇上生日，还逼地方官馈献银铸寿星炉爵杯盘及绣缎等物。恣意摧辱士类，以显威风。李模不禁问道："皇上有何负于内臣，而敢举朝廷礼法纲纪，将士吏民，一旦凌夷暴殄至于此极也？"（文秉《烈皇小识》卷5）

李模的这份奏疏有如一份详尽的举报书，证据确凿，令人震惊。崇祯皇帝见到此疏，令司礼监查议具奏！由司礼监负责细查此事无异于对李模当头棒喝。其实，当时派出的宦官在在播恶，不只是一个陈镇夷，不过是他处抚按贪恋乌纱帽，不敢直陈，而李模敢于据实入告罢了。后来，陈镇夷不仅未得任何警告或处分，而且多方刺防李模，讦告李与同知凌必正营私等情，李模到头来却得了个降三级调用的处分。

可笑的是，崇祯十一年十月，清兵入犯蓟州、昌平，镇守太监邓希诏还在举行生日庆宴，总督吴阿衡不以戎机为急，仍坚持要饮酒百杯，以取贺百寿之庆，结果酩酊大醉，不能视师，稀里糊涂地死于乱军中。酒足饭饱，真是死而无憾！

崇祯十二年（1639）七月，崇祯皇帝朱由检命司礼监太监张荣提督九门。同时申严午门、端门的太监不许交结朝士之禁。不过这只是一纸空文而已。而多少次清兵深入骚扰，直逼京城，使他更意识到都城防守的重要。两年前，他驾巡内外城，察防城池守备，虽曾遭到一些人的劝谏，即所谓"天下有大寇，不思保四境之外，而图数十里之城，城也安足恃哉"？（计六奇《明季北略》卷13《圣驾巡城》）但多少反映出他的一种担忧。然而，由谁来负责京城的防守呢？虽然有五城兵马巡检司等，却不能让人安枕无忧，最后还是选择了太监去当此重任。这些太监的任命都是出自皇帝的钦定，它与一般的由吏部或兵部推举文武官员大不一样。崇祯皇帝做梦也想不到的是，他日打开城门迎接农民军浩浩荡荡入城的不是别人，正是这些宦官。崇祯皇帝朱由检所寄托的保险系数却并不保险。

面对内忧外患的崇祯皇帝欢乐时少，愁闷日长。多次梦见神仙在其掌中书一"有"字，百思不得其解，问大臣，大臣连称恭贺，认为这是"贼平之兆"。他仍将信将疑。只见太监王承恩一个人号哭不止，群臣惊愕，崇祯皇帝心里一震，问是何故？王承恩说："皇上赦奴婢不死，奴婢才敢直言。"崇祯皇帝准据实道来，不加怪罪。王承恩回奏："以奴婢推之，神人显告我皇，大明江山将失过半。"崇祯皇帝厉声催问原委，王答道："盖'有'字，上半截是'大'字少一捺，下半截是明字少一日，合而观之，大不成大，明不成明，是大明缺陷之意。神人警示贼寇是一大祸患，愿皇上熟思之。"（计六奇《明季北略》卷15《王承恩哭梦》）崇祯皇帝没有想到这"有"字居然可以解释为与"无"字一样，大明江山将会失半。神人的隐示，使他更加郁郁寡欢，暮气横秋。果真如此，那将如何是好？有一点可以肯定的是，他决不会甘心遭此厄运。至此，他才开始反省：难道自己用人真有差错吗？宦官真的带来的是晦气吗？不信其无，但信其有，心中很不踏实。

崇祯十三年（1640）三月，朱由检再次下达撤回各镇内臣诏。将总监高起潜、陈贵、马云程、卢维宁，分守边永清、许进忠、谢文举、魏邦典、牛文炳、武进、陈镇夷、崔进、杨显名，通通撤回京城另用，凡边防军务都着督抚镇道一意肩承，共体时艰，各摅猷略。为什么撤回？他说："察饬已久，兵马钱粮器械等项稍有改观，但战守防援，事权能未尽一。"（谈迁《国榷》卷97）对宦官的权力加以限制。次年十一月，禁廷臣交结内侍；十二月，又令停止内操，不准内臣神宫等监及司局库干预外政，再申戒廷臣毋交结近侍。崇祯十五年（1642）正月，又罢提督京营内臣。

崇祯皇帝这几次对太监权力的限制不乏做给文臣看的意味。崇祯十三年，以久旱无雨颁诏求直言；以大风霾，诏清刑狱。次年二月，以时事多艰，灾异叠见，下诏罪己，停该年行刑，减免罪人，等等，无一不包含着他对时局的感伤和病急乱投医的无可奈何。周延儒再次入阁，崇祯皇帝表示"愿以天下听先生"。撤回监守内臣，不能不说是让文臣们猛然醒悟，拿出几招救时良策来。但是，如果以为崇祯皇帝就此已恢复了对文臣的信任，那也未免太天真了些。他在撤还监守内臣之时，却让太监王德化在太学修成后，率群臣于此练习礼仪，并改东厂提督京营者也称总督。难怪有人埋怨："上之所向，下趋尤甚，率习仪、称总督，俨以将相之职授珰矣，虽欲禁敕廷臣勾通，岂可得乎？"（谈迁《国榷》卷97）

宦官成了崇祯皇帝手中的一张牌，什么时候想打就毫不犹豫地打出去。宦官不仅是张为"赢分"的牌，而且还是张可以制约文臣的牌。他怀疑、猜忌文官，宦官便是可靠的刺探文官行迹、进行控制文官的工具。崇祯十五年（1642）正月，御史杨仁愿疏请限制东厂的活动范围。崇祯皇帝认为说的有道理，缇骑四出，深夜捉人，人心惶惶，实有害无益。于是谕东厂缉事，仅限于谋逆乱伦，诸如作奸犯法者，由法司审理。并戒谕：锦衣校尉奉命出使须由皇帝审查后方可。过了几个月，左副都御史刘宗周更请纯洁法守，速焚锦衣刑具，一切狱词，专听法司。并说"厂卫不可轻信，是朝廷有私刑也"。不料，这番话却把崇祯帝给惹火了，大声喝道："厂卫俱是朝廷，何公何私？"不久，刘宗周就被削籍而去。刘宗周的结局是在预料之中，这不仅在于他为人亢直，而且还在于他所言切中要害。厂卫是皇帝的耳目，说适当限制、约束一下还可以，要根除它则是万万不行的。

崇祯十五年（1642）十一月，崇祯皇帝为抵御清兵，又派宦官监镇分守。其中太监方正化受命总监保定军务。次年，大学士周延儒赴通州督师，结果以冒功欺骗了事。此事教训颇深，依靠宦官，已是不可逆转的选择。

崇祯十七年（1644），大明江山已分崩离析，李自成挟河南、湖广连捷之势，克陕西，建立基地，兵分两路，大举向北京杀来。崇祯帝无计可施，唯派宦官四出，监守各方。仅二月二十一日一次所派出的宦官就有十几人，其中太监高起潜总监关、蓟、宁远，卢维宁总监通、德、临、津，方正化总监真定、保定，杜勋总监宣府，王梦弼监视顺德、彰德，阎思印监视大名、广平，牛文炳监视卫辉、怀庆，杨茂林监视大同，李宗光监视蓟镇中协，张泽民监视西协。另外，孙良弼守河间，于朝守沧州，杨开泰守霸州。在京畿要津及附近重镇都布满了崇祯皇帝的心腹，统兵战守。

然而，此时的战局发展得太快了。人们首先考虑的是身家性命与前程。太监们也不例外地寻思着退路：

太监曹化淳原出太监王安门下，后为魏忠贤党羽，曾任信王府承奉。此时，他眼看明廷大势已去，便与太监王相尧等密谋派人潜往西安，向李自成密告京城虚实，诸如国家财竭兵尽，一举可灭等情，仿效明初"靖难"时期，建文帝的太监谍告燕王的故事，以图谋得一个更光明的前景，至少不会为崇祯皇帝殉葬。

监守宣府太监杜勋早在三月初就出城三十里迎接农民军入城，摇身一变成了农民军的马前卒。

杜勋的背叛，使举朝大臣为之震惊，大臣们请急撤城守太监，以免自毁城池。身处宦官包围之中的朱由检本想利用宦官获取外界真实的信息，而今却眼望着太监们纷纷背叛而去，真有点不敢面对这一事实，不禁心酸之极。有的太监趁机也向崇祯皇帝进言，称杜勋为国殉难，朱由检便下达圣旨：

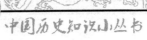

"杜勋骂贼殉难，荫其子为官，并予建祠。"可谓滑稽之极！三月十日，下令各官捐资助饷，有的太监公然声称："此处不留人，自有留人处。"十四日，曹化淳戴罪守城，暗地里串通一批官员约定十八日投降。十五日，太监杜勋随李自成入京，并受命缒入城内，面见崇祯皇帝，劝其速做抉择。出城时，杜勋对守城的太监们说：我辈富贵在此一举。十八日，农民军急攻西直、德胜等城门，曹化淳开启彰义门迎降，守城太监纷纷投降。只有太监王承恩随崇祯帝一起于煤山自尽。

崇祯帝与王承恩同缒时发出的一声哀叹是："吾待士也不薄，今日至此，群臣何无一人相从？""文武官个个可杀！"有太监王承恩的随葬，崇祯皇帝的心中或许稍有安慰，毕竟他对太监的垂青得到了一点点的回报。尽管他对文臣、宦官怀有不可克服的成见，认为文臣武将不足以依靠，但是事实证明，打宦官牌也不是赢张。而在垂青与回报之间，何啻天壤！

四　严禁贪污，贪污之风难遏

文武官吏的贪污，在封建社会里，是贯穿始终且难以阻遏和革除的通病，司空见惯，不足为怪。随着时间的推移，贪污之风更加严重。至大明王朝立国，明太祖朱元璋对贪官污吏深恶痛绝，曾以严刑峻法予以惩治，诸如剥皮实草、断指抽筋及贪赃八十贯论绞等，其作用是显而易见的。可是，朱元璋的去世，严惩贪污的严刑峻法的威慑力随之减弱，贪官污吏日渐增多，竞相效尤的贪污之风愈演愈烈，难以遏止。到了朱由检即皇帝位，以钱买官，得官再贪，大官大贪，小官小贪，而其贪污的名目又极为繁多，层出不穷。

据史料记载，一监司以五千金求买边抚，疑其资历太浅，又加二千金，终于如愿。一部郎谋浙海道，卖官者说须五千，做事者舍不得，仅许三千金；虽先献给一半，竟得一守令而去。令之俸足者，得礼部一官吏，也要两千金，兵部一官吏亦必千金。有营之吏部，为出一缺，而大力复攫去，绝无无翼而飞者。这些用金钱买来的官职，在其行使职权过程中，不仅必然地千方百计地将其支付的金钱捞回来，而且要成十倍成百倍地超过原来的投资，其手段就是贪污受贿。如边塞或外地的军事官员到京师请拨军饷，按早已形成的惯例，要有百分之三十的回扣（看来"回扣"非今日的创造，古已有之），若请拨饷银一万两，须扣三千给经办衙门或官员，所以，当时就流传有"饷不出京"之谣。领到的不是满额军饷，而军官还要从中克扣贪污，加

上虚冒，致使国家财政极其困难，又收不到拨饷强兵的实效，封疆兵备随之破败。河南道御史曹遷为此上书说：从来封疆破败总一贪字误之，始而贪钱，钱多而贪官，官高而贪功，功冒而贪生。爱钱怕死相因而至囊有救命之金，无舍生之事。曹遷所言深中时弊。

武官贪钱直接导致军力懈怠以致破败，而文臣更是如此，办理任何公务，非贿赂绝不能使之如愿以偿。吏科给事中韩一良的奏疏，对此有充分而生动的揭露。他说："皇上平台召对，有'文官不爱钱'一语。然今之世局，何处非用钱之地？今之世人，又何官非爱钱之人？皇上亦知文官不得不爱钱乎？何者？彼原以钱进，安得不以钱偿。臣所闻见，一督抚也，非五六千金不得；道府之美缺，非二三千金不得；以至州县并佐贰之求缺，各有定价；举监及吏承之优选，俱以贿成，而吏部之始进可知也。至科道亦半以此得之，馆选亦然。臣之风闻如此。臣起县官，今居言路。以官言之，则县官行贿之首，而给事给贿之魁。诸臣言蠹民者，俱归咎守令之不廉。然州县亦安得廉？俸薪几何？上司票取，不曰无碍官银，则曰未完抵赎。冲途过客，动有书仪，多则十金以上，少则十金以下。欲结心知，不在此例，岁送不知几许。至巡按荐谢每百金，旁荐五十金，其例也。近且浮于例，遇考满朝觐，或费至三四千金。夫此金非天降，非地出，而欲守令之廉，得乎？科道人号为开市，臣两月内辞书仪可五百余金，臣寡交犹然，余可推矣。"他最后乞请对此贪风"大为惩创，逮其赃甚者，严饬诸臣视钱为污，庶几不爱钱之风可睹矣。若止该部申，臣未见其改也。"（谈迁《国榷》卷89）

这是崇祯元年，官场贪污受贿的现象就达到如此惊人的程度，而朱由检并不对此采取有效的措施，只是一般地告谕和训示，不仅未能阻遏贪污之风，反而由此使贪官污吏窥探到皇帝的态度暧昧更加肆无忌惮。以致上下其手，几乎变得无官不贪。在贪得无厌的官吏面前，朱由检励精图治，重振大明王朝的雄心壮志，难以付诸实践，只好徒叹奈何了。

五　整饬兵备，将不治兵，兵不杀贼

崇祯皇帝朱由检即位之初，就面临着后金的军事挑战。因此，他为稳固封建统治，在加强朝政的整饬的同时，对边塞军事事务，给予了充分的重视。崇祯元年（1628）五月，召集群臣，令其奏报所掌管事务的设想和具体筹划。兵部尚书王在晋，言语支吾，令太监给笔札"录进"。六月，刑科给事中薛国观上书揭露营伍弊端，令其当众宣读，读至"关门虚冒"，朱由检十分赞同，复示群臣，特旨命令提督京营保定侯梁世勋戒以训练。

然而，明代朝政的积重难返，表现在各个方面，而军事上的问题更为突出。尤其是军士因粮饷及兵将间的矛盾，时有哗变之事发生，大大地削弱了本已不太强大的战斗力。崇祯二年（1629）九月，顺天府尹刘宗周上书说："今日所汲汲于近功者，边事也。竭天下之力，以养饥军，而军愈骄；聚天下之军以冀一战，而战无日，此计之左者矣。"东北边塞如此，而东南沿海，盗寇不息；内地揭竿而起的贫苦农民也渐渐集聚。崇祯四年（1631）正月，朱由检在平台召见廷臣及各省监司官的对话，涉及军事及有关事宜，可见其一斑：

朱由检问浙江按察副使周汝弼：浙江、福建相连，如何备御海寇？周汝弼回答说："去秋寇犯海上，五日即去。"问江西布政使何应瑞："尔省宗禄，何以不报？"何应瑞回答说："江西山多田少，瘠而且贫，抚按查核，

有司尚未报耳。"问湖广右布政使杜诗:"尔楚去夏,民变树帜,是什么原因?"杜诗说:"树帜之后,地方仍安。"问福建布政吴旸、陆之祺:"你们是如何备御海寇的?"吴旸回答说:"海寇与陆寇不同,以招抚为主。但官军狃抚为安,贼又因抚益恣,所以数年来一直未曾平息。"朱由检又问:"那你们切合实际的招抚计划是什么?"陆之祺说:"海上官兵,肯出死力。有司练乡兵筑城,要地多设火器,以战为守,这是招抚海寇的上上之策。"问河南布政杨公翰、贾鸿洙:"以收税耗重,宜斥有司。"贾鸿洙说:"近奉上谕,已革去矣。"问广东布政陈应元、焦元溥:"尔省所负宣府、大同兵饷数十万,办得如何?"陈应元回答说:"近已解纳。"问解纳多少?回答说七千两。朱由检嫌其解纳太少,说:"宣府、大同重镇,又是急需,你们要认真办理,不能视为儿戏!"问山西按察使杜乔林:"流氛如何?"杜乔林回答说:"寇在平阳,或在河曲,须大力剿灭,但兵寡饷乏,难以对付。"朱由检说:"前日说流寇已经剿灭,今日又说难以应付,怎么会是这样呢?"回答说:"山西、陕西界于黄河,倏去倏来,所以河曲被困。"朱由检问河曲是怎么陷落的?回答说:"贼未尝攻,失于内应。"朱由检又问:"是什么人导贼而入?"杜乔林说:"大抵出于饥民。"问陕西参政刘嘉遇,刘嘉遇说:"寇见官兵即散,退复啸聚。"朱由检说:"寇亦我赤子也,可招抚之。"刘嘉遇回答说:"今方用抚。"朱由检又问:"前王子顺既然投降,又为什么杀了他?"刘嘉遇回答说:"王子顺投降后又四出抢掠,所以杀了他。"又问:"近寇何如?"回答说:"一在延安,一在云岩、宜川。"问广东布政使陆问礼、按察使孙朝肃(时陆问礼已升迁为南赣巡抚),朱由检说:"南赣多盗若何?"回答道:"南赣在万山中,接壤四省,当行保甲,练兵伍,才可灭贼。"朱由检说:"此须实效,空言无用。"又问:"海寇若何?"回答道:"广东海寇,俱至自福建。舟大而多火器,兵船难近,但守海门,勿令登陆,则不为害。"问广西布政郑茂华、李守俊:"靖江王府争继,是何缘由?"回答说:"宪定王二子,一名履祥，一名履祐。履祥早死，王请立履祐为世子，而履祥有未奏选之妾生一子，今已长矣，所以相争。"问四川布政华敦复："乡绅为何挟持御史？"华敦复说："是追缴拖欠赋税所致。"朱由检问："守臣为什么不予弹压？"回答说："远方有司官员多为科贡出身，不敢弹压。"朱由检一一询问后，对暴露出的问题，并没有提出相应的、有效的解决办法，甚至对某些回答，明显地是在用空洞无物的陈词滥调搪塞，也没有严加斥责。本来，当时的主要矛盾是兵备不整，将不治兵，兵不杀贼，以及边塞外的不宁和国内社会矛盾的激化。然而，朱由检却告谕各官："正己率属，爱养百姓。用命有显擢，不则罚随之。"打发走百官之后，召都察院左都御史闵洪学等人说："巡按贤则守臣皆贤，若巡按不肖，其误非小。屡饬回道严核，何近日不称职之多也？"又说："卿与吏部实心任事，天下不难为。"朱由检说的固然不错。若在正常情况下，上述告谕或许能起到一些作用。可惜的是，他的这些不无正确的告谕，仍表明他处在自己理想的梦幻之中，与危机四伏的朝政，尤其是与日趋紧张军事形势相隔膜，犹如隔靴搔痒。所以，它不仅起不到任何作用，反而贻误时机。在朱由检的此次召对中，还暴露出一个十分突出的问题，即群臣和地方官员对皇上的询问，虽然有问必答，但显得极为空泛，未曾针对本地的问题，提出有效的治理措施；而朱由检也是例行公事似的说些冠冕堂皇的话。从而形成了你问我答，告谕是告谕，回答是回答，没有交锋，没有办法，两不相接的局面。其结果，表现在军事备御方面，力量日益衰落，将不治兵，兵不杀贼的现象，十分普遍，以致到难以招架的程度。在这种情况下，朱由检仍一味地重武臣轻文官。汤开远曾经指出："近年寇贼纵横，抚、镇为要。乃陛下于抚臣则惩创之，于镇臣则优遇之。试观近日诸抚臣，有不褫夺不囚系者乎？诸帅臣及偏裨，有一礼貌不崇、升廕不遂者乎？即观望败衄罪状显著者，有不宽假优容者乎？夫惩创抚臣，欲其惕而戒也；优遇武臣，欲其感而奋也。"而朱由检并不是如此，致使"封疆日破坏，寇贼日蔓延"。（《明史》卷258《汤开远传》）恶性循

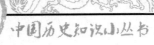

环，每况愈下。

由于大明王朝经过二百余年的发展与演变，犹如病入膏肓的躯体，处在垂危之中。朱由检企图予以救治，但有其心而无其力。加上个人性格使然，急于求成而事与愿违，反对植党而党争愈烈，唯才是举而朝署中半染赭衣，惩治宦官而宦官之势大增，提倡廉政而百官贪污之风更盛，整饬兵备而将不治兵，兵不杀贼……因此，在其即位不久，就导致内外忧患俱生，烽烟四起：东北和北方，后金势力日益强大，实战练兵，试探虚实，不时深入内地，饱掠而去；西北和中原，贫苦的百姓为生存计，揭竿而起；东南沿海，诸如福建、广东、浙江，海寇拥有大船、火器，出没无时，阻截商船，并在沿岸登陆。明王朝陷于四面受敌的危机之中，对此如何处置，直接关系到明朝的兴衰存亡。

第四章

后金（清）军南下：皇太极的进击与朱由检的自救

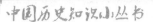

　　天启末年的宁远之捷与宁锦之捷，阻遏了后金军的南下，明朝廷也为之感到振奋，因有较为坚固的防线，得到了片刻的安宁。然而，由于魏忠贤的作祟，迫使大将袁崇焕离去，取而代之者又表现无能，辽东防线及战斗力，不仅没有增强，反而有所削弱。与此相反，后金在皇太极的整顿下，政治稳定，军力大增，而且跃跃欲试，再次向明王朝发动进攻。这就是朱由检即位后所面临的来自后金皇太极的严重威胁。

　　年轻的皇帝朱由检，对任何事物的认识总是那么肤浅，处理时又显出绝对的自信和简单，从不考虑形势的变化及力量的消长。面对后金的骚扰袭击，其刚愎自用的性格，视皇帝权力为万能的意识表现得淋漓尽致。

一　辽东防线的再建

　　袁崇焕苦心建立起来的，且实践证明较为坚固的辽东防线，因其被迫致仕回家，又引起了朝廷个别大臣的不同意见，提出放弃锦州，防线内移的主张。身为蓟辽总督的阎鸣泰，也随之附和，上书侈谈锦州遐僻奥区，本来就不是扼要之地，以前讨论修筑已属失策。就是由于这一弹丸之地，几乎葬送了半壁江山。目前看来，虽侥幸无事，但仍岌岌可危。他还提出"今日锦州止可悬为虚著，慎弗狃为实著；止可设为活局，慎弗泥为死局。"具体负责锦州守御的尤世禄也说锦州城池受风雨摧剥，墙垣营舍崩坏，万万不能久居，乞请暂且移居杏山。奉命守御塔山的侯世禄，以其地低洼，又靠近高山，不是容易守御之所，最好移到别处。上至总领蓟辽重务的封疆大臣，下到城池的守御指挥官，都如出一辙地主张放弃锦州，认识不到塔山重要的战略地位，无不反映出武臣军事素质的低下和见解的浅薄。事实上，位于锦州与定远之间的塔山，是一个极为重要的军事要地，它的存在和作为防御之处，可以把两座城池紧紧地联系在一起，使之声息相通，防线更为坚固。若弃锦州，弃塔山，无异于向后金敞开大门，引狼入室。理所当然地遭到朝廷正直而有远见的大臣的否决。

皇帝的圣旨，兵部的态度，固然起到了阻止辽东将帅放弃锦州、塔山的行动，使宁锦防线的争论暂时平息。然而，在将帅的思想上并没有从根本上解决问题。暂时的平静，只是后金皇太极正在总结宁锦之役失利的教训，整顿内部，操练兵马，无意进击的结果。因此，严格地说，需要加强的薄弱环节所在多有。

朱由检即皇帝位后，在密切观察魏忠贤的动向，静以待变，一举将其铲除的同时，并没有忘记来自后金皇太极的威胁。他在登极的次月，平辽总兵毛文龙"奏不平五事，乞身求代"，朱由检对其激烈的言辞，不仅容忍不较，还下达敕谕说："以文龙远戍孤悬，备尝艰苦，屡建捷效，心迹自明。东虏方殷，岂得乞身求代，还宜益奋义勇，多方牵制，以纾朕怀。"表明朱由检对"东虏"的警戒和对边将的重视。十一月，他又采纳了廷臣的推荐，起用袁崇焕，擢右都御史，视兵部添注左侍郎事。十二月，荫袁崇焕子锦衣卫指挥佥事。

崇祯元年（1628）二月，朱由检为加强辽东防线罢免王之臣，任命还未至京的袁崇焕为兵部尚书兼右副都御史总督蓟辽、登莱、天津等处军务，且将总督衙门移至关门。同年七月，袁崇焕奉召来到北京。其时，年为四十有五、正当血气方刚的袁崇焕，对政局的变化过于乐观，尤其是对阉党残余势力、蓟辽边防军事形势的估计又过于简单，似乎没有对其中的复杂性做过认真的深入的思考。所以，当朱由检在平台召见时，袁崇焕勇于冒险、自信、自负的性格所生发出来的重大责任感，以及再立新功的强烈愿望，与崇

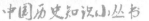

祯皇帝竭力扭转危局而成为中兴之主的渴求相吻合。前者喜出望外，后者优礼有加，情感的浓雾在君臣之间弥漫扩散，理智随之消减，暴露出来的是袁崇焕的轻率和朱由检的轻信。请看这次召见时两人的对话：朱由检慰问一番之后，即询问以什么办法平息后金的骚扰侵犯，收复辽东被侵之地。袁崇焕回答说："收复辽东失地的策略在奏疏中说得具体明白。我受陛下眷顾，希望能赐予'便宜'之权，预计五年，全辽可复。"朱由检极为高兴，说道："只要辽东能够收复，奖赏，及至封伯封侯，我决不吝惜。若你努力从事，击退后金，解除其威胁，你的子孙也会受到恩惠和封赏。"其时，钱龙锡等四位阁臣在旁，异口同声地说："崇焕肝胆意气，识见方略，种种可嘉，真是一位奇男子。"袁崇焕看到皇帝如是礼贤下士，慷慨大方，又有阁臣的夸奖，深感亲切和舒畅，急忙叩头感谢。

谈话至此，朱由检退殿休息，袁崇焕也回到住处。时任给事中的许誉卿问袁崇焕："答应五年收复辽东，采取什么措施？人力、物力如何调集？其中的困难如何解决？"被情感主宰而显得十分轻率的袁崇焕随便地说："看到皇帝为辽东战争焦心积虑，姑且许诺五年收复辽东，予以安慰。"许誉卿说："皇帝英明果决，励精图治，怎么能随便答对。如果不能按期收复辽东，怪罪下来，你将如何是好？"这时，袁崇焕似乎才从感情的氛围中解脱出来，稍稍恢复了理智，自觉失言，比较冷静地对变化了的而且蕴藏着危机的时局和边防的军事形势重新考虑，尤其是从前任熊廷弼、孙承宗等人的悲惨结局，以及自己前次乞休归里的事件中，悟出了问题的严重和复杂。为了补救因轻率答对可能导致意想不到的恶果，在朱由检休息过后再次答对时，袁崇焕就着重提出了自己颇感难办的而又必须及时办理的诸多事务。他说："收复辽东，本是不易完成的重任。既然皇上委任于我，我岂敢推辞？但是，在五年内，户部转军饷，工部给器械，吏部用人，兵部调兵选将，须里里外外，事事相应，复辽之事方可完成。"对此难题，朱由检件件许诺，并命令户、工、吏、兵四部大臣照袁崇焕的意见，从速办理。然而，袁崇焕并没有从中得到多少安慰。这是因为，口头的许诺与将其变成现实，其间有一个极为复杂的过程。一般地说，在正常情况下，皇帝的意旨通过至高无上的权力也难以全部实现，何况在皇帝新立、腐败的吏治还未得到全面整饬之时，其实现的就只能会更少。再加上当时的大臣官吏以欺瞒、谄媚、含沙射影、借古讽今的乖巧手法对付皇帝而躲避责任，熟悉于胸，运用起来亦驾轻就熟，非常自如。因此，他带着种种疑虑，把一切能够想到或可能出现的意外，几乎无一遗漏地向朱由检提出，特别是难以应付的激烈的党争，袁崇焕每念及此，都心有余悸。他说："以臣之力，制全辽有余，调众口不足。一出国门，便成万里，难道无人忌能妒功？即使不以权力给臣制造障碍，也会以不同的意见扰乱臣的谋划。"朱由检特意站起来倾听，告谕道："卿可放心，无须忧虑，我将亲自主持此事。"大学士刘鸿训等也请求收回曾赐给王之臣、满桂的尚方宝剑，改赐袁崇焕，令其便宜从事。朱由检毫不犹豫，满口答应。尽管如此，袁崇焕还是不放心，在其离京赴任前夕，又上书说：恢复之计，无外乎臣往年提出的以辽人守辽土，以辽土养辽人，守为正著，战为奇著，和为旁着的策略。法在渐不在骤，在实不在虚。此臣与诸边臣所能为。"至用人之人，与为人用之人，皆至尊司其钥。何以任而勿贰，信而勿疑？盖驭边臣与廷臣异，军中可惊可疑者殊多，但当论成败之大局，不必摘一言一行之微瑕。事任既重，为怨实多。诸有利于封疆者，皆不利于此身者也。况图敌之急，敌亦从而间之，是以为边臣甚难。陛下爱臣知臣，臣何必过疑惧，但中有所危，不敢不告。"（《明史》卷259《袁崇焕传》）作为一位磊落飒爽的边臣大将，肩负重任，临战之前，又如此战战兢兢，如履薄冰的心态，个中甘苦，只有当事者自知，其结果亦可从中显出端倪。相反，初登帝位，一心渴求有所作为的朱由检，根本没有体察袁崇焕屡次上书的苦衷、复杂的时局和阉党余孽从中作祟所隐藏的危难，甚至竟然觉得袁崇焕奏疏所言，是多此一举。简单地认为，尽量满足其需求，辽东即可收复，四海苍生之困即可缓解。君臣间的口头承诺，在实践中如何变成事实，应该说是

一个很大的未知数。从而表现出为臣的轻率和为君的轻信。

袁崇焕的赴任，尽管没有把朱由检的许诺看成是全部付诸实践的事实，但无疑从中得到莫大的宽慰。他于崇祯元年（1627）八月抵关，实施其五年收复辽东的壮举。

袁崇焕抵达辽东，下车伊始，就着手处理驻守宁远的川湖兵哗变之事。接着，又整饬防务，设兵布将，再建辽东防线。关外大将四五人，事多掣肘。袁崇焕赴任之前，定设二人，由朱梅镇守宁远，祖大寿仍驻守锦州。袁崇焕赴任之后，川湖兵哗变，总兵官朱梅随之解任。袁崇焕便请求将宁远、锦州合为一镇，祖大寿仍旧驻守锦州，加中军副将何可刚都督金事，代替朱梅驻守宁远，而将驻守蓟镇的赵率教移至关门。这样，关内外只设两位大将。他在奏疏中极力称赞三人的军事才能，并且说道："臣曾承诺五年复辽，专借此三人，当与臣相终始。届期不能复辽，臣将处斩三人，而身至法司处置。"朱由检表示同意，袁崇焕便留镇宁远。

为了事权归一，在毕自肃自杀之后，袁崇焕上书请求，停止巡抚的设置；待登莱巡抚孙国桢被罢时，又上书请求罢除不设。朱由检一一允准。接着，袁崇焕又安抚了因受插汉逼迫、遭灾欠收、不得温饱而萌发反叛的哈剌慎三十六家。至崇祯二年（1629）闰四月，以春秋两防的功绩，朱由检诏令，加袁崇焕太子太保，赐蟒衣、银币，荫锦衣千户。如此一来，袁崇焕得意之色，溢于言表；赴任前的疑惧，置之脑后，骄气随之滋生。对自己的地位和权力，有时作出不尽恰当的估计和认识。迷信权力，必然自信；过于自信，必然轻率，以至缺乏深思熟虑、权衡利弊得失的素质，正是其倨傲、自负性格特征上的不同侧面的显现。而在这一点上，与皇帝朱由检有着惊人的相似。诛杀毛文龙，就是一个最好的例证。

袁崇焕从辽东总的军事形势着眼，尤其是肩负"五年复辽"的重任，他不能不加强兵备，整饬将士，以增强战斗力。为此，袁崇焕纵观辽东各镇将帅，首先注意到的是开赴皮岛的平辽总兵官毛文龙，遂有袁崇焕诛杀毛文龙这样浓重的一笔，载入史册。

尽管袁崇焕为诛杀辖区之内飞扬跋扈的毛文龙感到一阵轻松和些许快意，但他终究受过系统的封建教育，也懂得诛杀一位边塞大将的法律程序，可以便宜行事以及尚方宝剑决不能对如此重大的生杀之事有任何万全的解释。因此，袁崇焕上书皇帝朱由检，竭力诉说事态的急迫和意外，不得不当机立断。但是，他还是在奏疏的末尾写道："文龙，是一边塞大将，非臣可以擅自诛杀，谨待罪衙署，乞求处罚。"

崇祯皇帝朱由检号称果于用法，事事强调遵循祖宗之制，将混乱的朝政纳入正常轨道，而他对袁崇焕多少带有轻率、意气用事成分的不符合典制的举动，却采取了实用主义的态度。史书记载，朱由检初次得知毛文龙被杀，感到十分震惊。按其固有的处事习惯，必追究袁崇焕的罪责不可。转而觉得毛文龙已死，不得复生。加上正依靠袁崇焕完成"五年复辽"的壮举，非但不加责备，反而降旨安慰。紧接着罗列毛文龙罪过，张榜公布，传文四面八方；其潜伏京师的爪牙，则令有关衙门搜捕。以此安抚袁崇焕。忆起毛文龙上书乞身求代，崇祯皇帝朱由检的挽留和褒奖，其态度的转变何至如此迅速！富有才略的袁崇焕，并没有从中窥探出皇帝与边臣关系的冷漠，反而自鸣得意，再次上书指斥说："毛文龙乃一匹夫，多行违法之事，以海外易为乱。其众合老稚四万七千，妄称十万，而且大多为百姓逃民；兵不足二万，妄设将领千数。"又请增饷，以防岛兵哗变；改四协为两协，马军十营，步军五营，每年饷银四十二万两，饷米十三万六千石。朱由检尽管对兵马减少而军饷增加颇觉怀疑，因是袁崇焕乞请的缘故，还是特旨批准。然而使袁崇焕万万没有想到的是，给予如此支持和信任的皇帝，怎么会突然翻脸，致自己于死地！

二 皇太极进逼京师与袁崇焕冤死

袁崇焕在辽东，与赵率教、祖大寿、何可刚一起，制定兵制，配备将帅，切实操练，使辽东防线更为牢固，直接阻遏后金军的入侵。在一定程度上，辽东防线是后金皇太极的开拓进取的一大障碍。尤其是皇太极遭受宁锦之战的失败，深知袁崇焕绝非等闲之辈，心存畏惧，不敢轻举妄动。因此，他在逐步稳固内部、壮大实力的同时，无时无刻不在寻找缺口和薄弱环节，以成努尔哈赤的未竟之业。

而作为明王朝最高统治者的朱由检，对防御后金的入侵并没有总体的把握和全面的认识，只是简单地认为有督师袁崇焕在，就会万无一失，中兴大业，指日可待。盲目乐观的情绪就如迷雾一样笼罩在紫禁城上空。唯有袁崇焕抵达辽东，目睹两军对垒的军事现实之后，才渐渐变得理性，头脑较为清醒，他觉得后金兵从宁锦一线入关的可能性很小，即使进攻，凭借现在的防务和军力，完全可以击退。但自己曾许下诺言是恢复辽东，而不仅仅是抗击和防御。因此，自知兵力不及，便想出利用和议的手段，促使后金后撤，让出辽东。在没有取得朱由检和朝廷大臣完全同意的情况下，即付诸实施。更为可虑的是，若后金兵避实就虚，从防御薄弱之处入塞，同样会使和议受挫，影响宏图伟略的实现。他综观边塞防务，上书朱由检，将边塞防务较为薄弱之处，如蓟门等，当设重兵，峻防固御等情，一一诉说。这类积极而重要的奏疏，朱由检未能给予应有的重视，反以常例，交付阁部商议，拖延因循，没有及时付诸实践，相对薄弱的北方防线，依然如故，给皇太极以可乘之隙。

经过数次与袁崇焕的激战，皇太极付出了极大的代价；血与火的争斗，也使他聪明起来，根据变化着的军事形势采取相应的策略，即避实就虚，并作为入侵大明王朝的指导思想付诸实施。

崇祯二年（天聪三年，1629），皇太极在与袁崇焕以和议为题书信往来的同时，便决定避实就虚，入侵明朝，掠夺资财。于同年十月二十日颁布进军圣谕，当日深夜，联合蒙古科尔沁等部落，并以其为向导，避开宁远、锦州，统率大军由蒙古境开拔，抵达老河。再兵分三路：贝勒济尔哈朗、岳托率右翼四旗兵及右翼蒙古诸贝勒兵攻大安口；贝勒阿巴泰、阿济格率左翼四旗兵及左翼蒙古诸贝勒兵攻龙井关；皇太极与大贝勒代善等亲督大军攻洪山口。各路军进至遵化会合。由于山海关以西塞垣颓落，部伍废弛，面对后金兵的进攻，毫无抵御之力，参将张安德等败逃，张万春投降，后金兵几乎没有受到任何阻拦，长驱直入，于十一月初二日抵达遵化，离城五里扎营。山海关总兵官赵率教得知紧急军情，率兵马飞驰三昼夜，到达三屯营，却被总兵官朱国彦阻止，不许入城，赵率教不得已，率军西行，与后金兵相遇，奋力拒战，身中流矢而死，一军全被后金兵歼灭。后金兵乘胜攻遵化城，参将李槚、游击彭文炳、守备徐联芳战死。三屯营副总兵连夜逃跑，朱国彦十分愤怒，将逃跑将帅名单在城中张贴，又将家财散给众人，同妻子上吊自杀。待城破之后，巡抚王元雅及保定推官李献明等也自杀身死。

遵化陷落之前，败报踵至，朱由检即令京师戒严。十一月初一日，督师袁崇焕自宁远趋山海关，得知后金兵从蒙古入边，急忙赶到榛子岭调动兵马，命令保定巡抚解经传驰赴救援。而朱由检还在坐而论道，告谕兵部应该如此，不应当如彼，如隔靴搔痒，无济于事。待遵化败报送到，京师震动，人心惶惶。

袁崇焕出于对大明王朝的一片忠诚，得知京师危急，不经请示朝廷，即

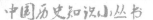

率祖大寿、何可刚入卫，于十一月初十日抵达蓟州。朱由检极为高兴，一面降旨称赞，一面发帑金犒将士，令尽统诸道援军，对袁崇焕的信任无以复加。而袁崇焕也为之感动，按照圣旨及其自身的军事才能，将诸路军马，一一布署：以原总兵朱梅、副总兵徐敷奏等守山海关，参将杨春守永平，游击满库守迁安，都司刘振华守建昌，参将邹忠武守丰润，游击蔡裕守玉田、昌平，总兵尤世威仍还镇护诸陵，宣府总兵侯世禄守三河，扼其西下，保定总兵曹鸣雷、辽东总兵祖大寿驻蓟州遏敌，保定总兵刘策还守密云。同时命游击钟宇、中军王应忠、李应元为右翼，继张弘谟而进；中军何可刚、游击靳国臣、赵国忠、孙志远、陈景荣、陈继盛、都司刘抚民为中权，继朱梅而进；祖大寿为后援，继何可刚而进。自率军居中应援。

与此同时，朱由检一片忙乱：阁臣推荐孙承宗，立即批准，令以少师兼太子太师、兵都尚书、中极殿大学士督理兵马，控御东陲，屯驻通州，起家陛见。庶吉士金声推荐草泽之士申甫，立即召见；申甫利口声称知兵，被特授都指挥佥事、副总兵，制造战车。兵部尚书王洽因迟报遵化陷落被逮捕入狱，申用懋升任兵部尚书，庶吉士刘之纶升任兵部右侍郎，协理戎政，给四万金募兵。就连推荐了申甫的金声，也被提升为御史，监申甫军，给七万金，造车募兵，定赏格以激励将士，等等。如此匆忙而脱离实际的升迁和处罚，究竟于紧急军情有何补益，的确是令人怀疑的。这又一次反映出朱由检的性格。

同年十一月十二日，后金兵攻陷石门驿。袁崇焕移营城外，后金二百余骑兵来战，听到大炮之声，纷纷退去，不再露面。次日，袁崇焕侦知后金兵潜越蓟州向西挺进，直逼京师，便紧跟其后追击。后金兵一路连陷玉田、三河、香河、顺义等县。十五日，袁崇焕昼夜兼程赶至河西务，准备抵达京师。副总兵周文郁建议：大军应该迎敌而趋，不宜入都。且敌在通州，我屯张湾，离通州十五里，就食于河西务。根据战事变化，敌易则战，敌坚则守。袁崇焕没有采纳，仍率军九千由间道急进，于十六日抵达左安门。当时京师戒严，不能立即入城，时至夜深，才驰奏后金兵将逼至城下。京师谣言四起，盛传袁崇焕召敌进京，生性多疑的朱由检不能不为之心动。尽管如此，但为了战事的需要，赐给袁崇焕玉带和彩币；令兵部尚书李邦华、右侍郎刘之纶料理守御事宜；由宣府总兵侯世禄、大同总兵满桂屯驻德胜门。十九日，后金兵至京城北土城关之东，皇太极率诸贝勒及护军环阅京城，招募逃窜的百姓，纵其入城，然后进兵关厢二里列营进击。侯世禄躲避不战，满桂率军独自迎击，李邦华督兵守城，令城上发大炮协助满桂，误伤满桂军，而满桂亦负伤，被抬进关将军庙休息。袁崇焕令都司戴承恩择地广渠门，祖大寿阵于南，王承胤等阵于西北，袁崇焕阵于西，准备迎击后金兵。日至午时，后金兵马由东南发起攻击，祖大寿等力战，后金兵退却，转而由西面发起攻击，挥刀厮杀，几乎伤及袁崇焕，由于材官袁升及时架格，幸未砍中。袁崇焕挥军合击，后金兵退至浑河，兵马多陷入河冰之中。皇太极轻骑巡视后说："道路既隘且险，若我兵士死伤过大，虽胜无益。"于是决定停止进攻，徙营屯南海子。

东西军攻战稍息之时，朱由检才缓过一点儿气来，以帝王的尊严，下达诏书，申明法典，言辞十分严厉。诏令一下，产生了一定的威慑力，各路援军纷纷向京师集结，已经集结的将士根据督师的指令，不时向后金兵屯驻地南海子发动进攻，后金兵渐渐后撤。

十一月二十三日，朱由检在平台召见袁崇焕、满桂、黑云龙及兵部尚书申用懋等。袁崇焕内心深感不安，便将传达圣旨的中使留在营中，穿着青衣，戴着玄帽，去平台陛见。崇焕先称敌势强劲，非集全力难以抵御。由检表示同意，并授崇焕貂裘银盔甲。但当崇焕要求麾下将士入城休整时，由检断然拒绝，崇焕无可奈何，跪拜而出。此时此刻，崇焕心中的不安更加严重，很不理解皇上为什么不让将士入城休息？为什么对满桂和自己的态度如此不同？二十五日，怀着疑问再次请求如满桂将士入城休整之例，使麾下将士得以进城，并请辅臣出援。仍然不许。袁崇焕为此疑虑重重，更不知等待

他的是更加严重的祸患。

原来，后金皇太极率军驻扎南海子时，曾俘虏了明朝的两位太监，一位叫杨春，一位叫王成德，职任大堤马房提督。皇太极令副将高鸿中、参将鲍承先等监视，并授以反间密计。高鸿中、鲍承先等奉命来到监押两位太监的处所，看到二位太监似睡非睡，便故作耳语说：今日撤兵，乃上计也，顷见单骑向敌，敌有二人来见上，谈了很长时间才离去。意为袁督师有密约，事可立就。当时，杨春并未熟睡，将高鸿中对鲍承先说的话记在心里。次日，高鸿中又故意放跑了杨春和王成德。杨春回到朝廷，扬言有重大军情要回奏皇上，朱由检立即召见，杨春便将听到的有关袁崇焕与皇太极勾结之情详细奏报，朱由检信而不疑。

十二月初一日，朱由检再次在平台召见袁崇焕、满桂、祖大寿等。当时袁崇焕正派遣副总兵张弘谟等进击后金兵，得知召见议饷，立即赶赴平台。待袁崇焕一到，朱由检就责问为什么杀毛文龙？援兵为何逗留？因事出突然，袁崇焕毫无思想准备，未能及时答对，朱由检即下令捆绑袁崇焕，交付锦衣卫狱囚禁。阁臣成基命在旁，见皇上如此处置袁崇焕，颇感不安，即叩头请求皇上慎重。朱由检说：慎重就是因循，有什么好处！成基命再次叩头说："在此兵临城下的非常时期，应该慎审行事。"朱由检仍不省悟。便遣太监车天祥慰谕辽东将士，命满桂总理各路援兵，节制诸将；马世龙、祖大寿分理辽东兵马。祖大寿见此情景，十分畏惧，担心自己与崇焕一起被杀，便奔出平台，与何可刚率领辽东将：向东开拔，毁山海关，直抵宁远。朝野为之震动。

朱由检不但不听阁臣的规劝，一意孤行，而且再谕各营将帅，宣布袁崇焕罪状："袁崇焕自任灭胡，今胡骑直犯都城，震惊宗社。夫关宁兵将，乃朕竭天下财力培养训成，远来入援。崇焕不能布置方略，退懦自保，致胡骑充斥，百姓残伤，言之不胜悼恨。今令总兵满桂总理关宁兵马，与祖大寿、黑云龙督率将士，同心杀敌。各路援兵，俱属提调。仍同马世龙、张弘谟等设奇邀堵，一切机宜，听便宜行事。"又告谕孙承宗说："朕以东事付袁崇焕，乃胡骑逅遑，崇焕身任督师，不先行侦防，致深入内地。虽兼程赴援，又钳制将士，坐视淫掠，功罪难掩，暂时解任听勘。祖大寿及何可刚、张弘谟等，血战勇敢可嘉。前在平台面谕，已明令机有别乘，军有妙用。今乃轻信讹言，仓皇惊扰，亟宜懔省自效，或邀贼归路，或直捣巢穴。但奋勇图功，事平论叙。夫关宁兵将，乃朕竭天下财力培养训成，又卿旧日部曲，可速遣官宣布朕意，仍星驰抵关，便宜安辑。"（《国榷》卷90）朱由检如此指责袁崇焕，可谓欲加之罪，何患无辞！

祖大寿东奔，实出无奈。如何安抚祖大寿及辽东兵马，是当务之急。成基命深知袁崇焕曾营救祖大寿于死地，祖大寿为之感恩戴德。因而建议朱由检，在狱中取袁崇焕手书，遣都司贾登科前往招抚祖大寿，孙承宗亦令游击石柱国飞驰安抚辽东兵马。朱由检一一采纳。当祖大寿见到贾登科时，不无委屈地说："赴援保卫京师，一片赤诚。无奈城上卫卒同声詈骂我们为贼，且投石击死数人；所遣逻卒，又被指为间谍而杀害。我不东奔，还待何时！"石柱国追及辽东兵马，将士持弓相向，痛哭流涕地说："督师既被逮捕入狱，又用大炮击杀我兵。在万不得已之时，才返回辽东的。"石柱国又往前追大寿，大寿已经远去，才返回京师。孙承宗听取石柱国报告后，即上书朱由检说："大寿危疑很重，又不肯受满桂节制，因讹言激众东奔，并非部下尽欲背叛。当大开生路，曲收众心。辽将多马世龙旧时部曲，我将动之以情告谕马世龙，其将士必解甲归。大寿不必为虑。"朱由检极为高兴。孙承宗以密信谕祖大寿说：立即上书检讨东奔的过失，且表示立功赎督师罪，然后由我向皇帝解释。祖大寿依言而行。朱由检下达诏书，安慰一番，便命孙承宗移镇山海关。辽东将士得知孙承宗、马世龙前来，纷纷来归。祖大寿之妻左氏也以大义规劝，大寿才敛兵待命。因袁崇焕被逮入狱而引起的辽东将士的愤怒与不安，才稍稍平息。

明朝廷为加强防御和各军的协调，设文武经略，由梁廷栋、满桂充任，各赐尚方宝剑，分别营于西直门和安定门。

此时的皇太极，以静待机而动。在遣使持书与明朝议和的同时，且猎且行，得知其反间计奏效，袁崇焕被逮入狱，大喜若狂，以为是天赐良机，便挥兵趋良乡，攻克其城，知县党还醇等皆战死，分道攻固安，一战而下。又还军至卢沟桥，副总兵申甫、监军金声，仓促间招募的新兵数千人，多是市井无赖和游手好闲之徒，未加训练。就是这批新兵，驾驭申甫制造的所谓战车，守卫卢沟桥。后金兵绕出其后，驾驭战车的新兵惶惧不已，连战车也无法转动，遂被后金全部歼灭，申甫也在战斗中死去，后金兵乘胜抵达京师永定门外。满桂正屯驻在宣武门瓮城内，称敌劲援寡，未可轻战。可是，朱由检令中使一再督催，满桂不得已，挥泪而出，与孙祖寿率五千人在永定门外二里许扎营，列栅置炮，以待后金兵。十七日黎明，后金兵发起进攻，自辰至酉，大小十余战，满桂身先士卒，骁勇无比，因众寡悬殊，明朝将士力不能支，节节败退。满桂箭创骤发，坠马而死；副将孙祖寿及参将周旗等三十余人战死；总兵官黑云龙、麻登云等被擒，投降后金。京师臣民为之惊惧不安。

后金各将帅以明朝将死兵败，争相请求皇太极下令攻城，皇太极颇有城府地笑着说："城中都是一些无能之辈，要攻取城池，易如反掌。但是，百年之虫，死而不僵，仍有一定的实力，不是旦夕可以攻取的。即使攻陷，得之易，守之难。与其如此，不如简练兵马，以待天命吧。"于是，遣使致书崇祯皇帝朱由检，重申议和之意，然后解京师之围，向房山，谒金太祖陵，一路劫掠东去，攻陷遵化四城，振旅而归。

朱由检对皇太极议和的意向，根本不予考虑，仍以其天朝大国的姿态，发布诏令，处理政务。尤其是各路兵马败报频繁传来之时，既忧且恨，不临朝听政，只是传旨办理军饷，令百官献马。作为一位封建帝王，必须遇事冷静，处置妥当。否则，其后果不堪设想。朱由检在大敌当前，兵临城下之时，恰恰犯了失于冷静的错误。加上过于自负和轻信，使阉党余孽得以趁机而起，以售其奸。尤其是钱龙锡、韩爌、李标等先后被陷害攻击，不安其位而告老还乡，朝政被周延儒等人把持，朱由检自然而然地受其左右，虽想振作，但终难一展宏图。对近在眼前的后金兵的入侵和劫掠，也仅有招架之功而无还手之力。损失惨重的良乡之战、永平之战、遵化之战，就是最好的说明。

事态的发展并没有就此止步。以天朝大国自居，且又一心想成为中兴之主的朱由检，在他即皇帝位将近两年之际，就被"本我命夷"的后金皇太极，率兵入塞，长驱直入，如入无人之境，直逼京师，兵临城下，又不受阻拦地饱掠而去。朱由检无论如何也不愿意承认这个事实，更不愿为此承担责任。为维护其尊严及皇帝处理政务的无误，只有将一切罪责归之于袁崇焕，便是极好的办法。于是，在崇祯三年（1630）八月十六日，朱由检来到暖阁，先召辅臣成基命等人入见，但过了很长时间，才来到平台，召文武诸臣一起入见。朱由检告谕道："袁崇焕付托不效，专事欺隐。市粟谋款，纵敌不战，散遣援兵，潜携喇嘛僧入城，卿等已知之。今法司将此罪案审理得如何？"诸臣顿首唯命。朱由检接着说："依照《大明律》，将袁崇焕处以车裂分尸的磔刑。家属十六岁以上的处斩，十五岁以下的给功臣家为奴，其妻、子、兄、弟流放边远地方。其余的人不予追问。"辅臣顿首致谢。朱由检问诸臣："你们还有什么话，如实道来。"辅臣说："其罪死有余辜。"同时戒谕群臣："洗心涤虑，毋仍前欺罔。"最后下达圣谕说："袁崇焕谋叛欺君，结奸蠹国。斩帅以践虏约，市米以资盗粮。既用束酋，阳导入犯，复散援师，明拟长驱，及戎马在郊，屯兵观望，暗藏夷使，坚请入城，意欲何为？致庙社震惊，生灵涂炭，神人共愤。"遂命刑部侍郎涂国鼎监决，将袁崇焕磔于西市，结束了他叱咤风云的短暂人生。（《国榷》卷91）

有史料记载袁崇焕死得极其惨烈，受朝廷制造舆论影响的京师居民，对袁崇焕所谓的"召敌"、"献地议和"恨之入骨。袁崇焕被磔时，百姓争吃其肉，皮骨已尽，叫声不绝，闹腾了半天，才告平静。这哪是磔刑，简直是

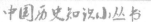

生吞活剥！目睹其惨状的夏复苏说：磔袁崇焕时，百姓用银一钱，买肉一块，吃一口必骂一声，时间不长，崇焕的肉就被卖得干干净净。朱由检作为明朝的末代皇帝，为了推卸罪责与发泄怒气，竟对袁崇焕这样一位有胆略、有才干、率师勤王的有功之臣如此残忍，不能不令人感到可叹可悲。更可悲的是封建朝廷统治下的百姓，深受朱由检的舆论蒙蔽，以致到难以自拔的地步。痛骂袁崇焕，食其肉，喝其血，表现得那么真诚。应该说在当时骂也有理，恨也有理。如果这些百姓中，有人能活得长久一些，得知袁崇焕所谓的"召敌"、"献地议和"，是清太宗皇太极施行的反间计，是无能而自负、轻信而蛮横的末代皇帝朱由检坠入彀中、冤杀了袁崇焕的真相后，该作何感想呢？是恨自己的无知，抑或恨皇帝的欺骗？还是因朱由检已经死去来不及追究他们痛骂袁崇焕、喝其血、食其肉的罪责而庆幸？

对任何事物，都需要经过一段时间、保持一段距离才能看得真切，或者说旁观者才能冷静地分析而得出较为符合实际的结论。就朱由检冤杀袁崇焕一事而言，《御定资治通鉴纲目三编·发明》评论说："袁崇焕在边臣中尚有胆略，其率兵勤王实属有功无罪。庄烈始则甚喜其至，倚若长城。一闻杨太监之言，不审虚实，即下崇焕于狱，寻至磔死。是直不知用间愚敌为兵家作用，古今来被绐而偾厥事者，指不胜屈，未有若庄愍此举之甚者。至祖大寿拥众东走，追而不返，且出怨言，甚至将士以弓刀相向。此其叛迹显然，向非孙承宗调度有方，岂能敛兵待命，而转以优诏报之。崇焕非叛而坐以大逆，大寿实叛而褒以玺书。刑章颠倒，国法何存！岂惟不知将将之道，抑亦大失御下之方矣。"此论可谓一针见血，入木三分，道出了朱由检冤杀袁崇焕的严重过失。

■ 三 明朝政局的破败与皇太极屡次入侵 ■

已巳（崇祯二年）之变，给明朝的打击是沉重的。不仅暴露了布防空虚和兵力单薄的缺点，而且反映出朝政的破败。皇太极率兵进击和四出劫掠，更使明朝损兵折将，经济枯竭。尤其是朱由检冤杀袁崇焕，辽兵辽将人人自危，纷纷投奔后金以自保，对明廷说来，犹如霜雪并施。然而，享有至高无上权力的崇祯皇帝朱由检并没有以积极的态度从中吸取教训，反省自己的决策是否允当，反而嫁祸于边臣，以至于对文武百官心怀疑忌，信任宦官，给奸佞之徒以可乘之隙。温体仁的入阁及阉党余孽的死灰复燃，导致朝政日渐混乱和黑暗，朱由检被其左右而不自知。然而，事不止此，朝廷又行赋税加派，本来衣食无着的穷苦百姓，更为饥寒交迫，明朝的社会经济更加凋敝不堪，社会矛盾日趋激化。尽管任用枢臣孙承宗督师辽东，加强防御，重整边备，但仍于事无补，并未从根本上阻遏后金皇太极的再次入侵。

孙承宗督师关内外

孙承宗被朱由检召入京师，仍为阁臣、兵部尚书，督理山海关内外军事事务。趁后金皇太极饱掠撤军之机，收复遵化、永平、滦州、迁安四城，受到朝廷封爵进秩的奖赏。后孙承宗出关东巡，由前屯、宁远抵达松山、锦州；再由山海关历经石门、燕河、偏关三协十二道。最后由石塘路过平谷，途经盘山，进入蓟州而还京师。就其考察边防情向朱由检报告说：先任封疆大臣，精择八部大帅，分别战守，蓟镇备守，辽镇备战，合蓟辽战守，防御插汉，收复城池等。朱由检极为赞赏，并予采纳。于是开始修筑大凌河城。

本来，左屯、大凌河二城，孙承宗在以前出任督师时，已经设兵城守。后高第替代，尽撤戍守的兵士器械，右屯、大凌河二城便成为残垣断壁，破败不堪。至崇祯四年（1631）初，辽东巡抚丘禾嘉，准备复取广宁、义州、右屯三城。孙承宗说，广宁道途遥远，应当先据右屯，修筑大凌河城，渐次向前推进。遂即付诸实施，命总兵官祖大寿、副将何可刚率兵四千，驻守其地，调班军一万四千人修筑其城。此事原由兵部尚书梁廷栋主持，由于梁廷栋罢官，引起非议，认为大凌城荒远，不应当修筑，调班军赴蓟镇，并斥责巡抚、镇守，令其回奏。丘禾嘉畏惧，将戍守兵士全部撤回，只留一万名班军负责运送粮饷，戍守其地。孙承宗说："兵未撤，敌至而战，是上策；依据现有粮饷，整饬严守，是中策；若撤兵以去，将空城让于疲备之敌，乃为下策也。"由于边臣与朝臣意见不合，致使孙承宗加强边备，布兵设防的计划，难以实现。

皇太极再次入侵

皇太极于崇祯三年（1630）五月率入侵的后金兵全部返回沈阳后，继续向明朝遣使议和。崇祯四年（1631）八月，皇太极得知祖大寿、何可刚率军修筑大凌河城，以为进击之机后，即发兵抵达大凌河城，掘壕树栅，四面合围；另遣一军截断锦州大道，城外墩台全部攻克占据。城中守军出战，皆被击败，退回城中。孙承宗、丘禾嘉得知，飞驰至锦州筹划应援之策。丘禾嘉亲率兵马与总兵官吴襄、宋伟合军赴援，在离松山三十里之处，与后金兵相遇，于长山与小凌河之间展开激战，丘禾嘉等战败，收军退回锦州，后金兵进击至锦州城下，许多明军坠落城壕而死。

在后来的交战中，太仆少卿张春与诸将张弘谟等三十三人被后金兵俘获，将士战死不计其数。祖大寿坚守大凌河城不敢轻易出城，外援断绝，至冬，大凌河城粮饷用尽，借食人马充饥。十月二十八日，后金趁机招谕祖大寿，祖大寿及诸将都表示愿意投降。只有何可刚反对。祖大寿令二人将何可刚掖出城外斩首，便与副将张存仁等投降后金。祖大寿说："妻子在锦州，请放我回，设计引诱守将投降。"皇太极同意。祖大寿回到锦州之后，未有机会诱降。而丘禾嘉知道祖大寿已经投降后金，上书报告朝廷，朱由检置之不问。张春拒不投降，以绝食相抗而死。朱由检以其不失臣节，遥迁右副都御史，抚恤其家。其妻翟氏得知，自杀殉夫。

长山一战，大凌河城失守，明军损失惨重。朝廷诸臣，纷纷弹劾孙承宗及丘禾嘉筑城起隙。孙承宗见温体仁之辈不能辅佐大政，一味擅权谋私，加上皇帝朱由检猜忌多疑，便以年老为由，连续上书，乞请致仕回家。十一月，得到批准，乘坐驿站车马回到高阳。明朝的军力，由此一蹶不振，只有招架之功而没有还手之力了。

后金皇太极指挥军队，机动灵活，小仗大役，交替使用。因其力量相对弱小，就采取避实就虚的策略。经过一番筹划之后，皇太极又于崇祯七年（1634）五月，调集兵力，决定避开山海关，道经蒙古，兼取察哈尔，直抵宣府、大同。计议已定，即分两路，一路从上榆林口出发，一路从沙哈出发，西行进入蒙古。六月，后金各路兵马先后抵达长城附近。皇太极根据总体战略布置和所要攻击的城池，将七万精兵再分四路挺进。入大同、张家口。又焚龙门关，破怀来、保安，杀知州阎生斗。八月，后金兵在应昌集结。攻克代州后，皇太极重新布置兵力，分道出攻，东路至繁峙，中路至八角，西路至三岔。自率兵马攻大同，连战五日，吴襄兵败，尤世威令将帅祖宽竭力与战，后金兵退却，转攻西安堡，再下灵丘。其时沿边城堡多失守，远近震慑。闰八月，代王母杨太妃命宣大总督张宗衡、总兵曹文诏等与后金皇太极求和，皇太极布告以申讨之意，攻下宣府万全左卫后，即由拒墙堡出塞回沈阳。

朱由检面对皇太极的后金兵，不是激励将士奋勇进击，而是在辅臣的策划下，认为后金皇太极此次入口，仅仅是为贪图子女玉帛而来。便出一公开信，广为张贴，其口气、姿态仍然是天朝大国，盛气凌人。

皇太极即帝位与袭扰京畿

崇祯八年（天聪九年，1635），当多尔衮出征凯旋而献上元朝传国玉玺之后，就由诸贝勒与蒙古各部贝勒合议，为皇太极奉上皇帝尊号，皇太极没有答应，只是宣布撤除女真名号，统称为满洲。崇祯九年（天聪十年，1636）四月，满洲、蒙古诸贝勒、汉军都元帅、总兵官及文武大臣齐集盛京沈阳，举行隆重典礼，共上尊号，由多尔衮、土谢图济农巴达礼、孔有德，分别上满文表章、蒙文表章、汉文表章。皇太极受尊号为"宽温仁皇帝"。建国号为大清，立年号为崇德，仍以盛京沈阳为国都。同时追谥努尔哈赤为承天广运武皇帝，且依据汉族制度上庙号太祖。

同年五月，皇太极在分析了自己所处的环境，以及朝鲜暧昧态度，决定再次出兵袭击和侵扰明朝，遂命英勇善战的阿济格担此重任。六月，阿济格奉命率领十万八旗兵马，分三路于同月二十六日入喜峰口。巡关御史王肇坤拒战失败，退保昌平。阿济格纵兵进击，七月初，三路兵马在延庆会集。

崇祯皇帝朱由检得知大清兵入边袭扰，十分忧虑，照例宣布京师戒严，将廷臣召到平台，询问应急之策。廷臣无良谋善策，只是应付而已。朱由检根据以往清兵入侵的路线，估计其从山西而来，就分别派遣内臣李国辅守紫荆关，许进忠守倒马关，张元亨守龙泉关，崔良用守固关。当得知大清兵马由延庆入居庸关，围攻昌平时，又任命张元佐为兵部右侍郎，镇守昌平；遣司礼太监魏国征守卫天寿山，魏国征立即前往。数日后，朱由检对阁臣说："内臣即日就道赴任，而侍郎三日未出，能怪我信任内臣吗？"在军情紧急时刻，朱由检不忘褒扬内臣，轻诋武将，可见其依靠内臣之心何其牢固。武将听得此言，岂能有效忠之心！

　　阿济格率领清兵虽然在攻击居庸关昌平北路时，受到大同总兵官王朴率领的援军的阻击，死千余人，失百余人，但仍继续挺进。同时将俘虏的明军释放，令其返回昌平，王肇坤开门收留。七月初五日，阿济格逐步深入掠西山。两天之后，又间道自天寿山后抵达昌平，挥兵攻城，原二千降兵为内应，昌平城为之陷落。王肇坤身中四箭两刀而死，总兵官巢丕昌投降。阿济格令清兵焚毁埋葬在天寿山的明熹宗陵墓。次日，阿济格率清兵进逼西山，攻巩华城。守将姜瑄以火炮轰击，清兵退却。阿济格见明军攻势甚猛，城守坚固，难于很快取胜，便计议南下，但又不甘心轻易退去，便学皇太极曾经施行过的反间计，给曾经投降而又逃回的明副总兵黑云龙写信，约为内应。目的在于借明朝之手杀死黑云龙。这次，崇祯皇帝朱由检似乎变得聪明了一些，看出了阿济格的真实用心，便召谕黑云龙说："你不要担心，这是阿济格所施计谋，你可将计就计，诱其前来。"黑云龙奉命而出，在西山北隅设伏引诱清兵，斩获颇多。阿济格反间不成，反中其计，就率兵向南侵扰良乡。

　　七月初十日，昌平的叛兵进逼西直门，屯驻清河、沙河的清兵也随之出动，攻克宝坻。崇祯皇帝朱由检十分震惊，命文武大臣分守京师各城门。并令兵部传檄征山西、保定、大同等处兵马入援。曾被劾坐视不救的兵部尚书张凤翼，不得不自请总督各镇援兵出师，与宣大总督梁廷栋相掎角。朱由检批准，赐尚方宝剑，给万金，赏功牌五百；令监视关宁太监高起潜为总监，总兵祖大寿为提督，同山海总兵张时杰属高起潜，张第元监军；辽东巡抚方一藻守山海关。七月二十三日，朱由检得知阿济格攻克昌平，进击巩华城，似有归意后，即命兵部联络京军合剿。两天之后，已集五万京军驻扎琉璃河，王威率领的辽东兵及三屯营兵调往涿州，起用都督王承胤为总兵官，镇守居庸关。

　　当此之际，阿济格率领的清兵，仍然采用避实就虚的战术，下定兴、房山，克安肃，攻大城，战安州。入月，又克文安、永清，分兵攻漷县、遂安、雄县。不久，又从雄县奔赴鄚州口，刘泽清阻击，而转攻香河，进河西务，还涿州，克顺义。再绕到京东北，抵达怀柔、大安，攻陷西和，分兵屯密云、平谷，又返回雄县，向北侵掠袭扰。遍蹂赤县，攻陷城堡。九月初一日，从冷口出塞，饱掠而去。且斫柏树制牌，书写"各官免送"四字。

这次明朝受到清兵的袭扰，连陷十二城，先后五十六战，明军虽有些抵抗，但还是以失败而告终。果于重罚的朱由检，一反常态，没有像以前那样对统兵将领或贬或戮，却表现出了少有的宽容。越是如此，张凤翼、梁廷栋越感到自己的罪过深重，便先后饮药而死。后来，言官弹劾，刑部论罪，罢张凤翼官，处梁廷栋大辟之刑，因其已死，免于实施。与此同时，又大肆为宦官高起潜等叙守京功。计六奇在《明季北略》中叹息说："朝廷虽乏人，奈何与刀锯之余共天下事哉！吾知忠臣良将之心，于是乎灰矣！"

两年之后的崇祯十一年（崇德三年，1638）九月，皇太极再命多尔衮约蒙古军大举进兵，与岳托分别从西协墙子岭、中协青山关侵入。墙子岭地势险峻，岳托挥兵蚁附而上，连续费时三昼夜才得越关而入。正在密云为监视太监邓希诏祝贺生日的总兵吴国俊急忙率兵至墙子岭与其激战，溃败退至密云。蓟辽总督吴阿衡醉意朦胧，得知清兵入塞，率兵往救，因事出仓促，调度失措，被清兵击毙。岳托在此等候从青山关而来的多尔衮。接着越迁安，逼丰润，乘胜南下。

同年十月初二日，朱由检宣布京师戒严，征调辽东前锋总兵祖大寿入援，留巡抚方一藻、朱国栋、陈祖苞分守；命宣大总督卢象升率总兵杨国柱、虎大威进易州出其左；移青州、登州、莱州、天津的兵马出其右；檄总兵刘泽清以山东兵马遏其前；高起潜为应援。

由于杨嗣昌、高起潜处处与卢象升作对，直接影响其攻击清兵计划的实施，难有建树。而杨嗣昌、高起潜又不时向皇帝进献谗言，致使朱由检准备以孙传庭代卢象升总督各路援兵。大学士薛国观、杨嗣昌当面劝说道："临阵易帅，兵家大忌，不如留卢象升责其后效。"于是，令大学士刘宇亮督察各镇援兵，夺卢象升尚书衔，仍同高起潜戴罪夹剿。而清兵已连陷衡水、武邑、枣强、鸡泽、文安、霸州、阜城，围攻威县，至此，又攻下平乡、南和、沙河、元氏、赞皇、临城、高邑、献县。卢象升麾下兵也不足一万。而清兵分为三路，一路自易州趋真定，一路自新城趋河间，一路自涿州趋定兴。兵力极锐，难以阻挡。卢象升与清兵战于庆都，杀死百余人；总兵杨国柱、虎大威再与争战，杀伤相当。卢象升正着手谋划寻找可乘之隙，合兵夹击时，得到朱由检令其戴罪夹剿的圣旨，不得已，只好分兵援救真定，自己到保定决战。抵达藁城时，写信令赞画主事杨廷麟回真定，请求高起潜相援，高起潜不予理睬，竟走临清。卢象升率领的五千人，粮饷匮乏，无以为炊，哀呼无应。与清兵激战，壮烈牺牲。

卢象升战死，高起潜溃败，清兵分别攻陷昌平、宝坻、平谷、清河、良乡、玉田、蓟州、霸州、景州、赵州。又挥师自畿辅而西抵山西界，复东向进入山东。再分兵二道，一向高唐，一向济宁。崇祯十二年（崇德四年，1639）正月会合攻破济南城，四出攻取州县。三月，经迁安县，从青山口出关，返回沈阳。

此次清兵入塞，历时五个月，深入两千里，历经五十七战，攻陷七十余城，焚掠杀伤，不可胜数。

松锦之战

冀鲁被清兵袭扰，使明朝的经济和军力再次受到双重打击。朱由检遂派兵布将，加强防御。应该说，朱由检在辽东一线，诸如城池的修葺，兵士的增派，器械的配备，是持积极态度的。尤其是当后金兵占据大凌河城之后，锦州就失去了必要的屏障而独处最前线的前哨军事要地。在锦州与宁远之间，有松山、杏山、塔山，其间相离十余里或二十余里，扇形般排开，既是锦州的后盾，又是宁远的屏障。对明朝来说，如果能有效地守御，就会成为清兵入侵的重大障碍；同样，清兵要想顺利入关，只有冲破松锦和宁远，才是最佳路线。因而，明、清双方的最高统治才都在为这一战略要地的攻防进行着智力和军力的较量。

朱由检根据杨嗣昌的建议，任命洪承畴以兵部尚书兼副都御史总督蓟辽军务。崇祯十二年（1639）十月，洪承畴奉命出山海关，至中前所，将总监高起潜的私人，时任千总的刘某因虚冒粮饷，当众处斩，以肃军纪。高起潜无奈，口头不说，而心怀怨恨。洪承畴又推荐刘肇基、吴三桂，朱由检升迁吴三桂为都督，充任辽东总兵，团练宁远兵马，刘肇基为都督金事，加强备御。

皇太极比起朱由检，更加慎重、细密，特别是他屡次派兵入边了解了明朝的虚实之后，即把消灭明朝，统治全国，作为自己的最高战略目标，并以此为题多次召集文武百官认真筹划，选择最佳时机、最佳策略和最佳地点作为突破口，挥师伐明，加速最高战略目标的实现。为此，他为了牵制明朝的兵力，在几次由蒙古南下，入扰明朝时，就派遣精骑在锦州附近发动过争战，只因是配合性战斗，无意进击攻陷锦州，但他已经感到锦州的防御是坚固的，不集中优势兵力，认真对待，难以达到预期目的。皇太极对群臣的议论，诸如挥兵直取明朝京师；先取锦州，再攻山海关；由海路取登州、莱州；从宣府、大同边塞攻入，南下攻陷北京，等等，都仔细倾听，在此基础上，使自己的思路逐步清晰、缜密。直到崇祯十三年（崇德五年，1640）皇太极觉得时机已经成熟，战略思想也渐渐明确：取燕京犹如砍伐大树，须先从两旁斫削，则大树自然倒伏，可称为"剪枝"的战略战术。于是，便决定以较长的时间，派兵往攻锦州，在相持中，消磨明朝军力、物力，同时壮大自己，再一举挥师进击。一旦攻下锦州，松山、杏山、塔山及宁远的守兵必然震惊。以胜利之师，战震惊之军，胜负不言自明。最后据山海关为己有，夺取明朝京师北京，可谓轻而易举，也可使进入北京之后长久立足，不受任何威胁。在这一思想指导下，如何具体付诸实施？皇太极的设想是：欲取山海关，必先攻取锦州、松山、杏山、塔山四城，而锦州首当其冲；若要首先攻取锦州，必须选择便于进击、轮换调兵、运送粮饷器械，即以进退自如的城堡作为屯兵之地。皇太极为此再次召集群臣商讨，他舍弃屯兵广宁之议，以过人的胆略果断地选择距锦州九十里的义州，派兵筑城、屯田，不时袭扰明朝的驻军，使其长期处于戒备状态。

皇太极选择义州作为据点，积极备战。在军马粮饷有所储备之后，即施行其围困锦州的战略，时而出击，时而退却，往来于义州与锦州之间。至崇祯十三年（1640）秋，攻克了锦州城西九台及小凌河西岸二台，便分兵两翼，围困锦州城，当时祖大寿坚守锦州，不敢轻易出击。不久，总督洪承畴率总兵曹变蛟、左光先、马科、吴三桂、刘肇基以马步兵五万驰援锦州，在黄土台与清兵激战，战败退还，清兵亦返回义州不出。洪承畴返回宁远后，以曹变蛟、左光先、马科所统领的兵马遭受挫创，令入关养精蓄锐，以便再战；刘肇基拙于调度，由王廷臣代理其任；又令左光先返回原镇，由白广恩代理；吴三桂、王廷臣率兵驻守关外，往来于松山、杏山之间，以示进取。又奏报朝廷，请求调旁近边军合关内外兵马十五万人备战守。还说师行粮从，必须有一年所需的刍粮，然后可议益兵。朱由检即令户部迅速筹措供给。

崇祯十四年（1641）正月，洪承畴率总兵吴三桂、王廷臣、曹变蛟、白广恩等至宁远。洪承畴亲至松山，察看形势，了解战守情状，感到兵将短少，不足以守御，即请调宣府总兵杨国柱、大同总兵王朴、蓟镇总兵唐通，各拣练兵马赴援。三月，清兵自义州出发，再围锦州，毁堑填壕，声援断绝，祖大寿命诸军与清兵展开激战，清兵渐退；不久，复围锦州，攻陷东关，掘堑垒墙作久攻的准备。

皇太极见久围锦州不见成效，即召集群臣商议，在诸多议论中，唯有张存仁的建议切合实际。于是，改换统兵将帅，一反围城不严的弊端，将八旗兵开赴到距锦州城较近的地区安营扎寨，列阵围困。此举具有极大的威慑力，致使明廷急忙调兵遣将，指示洪承畴设法率兵前往解围，同时命令祖

大寿率兵出入锦州、松山、杏山之间，会同洪承畴统领的兵马抵御清兵的围攻。然而，明兵部尚书陈新甲身居京师，不知锦州之围的紧急情状和清兵咄咄逼人的态势。洪承畴虽可奉命赴援，而祖大寿已难以出城一步了。

同年四月，洪承畴率兵进至松山、杏山之间，又移至松山城附近的石门，南北列阵：令吴三桂、王廷臣、杨国柱驻守石门之西；曹变蛟、白广恩、马科驻守石门之东；王朴驻兵东西石门之中，左右接应。清兵在乳峰山部署步兵，在东西石门屯兵二方，且设伏于松山周围待战。两军相接，展开激战。明军不避矢石，奋勇登山，放炮轰击。祖大寿在锦州城听到炮声，得知援兵到来，即率军出城，与援兵夹击清兵，清兵失利，向北退去。

此次与清兵激战，虽然取得了胜利，但锦州仍在清兵的围困之中。为此，崇祯帝朱由检于同年五月在中极殿召见兵部尚书陈新甲。陈新甲见洪承畴率兵出关之后，多次与清兵接战，负少胜多，有所斩获，以为奋勇进兵，速战速决，可获胜利。虽做如是想，但他深知与总督洪承畴的且战且守的持久之策相抵触。恰在此时，祖大寿的部卒从锦州逃出，报告锦州城内的粮饷足以支持半年，只是缺乏柴薪。并转达祖大寿的话："应当以车营紧逼，不要轻易征战。"而洪承畴集兵数万待援。朱由检对此十分忧虑，询问陈新甲救解锦州之计。陈新甲以为事体重大，请求退去与阁臣及侍郎吴牲、总督傅宗龙商议，并遣官与洪承畴当面计议，然后由皇上裁夺。朱由检只好同意，命兵部职方郎中张若麒前往宁远。次月，陈新甲向朱由检奏报进兵计划，兵分出击：一出塔山，趋大胜堡，攻敌营之西北；一出杏山，抄锦昌，攻敌营之北；一出松山，渡小凌河，攻敌营之东；又以正兵主力出松山，攻敌营之南。朱由检命将这个进兵计划交付行营计议。洪承畴认为，当时虽统率八镇兵马，但只有白广恩、马科、吴三桂可以独当一面，敢于进击，其余五镇兵马可以配合作战。若分三将于三路，担心众寡悬殊，结果难料；若由五将辅佐相助，谁来担任先锋？兵分势弱，更难抵御。因此，他仍持前议，主张且战且守，反对急速进兵。于是上书朝廷，阐述战备说：巩固松、杏以资转运，而锦州防御坚固，未易撼动。若将清兵拖过今秋，不仅促其穷困，就是朝鲜，也随之穷困。此为可守而又可战之策。朱由检以为洪承畴言之有理，且十分稳当，又与锦州守将祖大寿的意见不谋而合，便表示赞同。然而，陈新甲却仍持速战之议，屡次向朱由检陈奏。加上张若麒呈报密奏，陈说速战的正确，并请求留在关外料理。当时清兵粮饷不给，每天骑兵只吃两餐，步兵只吃一餐，扬言入攻三协来掩饰其困境。陈新甲对此信以为真，便以刺激性的文字给洪承畴写信，令其速战。与此同时，他又在朱由检面前反复陈奏速战速决与且战且守的利弊，致使身居宫禁之内、不懂军事情势和用兵之道，且又想有所作为的朱由检，改变了对洪承畴方略的赞同，听信陈新甲之说，就密令洪承畴克期进兵。同时陈新甲推荐前绥德知县马绍愉为兵部职方主事，出关赞画。洪承畴先受激于陈新甲之言，后又有皇帝密敕，既不敢坚持原议，又不敢拖延，只好无可奈何地奉命而行。

明朝廷内部对解救锦州的意见如此分歧，直接影响了亲临前线总督的作战主动性和积极性，完全陷于被动状态之中。而皇太极却是认真地准备着与明军的决战，并将松山视为决战成败的关键，集中优势兵力，争取取得攻克松山的胜利。

洪承畴一切准备妥当，于同年七月二十六日在宁远誓师，二十七日自率六万兵马前行，二十八日抵达松山，后续兵马依次抵达，总共十三万余。洪承畴见清兵屯聚乳峰山之东，即传令诸军登乳峰山之西。又传令镇兵分别进击东西石门，干扰和分散清兵兵力，使其腹背受攻，于是立车营，四围树木栅为城。清兵得知，十分惊骇。洪承畴部署略定，便于八月二日令诸镇兵出战。宣府总兵杨国柱先行，列营未定，清兵四面呼降，杨国柱即挥师奋击格斗，身中流矢而死。清兵误入车营，大炮齐发，斩清兵一百三十人，杀固山、牛录二十余人。洪承畴遂令山西总兵李辅明代领杨国柱兵马，与马科等分营松山东、西、北三面，曹变蛟营于松山之北乳峰山之西，间到七营，环以长壕，自率兵据松山城，为久拒之计。与此同时，祖大寿分步兵三道突

围，只突出二重，到第三重，被清兵阻止，与援军联络断绝，不得已再回锦州城。清兵屡次进攻乳峰山西侧的明军，均被击退，无功而返。初九日，王朴率军攻西石，被清兵击败，将士气沮。次日再战，清兵受挫，不敢复出，向沈阳请援。

皇太极得知松山之战不利，十分着急，以致忧愤吐血，于八月十五日带病亲率三千精骑，日夜兼程，十九日抵达松山，陈师于松山、杏山之间，截断明军的联系。

洪承畴得知皇太极扬言围困松山，以为是诈，略不为意，按兵不动。但总兵官曹变蛟见清兵列营，却颇为畏惧，处于两难境地：欲战则力不支，欲守则饷道已绝，唯一的出路就是突围。二十日，曹变蛟等八大将挥师进击清兵失利，清兵乘胜追至塔山，获其笔架山积粟而还。遂掘壕三道，每壕深八尺，宽一丈有余，人马不得过，阻断松山、杏山之间的通道，使明援军前与锦州后与宁远失去联系和粮饷的运输，孤立于深壕之中。当天夜间，曹变蛟撤其七营兵马移至松山附近扎营。二十一日，洪承畴见清兵掘壕围困，便激励将士："我兵既出，亦利速战，解围在此一举。"可是诸将因粮饷困乏，打算先撤回宁远。傍晚时分，张若麒给洪承畴写信说："松山之粮不足三日之食，清兵不但围困锦州，又复围困松山，各帅既有回宁远支粮之意，亦在情理之中，当予应允。"于是诸将各怀心态，议论不一，有的说明日出兵进击，有的说今日即可出战，有的说先回宁远，以图再举。洪承畴力排众议，立即传令王朴、白广恩、唐通等三镇兵马为左路，吴三桂、马科、李辅明等三镇兵马为右路，决战突围。而总兵王朴心存恐惧，先率兵逃遁，其他将帅纷纷仿效，逃遁犹恐不及，骑兵、步兵自相践踏，不战自乱，丢弃的弓箭盔甲不计其数。逃遁的明军望见火光，即以为是清兵，便急忙返回，又遇伏兵堵截斩杀，死伤累累。总兵曹变蛟、王廷臣突入松山，辽东巡抚丘民仰誓与洪承畴同守。洪承畴面临如此险恶形势，决定留三分之一的兵马守松山城，三分之二的兵马突围冲阵。至尖山石灰窑，与清兵相遇，奋力激战，清兵暂退，不久又合兵来战，致使明军不得再入松山城，只能移屯海岸，仅二百余人逃脱，其余明兵尽淹没于海潮之中。白广恩奔回松山，张若麒、马绍愉得一渔船，与诸监军逃回宁远。反奏报朝廷说洪承畴失计，借以自免。洪承畴困于松山，令白广恩同都司雷起鳌东走小凌河，袭击建州老营，走国王碑，历锦昌、大胜间，自清兵后进小红罗山，请兵解围。二十三日，李辅明四处奔逃终入宁远城；二十六日，吴三桂、王朴率残兵败卒自杏山向宁远退去，行至高桥，遇清兵阻击，死伤惨重，吴三桂、王朴仅以身免，奔入宁远。至此，锦州、松山被围，应援俱绝。皇太极及时移兵逼围松山，等待城中弹尽粮绝，不战自乱。

锦州之围未解，总督洪承畴与总兵曹变蛟、王廷臣，巡抚丘民仰，以及残兵败卒被围困在松山城中。崇祯皇帝朱由检为之震惊而忧虑。询问兵部尚书陈新甲，陈新甲一改规劝皇帝速战的急切心态，一心只想逃避罪责，很难提出救解锦州、松山之围的良谋善策。而朱由检只想如何保住锦州和松山，尤其是尚在重围中的总督洪承畴。在不真正了解锦州、松山危急的情况下，朱由检于九月初二日下达圣谕，命令洪承畴竭力固守；巡抚丘民仰伺机出战，冲出重围，急返宁远，保存七城。前者以守为战，后者以战为守。并命杨绳武为兵部右侍郎兼右佥都御史，总督关蓟辽津通等处军务，以暂时代理身处重围的洪承畴。如此脱离战争实际的圣谕和任命，必然会变成一纸空文，很难使将帅付诸实践。何况松山惨败之后，损兵折将，丢盔卸甲，致使兵不用命，将无战心。加上锦州、松山、杏山置于清兵的重重围困之中，粮饷困乏，总督洪承畴插翅也不能离松山一步，丘民仰更难突围。而满朝文武，不以力行为尽职，而以题覆了事，敷衍塞责。救解松、锦急务，置若罔闻。朱由检见其圣谕未有反响，更无效果，便下旨严加斥责道："围城望救甚切，已有屡旨剿援，乃至今未发一兵，未通一信，抚镇道将，料理何事！"十月，再命叶廷桂为兵部右侍郎兼右佥都御史，巡抚辽东宁锦。可是，朱由检得到的却是兵部会议御奴之策，大端以息兵为言。气急败坏，无

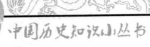

以复加。恰于此时，皇太极见天将转寒，且粮饷转运艰难，想撤围而去，又担心松山之捷变为泡影，便借议和为名，保住既得的胜利，以等待时机向明朝进攻。懵懂的明廷文武大臣和无可奈何的皇帝朱由检，以为就此可以缓和一些紧迫的时局，又想保住面子，就暗中与皇太极往来了。

转眼到了崇祯十五年（1642）正月，杨绳武去世，代理总督的是范志完，虽身任总督之职，但却胆怯不敢前往救援洪承畴，唯有副将焦埏领命赴援，刚出山海关立即被清兵斩杀，转送粮饷的道路又全部断绝。洪承畴等固守松山，粮饷一天天有减无增，到了非饿死则杀死的地步。连张若麒也说锦州、松山长久被围，度日如年。对我兵之一鼓解围，望眼欲穿的洪承畴盼望援兵，而未见一兵一卒。曾组织几次突围，均告失败，只得坚守，与松山城共存亡。直到二月间，松山副将夏成德暗中派其子赴清营为人质，约定时日，献出城池。清兵如期攻松山城，夏成德为内应，一举将松山城攻破。丘民仰、曹变蛟、王廷臣，兵备道张斗、姚恭、王之祯，副将江翥、姚勋、朱文德等被斩杀；张若麒从海上乘渔船逃回宁远；洪承畴被俘，清兵令其跪，洪承畴不屈，说："我是天朝大臣，岂能跪拜小邦王子！"后被械送沈阳。松山被毁如平地。坚守锦州的祖大寿，粮饷用尽，人吃人之事，亦相继发生，战守俱穷。又后得知松山已失，便向清兵将领投降，亦被送往沈阳。清兵既下松山、锦州，又乘胜攻下杏山、塔山。明朝的关外八镇，被清兵夺取其半，宁锦防线变得七零八落，失去原有的防御和抗击能力。

最具有戏剧性的是，洪承畴本已降清，可是身居宫禁的崇祯皇帝朱由检，根本听不到来自松山真实情况的报告，反以为洪承畴战殁疆场，予以悼念，且赐祭十六，在都城外建祠，亲自祭奠。直到后来得知洪承畴未死而降清，才予停止。这应该说是对自诩勤于政事、励精图治的崇祯皇帝朱由检极大的讽刺。

松山之败，连及锦州随之失陷，其中有总督洪承畴的自信而导致指挥失误的原因在。而对于有至高无上权力的崇祯皇帝朱由检说来，他既无用兵之才，又要屡发圣旨；不了解前线瞬息万变的军事情势，又自以为是地急此急彼，指东道西。历史地看，朱由检即皇帝位之后，皇太极一而再，再而三地率兵深入内地侵扰，并未引起足够的重视并从中看出皇太极的真实用心，即或有所警惕，也被皇太极忽进忽退、忽战忽和的行动而冲淡。此次皇太极经过充分准备的围攻锦州，且以义州为据点。而义州的军事战略地位的重要，巡抚方一藻早就上书论及，可是朱由检置之不理，兵部大臣亦不规谏。待皇太极集兵储粮，跃跃欲试而围困锦州之时，身为总督的洪承畴亲临松山一带，实地考察，提出持久之策，朱由检予以肯定；兵部尚书陈新甲反复进言，请求速战速决，加上张若麒的鼓动，朱由检亦改变以持久之策以致敌的态度，予以赞同，还事先令洪承畴限期出战。如此朝令夕改，出尔反尔的做法，再次暴露了朱由检的素质缺陷，而导致松山、锦州的惨败。从这个意义上说，朱由检难辞其咎。正如谈迁所说："九塞之精锐，中国之粮刍，尽付一掷，竟莫能续御，而宗社以墟矣！"（《国榷》卷97）朱由检与皇太极的多次较量，此消彼长，明朝日益衰败，大清日益强大，朱由检只得无可奈何地借助议和以残喘时日。

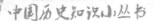

四 明清议和与陈新甲丧命

古往今来，在两军对垒的过程中，无不以和谈为手段，借以赢得时间，加强战备，等待机会，给对方以沉重打击，取得战争的最后胜利。然而，议和时机的选择，颇有学问，关键在于双方实力的对比与相互怀有相同的愿望。否则，就有被逼求和之嫌，以致留下城下之盟的耻辱。

崇祯皇帝朱由检与后金（清）皇太极的对抗较量中，初有崇祯二年（1629）正月至十月间以袁崇焕为代表与皇太极的议和，得到宝贵的时间，修筑城池，整饬兵备，加强宁锦防线，使皇太极不敢由宁锦进逼，只得绕道蒙古入边侵扰。另外，还有崇祯五年（1632）正月皇太极与明宣府巡抚沈棨的议和；十一年（1638）兵部尚书杨嗣昌和辽东巡抚方一藻与皇太极的议和，等等。如果说，袁崇焕以议和为手段，达到了加强战备并给对方以威胁的目的的话，那么，沈棨、杨嗣昌、方一藻的议和，无论是时机的选择和实际效果，远不能与袁崇焕相比，而陷于被动。之所以如此被动的议和还能得到对方的响应，只不过是因为皇太极在入侵之后无心也无力保守攻陷的城池，而采取的应付手段罢了。不同时机，由不同的将帅提出的议和，明显地反映出双方力量对比在微妙地发生着变化。这一变化，当以袁崇焕被冤杀为标志，不仅失去了议和的有利时机，而且失去了对皇太极的威慑力。

皇太极指挥清兵重重围困锦州、松山，希图明军内乱而收兵不血刃之效。可是，时近天寒，围困锦州、松山的清兵的粮饷难以为继，导致唾手可得的战果化为乌有；准备撤围，又担心明兵从后追击。于是，在崇祯十四年（1641）十一月，派遣降丁入关与明朝议和。兵部尚书陈新甲听信张若麒之言，口头许诺。

崇祯皇帝朱由检最忌讳群臣百官建言议和，他周围的文武大臣亦囿于宋金和议的耻辱，绝口不谈议和之事，即使为了某种需要默许议和，而事后便诿过于人，以保持自己的尊严和所谓的气节。一些官员提出攘外必先安内，避免陷入两线作战与腹背受敌的困境，意为以议和安抚皇太极，集中兵力剿灭农民军解除内忧。这本是富有远见卓识之议，但遭到朱由检的断然拒绝，严旨切责，下令敢谈和者斩！朝中文武噤若寒蝉。

崇祯十五年（1642）正月，军事形势更加危重。兵部尚书陈新甲认为南北交困，只有议和才能暂时摆脱面临的困境。所以，当听到张若麒奏报皇太极有议和之意时，就以为可行。此时又辗转得知宁前道副使石凤台探知皇太极的议和意向，试探清兵守将，回答是肯定的。陈新甲便暗示石凤台将此事面奏皇上，崇祯皇帝勃然大怒，以私遣辱国之罪下令将其逮捕，投入刑部监狱。尽管如此，陈新甲唯一的出路，仍是遣使议和，并将此意私下告知傅宗龙。傅宗龙出都前夕，再告大学士谢升。谢升便对同僚说："我年迈力竭，难有作为了。至于与皇太极议和，集中力量剿灭农民军，是现在唯一可行之策。"同僚均表赞同。于是嘱咐陈新甲在适当的时候将此意含蓄地转达皇上。当陈新甲依约而行时，崇祯皇帝朱由检的态度似有转还，一改怒容，担心地问道："锦州被围约有半载，音讯全无，有什么办法能与其议和？"或许他也感到，事已至此，不议和难以缓解时艰，令陈新甲根据实际情况，便宜行事。接着，又询问阁臣，周延儒等闭口不言，唯有谢升回答道："如果皇太极愿意议和，不失一种摆脱时艰的办法。"至此，朱由检才对议和一事下定了决心，表明了态度，令陈新甲秘密进行。陈新甲遂推荐主事马绍愉，加职方郎中衔，赐二品服，充任使者，前往议和。朱由检虽同意议和，但仍十分保密，外廷臣僚均不知晓。

兵部职方郎中马绍愉奉命，便于同年正月初七日带领参将李御兰、周维墉驰往宁远，先与清将取得联系。当清将请敕为信时，马绍愉急忙请命于朝，兵部奏报皇上。朱由检为保全其天朝大国皇帝的尊严，手诏往返数十次，皆告诫保守秘密，不要泄露。直到三月中旬，朱由检才以"谕兵部陈新甲"一道敕谕代之。敕谕称："据卿部奏：辽沈有息兵休民之意，中朝未轻信者，亦因以前督抚各官未曾从实奏明。今卿部累次代陈，力保其出于真心。我国家开诚怀远，似亦不难听从，以仰体上天好生之仁，以复还我祖宗恩义联络之旧，今特与卿便宜行事，差官宣布，取有的确信音回奏。"

朱由检的敕书，是给兵部尚书陈新甲，而不直接与皇太极的大清通话，无非是玩弄卑视大清伎俩。对朱由检的心态，皇太极一眼识破，并对敕书中的傲慢言辞甚表愤怒，明确指出朱由检"执滞不通。自以天之子，鄙视他人，口出大言，不愿和好。"而大清本无意起兵，全系明廷逼迫所致，相信"有德者受命，无德者废弃"之理，愿意修好。皇太极以长篇敕谕交付诸王，令其传示明朝来使。马绍愉接到敕谕，即回京奏呈。（《清太宗实录》卷59）

朱由检得到马绍愉的奏报，寻思如何回答，是仍像以前那样，居高临下，抑或稍示谦恭，承认大清？颇费神思。然而，锦州、松山已陷，杏山、塔山危在旦夕，这一严酷的现实，又使朱由检不能对皇太极的敕书置之不理，只好决定继续遣使前往议和。四月中，马绍愉及兵部司务朱济之奉命起程，率领参将周维墉、鲁宗孔，以及僧人性容，游击王应宗，都司朱龙，守备乔国栋、张祚、赵荣祖、李国登、王有功、黄有才等九人，从役九十九人，于月末抵达宁远，即与清将联络。五月初一日，围守杏山、塔山的清将济尔哈朗、多尔衮派官奏报皇太极。皇太极立即派詹霸、叶成格、石图等前往晓谕迎接。初三日至塔山，初七日至清境，十四日至沈阳，皇太极命大臣到二十里外设宴。礼仪结束，马绍愉一行住于驿馆，并呈上朱由检的敕谕。这一敕谕仍是以给陈新甲为名，与上次敕谕无本质上的不同。

皇太极看到朱由检空洞无物的敕谕，心中的不快，不言自明。加上张存仁等上书恳请皇太极以战无不胜，攻无不克之师，成一统基业。具体分析明朝日益衰败之势提出了首广其地，次广其财的建议。皇太极对此当然心中有数，尤其是松山、锦州一战的胜利，再取杏山、塔山，明廷的关外防线已被摧毁，乘此进兵，胜算在握，当无问题。然而，皇太极的成熟与稳健，使他思考问题比群臣更深一层，比朱由检高出一等。他明白地知道明廷的危机，也知道清将清兵在取得胜利后的士气极为饱满。尽管有此有利条件，但仍不能采纳文武百官的意见。这是因为，内部目前的稳定，是由于有明朝这一大敌才形成的；若一旦失去这一大敌，内部的稳定将随之瓦解。只有在取得一些胜利之时，加强内部的整顿以及周边势力的驯服，才有力量去进击，才会取得更大的胜利。因此，皇太极将朱由检的倨傲置之脑后，仍然利用议和之机，来达到自己的目的，使自己处于更加有利的地位。出于这种考虑，令礼官热情接待来使，并给予十分优厚的赏赐。最后，在马绍愉临走时，再命大臣送至十五里之外，并将他写给朱由检的长信，交马绍愉转呈。

皇太极给朱由检的长信，在追溯了后金（清）与明朝开战的历史渊源与演变，归咎于朝廷之后，又谈及清兵胜势，仍愿议和通好，就此提出了具体条件："迩来我军每入尔境内外，辄克城陷阵，乘胜长驱，若图进取，亦复何难。然予仍愿和好者，特为亿兆生灵计耳。盖嗜杀者殃，好生者祥。应感之理，昭然不爽。若两国各能审度祸福，矜全亿兆，而诚心和好，则自前以后，宿怨尽释，彼此不必复言矣。至我两国尊卑之分，又何必较哉！古云'情通则明，情蔽则暗'。若尔国使来，予令面见；予国使往，尔亦令面见。如此则情不壅蔽，而和事可久。若自视尊大，俾使臣不得面见，情词无由通达，则和事终败，徒贻国家之忧矣。夫岂拒绝使臣进见，遂足以示尊耶。至两国有吉凶大事，则当遣使交相庆吊。每岁贤国馈兼金万两，白金百万；我国馈人参千斤，貂皮千张。若我国满洲、蒙古、汉人及朝鲜人等，有逃叛至贵国者，当遣还我国；贵国人有逃叛至我国者，亦遣还贵国。以宁

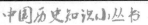
远双树堡中间土岭为贵国界，以塔山为我国界，以连山为适中之地，两国俱于此互市。自宁远双树堡土岭界北，至宁远北台，直抵山海关长城一带，若我国人有越入，及贵国人有越出者，俱加稽察，按律处分。或两国人有乘船捕鱼海中往来者，尔国自宁远双树堡土岭，沿海至黄城岛以西为界，我国于黄城岛以东为界。若两国有越境枉行者，亦俱察出处死。倘愿如书中所言，以成和好，则我两人，或亲誓天地，或各遣大臣代誓。尔速遣使赍和书及誓书以来，予亦遣使赍和书及誓书以往。若不愿和好，再勿遣使致书。其亿兆残废之孽，于予无与矣。"（《清太宗实录》卷61）最后通牒："约九月不至则治兵。"（《国榷》卷98）

在马绍愉一行未从沈阳返回之前，明朝廷内外就为议和一事议论纷纷，起因是大学士谢升的一席话。一天，言官在朝房谒见谢升，谈及议和之事，谢升对给事中方士亮、倪仁祯等人说："议和之事，诸君不必多言，皇上在奉天殿祈签，主意已定。"方士亮等听得此言，十分惊愕，退出朝房之后，首先上书，弹劾谢升"诈谤君父，泄露禁中机密"。倪仁祯与同官廖国遴等继之而起，指斥谢升"言行偏颇，无人臣之礼"。先后弹劾谢升的奏疏达数十封。朱由检异常愤怒，只得将谢升削籍了事。议和风波，因无实指而渐趋平息。不料，马绍愉返回京师，将议和文件呈送兵部尚书陈新甲，陈新甲看过之后随手放在几案之上，就急忙入朝视事。而家僮误以为塘报，即令抄传。群臣百官得此密件，为之哗然，言官纷纷上书弹劾陈新甲，朱由检极为恼火。本来，此事十分机密，且三令五申不得外泄，以便事成则分其功，事败则委之司马。可现在议论纷纷，实出意料之外。起初，朱由检将言官的奏疏压下不发，希望不了了之。但是过了一段时间，见舆论鼎沸，难以平息，才降严旨切责，令陈新甲自陈其过。而陈新甲觉得此事自始至终都是在皇帝指示下进行的，自己并没有在其中增添什么其他的内容。便有恃无恐，不但不承认有什么过失，反而表白自己的功劳。为了名誉、威严孜孜以求，且忧心如焚的朱由检，更加怒不可遏。究竟如何处置陈新甲，朱由检心中仍无稳妥之策，便再三询问阁臣周延儒。几上几下的周延儒深于世故，面对陈新甲遭言官弹劾，尤其是与此事紧紧联系在一起的皇上又喜怒无常，欲脱干系，因此对皇上的询问始终保持沉默，闭口不答。气得朱由检愤然而起，拂袖而去。此时，言官再次指斥陈新甲，并说"堂堂天朝，何至与东虏议和"！在舆论面前，朱由检便于七月二十九日，下令将陈新甲逮捕入狱。陈新甲入狱之初，仍心怀侥幸，以为仅仅是崇祯皇帝为掩人耳目，遮饰己过的权宜之计，便上书请求赦免，却遭到皇帝的断然拒绝。这时，陈新甲才恍然大悟，知道自己将充当替罪羊的角色，赶紧设法向朝廷内外官员行贿。给事中廖国遴、杨枝起到刑部侍郎徐石麒处说情营救，被徐石麒拒绝。起初闭口不言的周延儒，在其收受贿赂之后，也与阁臣陈演一起，竭力营救陈新甲，对皇帝说："按照《大明律》的规定，只要敌方不兵临城下，是不能诛杀兵部尚书的。"朱由检说："毁坏东北边塞防线暂且不谈，他作为兵部尚书，致使清兵入扰，我大明七位藩王受辱，难道不比兵临城下更为严重吗！"周延儒等无言以对。徐石麒说："春秋之义，人臣无境外之交。作为兵部尚书的陈新甲，擅自与大清议和，不予奏请即频繁派遣使者，用张若麒以掣任事之肘，嗾石凤台以露挟疑之端。犯有和款辱国之罪。"朱由检见此说正合其心，即令覆奏，徐石麒及时奉命而行。九月二十二日，陈新甲的赦免之梦还未醒时，便被杀于西市。

如果说崇祯皇帝肯于担当，此事不难处置，即以其皇帝的威严，申述议和之由，风波定能平息。然而，既刚愎自用，又当断不断的朱由检，只考虑自己的面子，在关键时刻，诿过于人，出尔反尔的性格缺陷，得到了充分的暴露。结果，议和不成，徒失二位大臣。

由于明廷有此变故，对皇太极的议和条件，自然不予答复。直到十月十四日，皇太极命多罗饶余贝勒阿巴泰为奉命大将军，率清兵讨伐明朝，深入内地，历时七个月，计攻克三府、十八州、六十七县，共八十八城。俘获人口三十六万九千人、牲畜三十二万一千余头、黄金一万二千二百五十两、白银二百二十万五千二百七十余两、珍珠四千四百四十两、彩缎五万二千二百三十匹。明朝损失尤为惨重。

清兵入扰虽告一段落，而内地的农民起义军，声势浩大，向京师进发，朱由检及其大明王朝处在风雨飘摇之中，岌岌可危。但朱由检不忘皇太极的咄咄逼人之势，派吴三桂以总兵官驻守宁远，企图维持已经残破不全的辽东防线。一心想实现父皇努尔哈赤的夙愿，入主中原的皇太极，于崇祯十六年（1643）八月初九日晚突然死在清宁宫，留下了终生的遗憾。随之而来的是激烈的皇位争夺。结果，皇太极的年仅六岁的第九子福临即皇帝位，改元顺治。由皇叔多尔衮、济尔哈朗辅政，而多尔衮握有实权。

多尔衮坚定不移地遵照皇太极进取中原的战略，其首要目标，是驻守在宁远的吴三桂，武力进攻与游说劝降双管齐下，软硬兼施，吴三桂兵来将挡，拒绝劝降，继续尽忠报国，坚守宁远至山海关的防线。而当农民起义军逼近北京，明廷内部矛盾爆发，为是否调吴三桂入关而发生争论。朱由检念其有功，封平西伯，征调入关镇压农民起义。吴三桂对此次征调十分犹豫，不奉命不行，奉命又有不测，于是逡巡不前，当率兵至丰润时，北京已经被李自成率领农民起义军占据，便毅然率军返回山海关。李自成占据北京，形势十分严峻，既要稳定和巩固内部，又要防御清兵乘机入关。因此，同样将目光注意到拥有相当兵力而驻扎山海关的吴三桂，希望其站到农民起义军一边。于是清兵将帅与李自成都在千方百计地争取吴三桂，而吴三桂也为自己、为家人着想，一时拿不定主意，徘徊不定。犹如坐在屋脊之上，可以向东，也可以向西，关键是促使他向东或向西的决定因素为何物了。

【第五章】

农民军北上：李自成入京与朱由检自缢

风云突变，动乱骤起，大明王朝的边陲与腹心地带在摇荡。官贪吏虐，民众困苦，广大农民积聚的仇恨化为武装斗争的火焰，且有熊熊燃烧之势。自天启七年（1627）陕西澄县农民王二等人首举义旗以来，陕西很快成了起义的中心。直至王嘉胤、王逢用、高迎祥、张献忠、李自成等纷起冲杀之时，农民军便成为崇祯皇帝朱由检挣不脱的一条锁链。正是这条锁链最终将他逼上了煤山（今北京景山），使大明王朝随着他的自缢为时代的激流所冲没。

一　剿与抚的左右摇摆

崇祯皇帝朱由检即位之初，主要精力放在内政改革和辽东事务上。对于陕西境内大股小股的农民起义军并不十分在意。但这些主要由叛兵、乱民、饥民、难民组成的队伍一方面已不同于单纯的乌合之众，另一方面其本身也是社会矛盾激化的反映和产物，"饥寒势极，法无所施"。陕西巡抚胡廷宴、延绥巡抚岳和声面对兵民相煽而动的情势也是束手无策。同时，行事推诿，又互相抵牾，更给农民起义军的发展壮大以时机。确实，此时谁也不会去追究变乱纷起的真正原因，谁也未曾料到这些起义队伍会酿成一场全国性的农民大反抗。对此，崇祯皇帝并没有体现出他自诩的英明风度。当刑科给事中刘懋请补给陕西边地两年军饷、发内帑十万前往延绥赈济边兵以安定军心之时，崇祯皇帝没有答应。刘懋见请饷不成，又请裁撤陕西驿站，声称每年可得银数十万两，以供兵饷，崇祯皇帝则欣然应允。裁驿卒之事为农民起义的火焰又添了一把干柴，熊熊燃烧。如何才能扑灭农民起义军来势颇猛的熊熊烈火，朱由检在文武臣僚的争论声中，没有听到一致的意见，只能是头疼医头，脚疼医脚，在抚与剿中左右摇摆。

杨鹤主抚与失败

崇祯二年（1629），陕西频频告急，明廷终于不能无动于衷了。鉴于原巡抚的无能，崇祯皇帝令廷推总督全陕事务的大臣，左副都御史杨鹤担当此任。崇祯皇帝亲为召见，询问杨鹤此番前往，有何方略？杨鹤答说：以清自持，抚恤将卒而已。遂命杨鹤为兵部右侍郎总督陕西三边军务，同时罢免胡廷宴、岳和声的巡抚之职，以刘广生为陕西巡抚，张梦鲸为延绥巡抚，协助杨鹤平定陕西全境的祸乱。在此，崇祯皇帝显然是赞赏以"抚"而定陕西之乱的。因为这样不仅让人感到皇恩浩荡，天子爱民之心，而且也符合他初政以辽事为重心的设想。

素自清望而不知兵的杨鹤莅任，农民起义军咄咄逼人的气势多少扰乱了他的既定策略。王嘉胤部以府谷、河曲为据点，分兵转战各地，西南攻至延安、庆阳。至崇祯四年（1631）攻入山西达阳城，队伍随即扩展到三万余人，有将领一百多人，并设置左丞、右丞等官职，属下有自号闯王的高迎祥，而高迎祥部又有自号"闯将"的李自成及八大王（又称"黄虎"）张献忠等一批悍将。

崇祯元年（1628）即已举事的王左挂，次年宁塞一带率边兵起义的神一元、神一魁，也是势力较大的两支队伍。它如汉南王大梁，阶州周大旺，宜川飞山虎、大红狼、苗美，洛川王虎、黑煞神，延川王和尚、混天王，庆阳韩朝宰，白水王子顺，等等，举兵起义，从四面八方冲击着明朝的统治。崇祯三年（1630），王左挂、苗美率部分列五营，南下围攻韩城，克前绛镇。明军无主帅，杨鹤急命参政洪承畴领兵防御，杀义军三百余，围遂解。此事对杨鹤震动很大，他感到如果没有重兵据守各要害为后盾，仅以"抚"是难

以服众的。于是，他接连几次上疏，请崇祯帝准许入卫京师的延绥、宁夏、甘肃、固原、临洮五镇兵马还镇，未见结果。只好请起用前总兵杜文焕，督延绥、固原官兵三千便宜抚剿，朱由检表示同意。

杜文焕曾专镇宁夏，以凶悍敢战闻名，对待农民军决不手软。在剿抚问题上与杨鹤存在着分歧。杨鹤基本上是主张以"抚"为主，兼之以剿，认为仅是剿不能解决问题，还得兼之以安抚。而杜文焕则认为必须以剿才能安定边境，平息起义，尤其是对于以边兵为主力的神一元部更不主招抚。杨鹤的考虑还在于不愿因剿而将事态扩大，激起民众更大规模的反抗。正由于这种考虑，在王嘉胤攻掠延安、庆阳时，杨鹤隐匿不报，相继招抚了王左挂及其部众王虎、小红狼、一丈青、掠地虎、混江龙、苗登戛、王子顺、姬三儿等，给予免死牒，安置于河曲、延绥。但其仍然像过去一样，烧杀抢掠，并没有按照杨鹤预想的方向发展。此时此刻，杜文焕则加紧攻势，以提督身份率领山西、陕西、临洮、宁夏四镇兵围攻河曲王嘉胤部，企图一举歼灭，恰逢起义军神一元部攻陷宁塞，杀明参将陈三槐和杜文焕一家多口，杜文焕遂引兵往宁塞，河曲之战，明军败绩。

作为勤于政事的崇祯皇帝，对于这种"抚"议不会没有所闻。他对于陕西、山西农民起义的发展壮大及其冲锋陷阵、攻城掠县的活动已经引起重视，正在寻找解决这一棘手问题的最佳对策。崇祯四年（1631）正月，崇祯帝于文华殿召对内阁、九卿、科道及入觐两司官，特意面召山西按察使杜乔林和陕西参政刘嘉遇，询问农民起义军的情况。于是，决定了他对农民军的态度：在剿之外，还应当进行招抚。之所以如此，一是因兵寡饷乏，不得已而行"抚"；二是如果"抚"也能平定动乱，较之"剿"来，效果更佳。正是在这种思想指导下，才有了御史吴甡领帑金十万两往陕西"赈济"之举，也才有了杨鹤大搞"招抚"的一幕。

起义军神一元在保安与张应昌、左光先率领的官军作战中阵亡后，一元之弟一魁继为首领，率部数万攻宁夏，败明指挥使王英；攻合州，趋庆阳，势如破竹，锐不可当。杨鹤深恐庆阳失落而致罪，忙向神一魁施"招抚"之计，得到皇帝赞赏。杨鹤几经努力，终于劝降了神一魁。神一魁被赦免罪名，授守备职衔，与其部众四千人安置在宁塞，原部六七千名士卒解甲归田。

招降神一魁的成功，不仅解了庆阳之围，而且使明军在陕西处于有利的军事地位。在杨鹤进行招抚的同时，明将洪承畴、曹文诏、艾万年等对各股农民军分割聚围。又以重兵攻王嘉胤部，先败之于河曲，继败之于阳城，王嘉胤牺牲。一时间，诸如独头虎、一字王、豹一、金翅鹏、过天星、满天星、金龙、强虎、钻天鹞、云交月，以及不沾泥等大大小小的起义军首领纷纷接受招抚。杨鹤喜形于色，在向明廷报功说：转乱为治了。

然而，杨鹤实在是高兴得太早了点。仅过了二十余天，神一魁在其部众的挟持下，又重操旧业，起而反叛。此外，王嘉胤败亡后，其部并未逃散，众推王自用（紫金梁）为领袖。另山西三十六营，有闯王高迎祥、老回回（马守应）、曹操（罗汝才）、八大王（张献忠）、过天星（惠登相）、扫地王、整齐王、闯将（李自成）、蝎子块（拓养坤）、邢红狼、闯塌天（刘国能）、射塌天（李万庆）、阎正虎、一字王、破军锥、乱世王、混世王等重要将领，拥众二十万。面对这一形势，焦头烂额的杨鹤只好回朝廷呈上贼平无日的奏报。但他的自责自贱并没有换来朱由检的原谅。朱由检震怒了，因为杨鹤描绘的招抚迎来了天下太平的美景已化为泡影，留给他的只有对农民军和杨鹤的仇恨。对农民军，他鞭长莫及，奈何不得；而对杨鹤，以主抚误国之罪，革职逮问。可是不知朱由检心里的杨鹤，还一再陈述自己奉命招抚，而且剿抚并用，有功无罪。岂不知事到此时，越辩解，越刺激朱由检的恼怒。至次年竟将杨鹤谪戍袁州卫，成为崇祯皇帝朱由检处理农民起义问题的首例牺牲品。

洪承畴、曹文诏主战与破产

杨鹤的遣戍也是崇祯皇帝对待农民起义由"抚"转"剿"的一个标志。谁来承担"剿"的重任？一是洪承畴，二是曹文诏。

洪承畴不是一位等闲之辈，从陕西起家，对于陕西的军民困苦情况十分熟悉，且颇具谋略，善战善守。在杨鹤主持陕西三边军务期间，他就以敢斗能战著称。现在，由巡抚骤升总督，权印在握，便立即加快了对农民起义军的攻势。洪承畴命总兵张应昌攻宁塞，总兵王承恩攻安塞，连战皆捷。崇祯五年（1632）春，洪承畴留饷二十万，遣甘肃总兵杨嘉谟、东援返回陕西的固原总兵杨麒、临洮总兵曹文诏、延绥总兵王承恩、宁夏总兵贺虎臣和安边营副将张应昌等各率镇兵大举进剿农民军。起义军在宁塞败后，退守东西川、铁角城、芦堡镇等处，杨嘉谟、贺虎臣统兵强攻坚守铁角城的数万起义军，遇挫而回。起义军乘势攻庆阳。洪承畴急忙从鄜州至庆阳，曹文诏率临洮新兵二千到来，宁夏贺虎臣的新兵也同时赶到，在西陕会合，洪承畴令其出兵，在西壕夹击农民军，双方展开了一场激战，交锋十余次，官军大胜，并追击数十里，起义军红军友也为曹文诏设反间计被其党杀害。宁塞起义军，死伤不计其数。此役称西壕之捷，为几年来用兵西北的第一大捷。不久，洪承畴设伏擒斩不沾泥，曹文诏于环庆击败可天飞和李都司，又败郝临庵于耀州。陕西境内的农民起义军在官军的四面围堵下被基本上镇压下去了。

陕西战事渐息，山西战火又起。起义军王自用率三十六营避开陕甘明军主力，进入山西，在晋东南开辟战场。起义军分三路作战，东路据泽州、潞安，西路攻平阳，中路攻汾州、太原一线。山西巡抚鼎臣、宣大总督张宗衡穷于应付。

崇祯皇帝朱由检得知起义军从山西入冀南、豫北进行流动作战，危及明廷心脏地区时，即采取了诸如选精兵、遣太监几个重要步骤，以期按规定时间平定农民军。曹文诏在陕西镇压起义军的一系列战役中屡立战功，时下流传一民谣："军中有一曹，西贼闻之心胆摇。"鉴于进入山西的起义军紫金梁（王自用）、混世王、姬关锁、八大王、曹操、闯塌天、兴加哈利等七大部多来自秦中，由曹文诏来节制山、陕人马，是合适人选。

在崇祯六年（1633）的头六七个月里，曹文诏、左良玉二部与农民军多次展开激战。三月，曹文诏率官军在泽州击败起义军过天星，左良玉率官军在畿南擒获起义军首领上山虎。四月，王自用在济源战死，起义军失去领袖，各部陷于分散作战，数十万人东向攻入真定、沙河、大名、顺德等府县，曹文诏、左良玉乘机加紧围剿。五月，曹文诏在沁水、辽城连败起义军。起义军看到曹文诏兵锋锐利，便有意躲避，趋豫北合营，高迎祥、李自成、张献忠、曹操、老回回等纷纷赶到，并于林县大败率领川兵和石柱土司兵赴豫北战场进剿的邓纪军，土司马凤仪战死。朱由检得知此情，立即命令曹文诏移师前往征讨。七月，曹文诏率五营兵乘夜突袭得手，斩杀起义军首领滚地龙，在济源又败起义军，斩杀老回回。明军虽屡有捷报，但处处围堵，处处设防，使起义军以灵活的战略战术，连连取得胜利。明潞王朱常淓惶惶不安，上疏急告朝廷，请求朝廷尽快歼灭农民军，千万不可轻视。崇祯皇帝朱由检得到奏报，见中州流寇蔓延，特遣京营总兵倪宠、王朴率部卒六千、马五千，星夜兼程，驰赴河南，夹击农民起义军，并命太监杨进朝、卢九德监军。明京营兵与汤九洲、左良玉部在豫北修武很快形成合击之势，迅速在林县、涉县、武安等地连败农民起义军，击杀起义军头目飞天圣、混海龙、插翅虎、黄莺子等。农民起义军在豫北、冀南的频频失利，并有被围歼之险。十月，气候渐寒，起义军饥困乏食，想向南突围，便重赂王朴诈降，监军杨进朝信而不疑，入奏朝廷。高迎祥率张献忠、罗汝才、马守应、惠登相、刘国能等各部起义军十余万人，乘天寒黄河结冰的良好时机，策马涉河。十一月，起义军在明军毫无防备的情况下渡过了黄河，且接连攻陷渑池、伊阳、卢氏三县。越过崎岖山路，经内乡，直至郧阳，并分兵出击：张

献忠率起义军攻信阳、邓州，经应山直至商洛；马守应等部攻南阳、汝宁，入枣阳、当阳，破夔州，进入四州。起义军流动作战，连战连捷，各路起义军经过的官府，无力围堵，仅仅纷纷告警而已。起义军突破黄河，南入河南、湖广、山西、陕西、四川交界地带的成功，宣告了崇祯皇帝朱由检三月剿灭农民军的计划，彻底破产。

二 农民军的发展与明朝廷的烦恼

崇祯六年（1633）末，闯王高迎祥经崎岖山路，进抵郧阳，扮作香客，一举占领了郧西。房县也被起义军黑蝎子部攻破。明郧阳巡抚蒋允仪苦于手中无兵，难以抵挡起义军的猛烈进攻，便主动上书朝廷，请求一死，崇祯皇帝严旨逮问。起义军攻占郧阳府所属州县，迅速扩大战果，于湖广北部、四川陕西等地多路出击。鉴于战事规模的增大，其势将向陕西、山西、湖广、河南逐步发展，起义军所到之处的地方官员和军事力量，都无法阻遏。对此，明廷大臣议论纷纷。普遍认为，要围剿农民起义军，就必须统一事权，避免互相观望、推诿。于是建议选将开府，统摄诸道兵马，围剿农民军。只知依靠皇帝的权威行事的朱由检，在没有更好的谋略的情况下，批准了这一建议，于崇祯七年（1634）正月，以特例升迁延绥巡抚陈奇瑜为兵部右侍郎，总督陕西、山西、河南、湖广、四川诸省军务，赋予了陈奇瑜以极大的权力，也表现了朱由检对日益壮大的农民起义军前所未有的重视。

陈奇瑜功亏一篑

陈奇瑜以进士授官知县，历任礼科、户科给事中，出任陕西副使，右参政分守南阳，再任陕西左右布政使。因其政绩卓著，又懂得用兵，于崇祯五年迁右金都御史巡抚延绥，长期以剿灭农民起义军为己任，多有建树，名著关陕，获崇祯帝嘉奖。到现在履此重任，即率师进抵均州，紧锣密鼓地部署进剿事宜。他下令陕西巡抚练国事驻商洛，遏制起义军之西北；郧阳巡抚卢象升驻房县、竹溪，遏制起义军之西；河南巡抚玄默驻卢氏，遏制起义军东北；湖广巡抚唐晖驻南漳，遏制起义军东南。对起义军形成四面合围之势。陈奇瑜亲率兵马由竹溪至平利，在乌林关、乜家岭、蚋溪等战役中大败起义军。几次战斗的胜利，陈奇瑜煞是得意，急忙上疏表功：楚中屡获胜利，大盗几尽。而窜入山中者，亦以乡兵为向导，遍搜岩穴，楚中可逐渐安宁。崇祯皇帝得知，喜出望外，立即嘉奖犒劳。随后，陈奇瑜一路追击，起义军多退入陕西。他又檄令游击唐通在汉中保护藩王，遣参将贺人龙、刘迁、夏镐扼守略阳、沔县，防其西遁；副将杨正芳、余世任扼守襄城，防其北逃；自督副将杨化麟、柳国镇驻扎洋县，防其东奔。另外，命卢象升、练国事、玄默各守要害，防止农民军奔逃。如此布防，试图在陕南一口吃掉农民军。此时的陈奇瑜更是踌躇满志，宣称贼不日即可平定。得意之情，溢于言表。六月，高迎祥、李自成、张献忠等农民军主力被陈奇瑜重重围困于兴安县的车厢峡，陷入绝境。

车厢峡长四十里，四面绝壁。农民军一入峡口，即遭到地方武装的阻击，或垒石断路，从山顶投石飞击，或纵火烧林，使农民军损失惨重。时逢阴雨连绵，持续两月有余，人饥马乏，无以为继，死亡过半。在此起义军处境危急、走投无路之时，如果官军进击，可望全歼。怎奈李自成足智多谋，采纳顾君恩的诈降计策，用重金贿赂陈奇瑜左右，表示愿意归降。陈奇瑜不明底里，反以为李自成等是真投降，尤其是不动干戈，而收大功告成之利，如此美事，何乐而不为。他奏报朝廷，得到批准，同意受降。起义军每百人编为一队，共有三万六千余人。于是，起义军在安抚官护送下，整旅出栈，与奇瑜兵揖让酣饮，易马而乘，抵足而眠。无衣甲者皆给衣给甲，无弓矢者皆配备，数日不食者皆饱腹。李自成等一出栈道，脱离险境，就将五十余名安抚官一一杀掉，并会合他路起义军，连克麟游、永寿、灵台、崇信、白水、径州等地，霎时间集众至二十余万。此役也使李自成声名大显，其部遂成为农民军中最强劲的一支。这年冬季，起义军兵分三路，一路北向庆阳，一路南奔郧阳，一路东插河南，纵横于陕西、甘肃和河南三省。陈奇瑜的美梦变成泡影，满身骄气顷刻化为一阵战栗。崇祯帝闻知，也怒不可遏了。最初，当农民军出车厢峡复叛时，他还以为陈奇瑜可以将功补过，对于陈奇瑜上疏弹劾宝鸡知县李嘉彦、凤翔乡官孙鹏等拒纳就抚起义军和练国事杀降激变，阻挠抚局之事深表支持，下旨切责抚按异心，逮捕李嘉彦、练国事及士民五十余人，且升迁陕西左布政使李乔为巡抚代替练国事。不久，他在接到给事中顾国宝和陕西巡按御史傅永淳弹劾陈奇瑜主抚误事的奏疏之后，才发现陈奇瑜开门揖盗，剿抚两妨，贻误封疆，各方言论大有置陈奇瑜于死地而后快之势。崇祯皇帝朱由检认为应该惩处的是陈奇瑜，而不是李嘉彦，更不是练国事。然而，招抚是自己批准的，将何以交代？此事困扰得他拿不定主意。但为了平息臣僚的议论和愤怒，他顾不了这些，只好下达圣旨，削去陈奇瑜总督职。十二月，升任洪承畴为兵尚书，兼督山西、陕西、河南、四川、湖广诸省军务，统率各镇抚兵马镇压农民起义军。

凤阳之变

面对官军的围剿之势，崇祯八年（1635）正月，农民军十三家七十二营将领在荥阳召开紧急军事会议，商讨反围剿的作战方案。会上李自成慷慨陈词，主张分兵出击，配合作战，与官军战斗到底。得到了众将领的赞同。会议决定：以贺一龙、贺锦南御四川、湖广之敌；马进忠、横天王西挡陕西之敌；罗汝才、惠登相扼守黄河一线，防御开封、归德方面之敌；高迎祥、张献忠东向出击；而马守应、九条龙则为机动部队，策应各部。各部依计而行，其中高迎祥部所向披靡，十余天内连克固始、霍丘、寿州、颍州等数十州县，前锋直指明中都凤阳。

凤阳为明代"龙兴"之地，埋葬明太祖朱元璋父母的皇陵，就在这里，设有留守司以及班军、高墙军、操军和护陵新军六千余人。中都城池倾圮，几无防守可言，时任兵部尚书的张凤翼即请敕凤阳抚按加强防备。但凤阳巡抚杨一鹏、巡按吴振缨昏庸无能，守陵太监杨泽唯财是贪，皇陵卫指挥侯定国恣横暴虐，激起凤阳兵变，成为刀下鬼。城内商民忍无可忍，怒烧太监署，集众执香往颍州迎接农民起义军。起义军先秘密派遣三百壮士扮作商人、僧道、乞丐等入城。时正元夕，城内仕女如云，笙歌贯耳，一片升平气象。至此农民军里应外合，官军无一人抵御，高迎祥、张献忠部顺利占领凤阳。农民军对明王朝的仇恨像决堤的洪水，淹没了凤阳城。他们放火烧掉了皇陵和龙兴寺，杀死留守署正朱国相，歼灭官军四千余人。农民军高举"古元真龙皇帝"大旗，表现出誓把皇帝拉下马的英雄气概。

崇祯皇帝朱由检的祖坟被农民起义军焚毁的消息传到北京，朱由检悲愤不已，朝野为之震惊，无不以农民军为不共戴天之敌。朱由检素服避殿，亲自到太庙祭告祖宗之灵，命百官修省。总督漕运兼凤阳巡抚杨一鹏下狱论死，弃首西市，巡按御史吴振缨被遣戍。凤阳之变在崇祯皇帝的心中留下了难以熨平的创伤。他不得不静下心来，面对列祖列宗，反省自即位以来的种种举措，有没有违背天帝的意旨；不得不重新思考对待农民军的围剿部署，有没有失误之处，朝廷百官也在思考着，追究谁应该对凤阳之失负责。

正当朱由检与臣僚对付农民军寻找灵丹妙药而一筹莫展之时，高迎祥、李自成等于同年二月进入陕西境内，张献忠也由商州至秦川。分股作战，飘忽不定，令官军十分头痛。农民军已乘虚入潼关，可是，洪承畴则受朱由检六月灭贼的严旨在河南运筹帷幄，围追堵截。其效果不言自明。

崇祯八年（1635）八月，朱由检见六月灭贼的愿望落空，且形势日益恶劣，愁眉不展。便于同月二十一日，在平台召见阁臣及府部科道官，询问灭贼之事。崇祯皇帝脸上阴云密布，龙威之外，又平添了几分沉重与肃杀之气。诸臣个个小心翼翼进言答对，敷陈方略，但多为纸上谈兵，不切要害，更怕一言失慎，乌纱帽落地。只有阁臣文震孟侃侃而谈，一针见血地指出官兵之害，必须先行纠正。但在具体实施中，收效甚微。又是两个月过去了，朱由检不得不以"流贼"未平，陵寝震惊，特颁布圣谕，避正殿，减膳撤乐，从初三日开始移居武英殿，百官一律于公署，阁臣均宿于朝房，日夜当值。并下达"罪己诏"，独任其咎。

崇祯皇帝朱由检愧对列祖列宗的自责，以及尽快荡平农民起义军的告谕，应该说是由衷的、真诚的，似不应怀疑。然而，他和所有封建帝王一样，即就是在"罪己"的同时，也不忘对文臣武将的指责和诘难，从他历数的文武百官夸诈得人、实功罕见、诸臣失算的指责中，可以窥见朱由检的"责实在朕"的空洞词句下，已无多少实际内容了；再则，朱由检明知国帑匮绌，又臣言征调不已、闾阎凋敝、加派难停。真不知那些文臣儒士写下这类文字时，是否想到了罪己的真正意义？至于减膳、撤乐，充其量只不过是沽名钓誉的骗人手法罢了，对于解决所面临忧患，没有任何作用。

事实正是如此，当侍读倪元璐响应"省察往过"的圣谕，上书提出将《罪己诏》所言弊端，付诸实践，尤其是蠲免逋赋，减少苛捐杂税，以拯救穷困潦倒的百姓于水火时，朱由检只是认为他说得很对，而没有也无法将其变为事实。

中原战守

崇祯皇帝朱由检的《罪己诏》虽无实际内容，但其行动本身在当时的社会环境里，引起各将士的重视和警觉的作用还是有的，在此之前的调兵遣将，如湖广巡抚卢象升升任兵部右侍郎兼右佥都御史，总理直隶、河南、山东、四川、湖广五省军务，特赐尚方宝剑，得便宜行事。并且令洪承畴、卢象升合剿农民起义军，具体分工是：洪承畴剿西北，卢象升剿东南，如遇农民军入陕西，卢象升则进关合击。还分别任命戴东旻、苗祚土和史可法为河南、湖广、南直隶监军御史。当崇祯皇帝得到兵部奏报陕西农民军有半数还留在河南后，在原调七万兵之外，又增调两万；用于辽东战场的精锐部队也

有一部被调往河南。于是，分别督令各路兵马遵旨速速出动，分路进剿。农民军仍然发挥流动作战的特点，避重击轻，能战则战，不能战则避，令官军十分头痛。双方交战无数次，官军战绩占优势。尤其是辽东兵马"援剿"，的确剽悍能战，频频告捷。

农民军虽多有败绩，但精锐犹在，闯王高迎祥就是代表，致使官军渐将主力集中对付。无奈天时不济，山西、陕西地区灾荒之祸接连不断，人吃人的惨剧时有发生；宁夏士兵哗变，杀巡抚都御史王楫。饥民、叛军源源不断地汇入了起义队伍的洪流之中。淮安卫三科武举陈启新伏阙上疏，向崇祯帝进呈良策，其中之一就是迅速蠲免灾伤钱粮，以救穷苦百姓衣食无着而颠沛劳顿之苦。崇祯皇帝深以为是，随即下令蠲免山西被灾州县新旧二饷，免畿内崇祯五年（1632）以前逋赋。崇祯九年（1636）又下诏大赦胁从，又施招抚之策，瓦解农民军，以摆脱两线作战的困扰。然而，事不遂愿，六月末，快马飞报，清军从喜峰口入塞，直犯京畿。使崇祯帝焦虑不安、手忙脚乱，面临灭顶之灾。他被迫从中原撤回精锐边兵入卫。九月，命卢象升总督各镇兵马入援。

此刻，卢象升正向陕西追击农民军，与洪承畴统率的官军予以夹击。有人预测，农民军如入网之鱼，旦暮可平。卢象升奉调入援，给农民军以极大的喘息机会。当卢象升打点人马，准备起程，未挪一步，又奉改调总督宣府、大同、山西之命。前线大将如此频繁调动，人们困惑不解。其实其中因由，简单得很。内阁首辅温体仁不满卢象升不为己用，又妒忌其功高，于是，明知卢象升不习边塞，却力推卢象升出任边塞大将，目的是使卢象升身置重地，略有闪失，即可任意治罪。如此个中奥妙，自视颇高的朱由检对温体仁的阴暗心理，并未察觉，他甚至还以为卢象升改调边任，会保边境无恙。

继任河南、湖广、山西、陕西、四川、江北军务总理的是原兵部左侍郎王家祯，不久又兼河南巡抚。此人少有将才，实难有统摄诸镇兵马的魄力，上任后除在河南南阳进剿当地起义首领杨四外，举兵不知所进。奉命进讨安徽安庆起义军，足却未出中州一步，后院起火，家丁发难，更令王家祯脸上无光。好在王家祯还有自知之明，以身体有病为由连续上书，请辞总理之职。崇祯皇帝明白，王家祯是一个没有大志也不会有什么作为之人，便批准他的辞职请求。

回想起八、九两年来的几惊几险，崇祯皇帝朱由检背上渗出了一股寒意。他的脸上总是阴沉沉的。也难怪，有什么事能让他开怀笑得起来呢？七月份，新任陕西巡抚孙传庭在陕西周至黑水峪伏击拟攻西安的闯王高迎祥部，双方展开激战。起义军初战告捷，明军参将李遇春等溃败而逃，孙传庭以招降的张二、黄尤将高迎祥的坐骑偷走，致使高迎祥被官军俘虏，械送北京，献俘阙下，寸磔而死。看到农民军最主要的领袖成为刑场冤魂，朱由检本该高兴才是，只是面对清兵在京畿附近咄咄逼人的攻势，又哪有心思去大肆渲染对付农民军的这一胜利呢？直到清兵退出关外，崇祯皇帝朱由检紧张的神经才似乎稍稍松弛了一下。环视中原、西北战场的局势，他只好又回到一个现实的问题上来：究竟谁能不辱君命，彻底平靖纵横驰骋的农民起义军呢？

三　杨嗣昌的起用与赌局

杨嗣昌，字文弱，湖广武陵人。万历年间进士。在任兵部尚书之前，并没有给人留下特别深的印象。其父杨鹤因招抚农民军失败被逮，杨嗣昌三疏请求代父死罪，崇祯皇帝有所感动，赦免杨嗣昌一死。崇祯七年（1634），拜兵部右侍郎兼右佥都御史，总督宣府、大同、山西军务。以父亲杨鹤去世，回家守制；再守母丧久居不出。崇祯九年（1636）十月，即起为兵部尚书。至此似无多少战功可述。不过，崇祯皇帝大胆拔擢，充分倚信杨嗣昌不是没有理由的。

杨嗣昌头脑冷静，思路敏捷开阔，常有独到之见。他为人机警，能言善辩，而且具有一种强烈负责意识。还在五省总督陈奇瑜主剿农民军时，他目睹中原饥馑，起义军蜂起，即建议开金银铜矿场，以分散啸聚的民众。后又六次上疏朝廷，力陈边疆事宜，部署方略，才气横溢。崇祯帝见疏如见人，深以为他是一位不可多得的人才。兵部尚书张凤翼畏罪自杀后，兵枢要地无人，朱由检见朝廷诸臣中无人可任，适逢田妃之父田弘遇也上疏称赞杨嗣昌之才。崇祯帝立即下达诏书，令其至京，主持兵部。杨嗣昌闻旨，连上三疏，谦虚一番，请辞此任，崇祯帝既已相中，则是不会答应他辞任的。

杨嗣昌大展主战之志

农民军自闯王高迎祥牺牲后，部众推李自成为领袖，继为闯王，但起义军将领间约束显然少了许多，闯王部实力受损。以张献忠部兵马较强。崇祯十年（1637）正月，张献忠联合罗汝才、马守应、刘国能部自襄阳顺汉江东下，很快与在江北英山、霍山一带活动的"革左五营"中的贺一龙、贺锦会合，分攻江浦、六合、安庆等城，营火夜烛长达数十里，显示出其军势之盛。后来，在安徽桐城、舒城、庐州遭到明朝左良玉、刘良佐部的猛烈攻击，江淮危情暂时缓解。起义军退至英山，伐木为筏，准备渡江。漕运提督朱大典檄左良玉速从舒城发兵，入山搜捕，左良玉顿兵不发。山西总兵王忠统兵追剿农民军，声称有病，数月不进，士兵鼓噪而西。崇祯皇帝为此大发雷霆，下达严旨：王忠逮问，左良玉革职，杀贼自赎！将希望寄托在杨嗣昌身上。

同年三月，杨嗣昌风尘仆仆，抵达京城。崇祯皇帝即刻宣召入宫晋见。君臣一席话，更加坚定了崇祯皇帝的看法，即认定没有看错人。杨嗣昌也感于知遇之恩，倾其之才，为皇帝大刀阔斧振刷纪纲，整肃军纪。口若悬河的谈吐，以及其勇于任事的精神，使朱由检高兴万分，相见恨晚。苦于多年剿寇无功的崇祯皇帝，多么希望有一位大臣能敢作敢为，以宏大气魄，一举荡平困扰自己、为之忧虑不已的祸患。他现在感到杨嗣昌即是这一理想中的人。自此，崇祯皇帝屡屡召见杨嗣昌，畅谈不已，每次召对都达到了忘我的境地。杨嗣昌每有所请，崇祯帝无一不听。杨嗣昌也为自己被宠信感动不已，一心想竭尽全力，为皇帝排忧解难。于是谋划向农民军发动一场大规模的攻势，以最后清除内忧。

杨嗣昌进京不久，就向崇祯皇帝和盘托出了自己对付农民起义军的攻势计划，即"四正六隅、十面张网"。具体做法是：以陕西、河南、湖广、江北四个地区为四正，作为围剿农民军的正面战场，由当地四个巡抚负责分剿；以延绥、山西、山东、江南、江西、四川六隅，作为辅助战场，由这六个地区的巡抚分防协剿。"四正"加"六隅"成为"十面之网"。由总督、总理二臣，随农民军所向，专事征讨。杨嗣昌力图以此将农民军步步围逼攻

剿，一网打尽。这一计划无疑是鼓舞士气的，对于崇祯皇帝也很有吸引力，急切地希望杨嗣昌能尽快落实。但问题是，杨嗣昌的这张网能否织得起来。

四五月间，明廷在紧张地部署。首先，杨嗣昌要物色一位能贯彻自己战略意图的人，他想到了熊文灿。熊文灿原先任福建、两广巡抚，在平定海寇钟凌秀、刘香的战役中立有战功。崇祯皇帝朱由检派中官以往广西采办为名，伺察熊文灿所为。熊文灿见到中官，厚加贿赂，当言及中原战局时，他拍案而起，声言：朝廷之臣都是误国之辈。若让我前往征剿农民军，岂能使农民军到如此程度！中官还京后将此言奏报皇帝。朱由检的脑袋里浮现出熊文灿慷慨激昂、才气逼人的形象。当杨嗣昌向他举荐熊文灿时，未遇任何障碍，熊文灿得拜兵部尚书兼右副都御史，代替王家祯总理直隶、河南、山西、陕西、四川、湖广军务。另外，按常例立巡抚河南，以孙传庭兼河南总督。

将已选定，杨嗣昌主张增兵十二万。由于户部无饷可供，又请亩征银一两，加银三分，即所谓"因粮纳饷"，共加剿饷二百八十万两，以济军需。朱由检明知这是竭泽而渔的办法，但为了征剿农民军的大计，也只得如此。便下达诏书说，流寇蔓延，生灵涂炭，不集兵无以平寇，不增赋无以饷兵，勉从廷议，暂累吾民一年，除此腹心大患。

闰四月，真是天不遂愿。其是天不遂愿其时，正遭大旱，崇祯皇帝祈雨未果，他认为上天似乎是有意与自己过不去。这次以杨嗣昌主持兵部机务，虽说是自己相中提拔的人才，而且杨嗣昌气魄宏大，志在灭贼，但是，局势究竟会因此有多大转机，心里仍不踏实；对前景是吉是凶，仍无把握。不过，常言说：成事在天，谋事在人。只要努力去谋，不会没有希望。如今既已得人，应当说是一个机会。为了平寇，他就是再丢上几次脸也没关系。正是在这种心理作用下，他第二次颁布了罪己诏。内容了无新意，无非是对于整个官僚集团的不争气痛斥了一番，目的无非是希望他们猛醒过来，革面洗心，重新振作。以此来与杨嗣昌在军事上的计划相配合。这说明崇祯皇帝已意识到军事解决不能离开政治革新。确实，他为杨嗣昌在创造种种条件，在杨嗣昌身上重重地押了一宝。

十面张网与熊文灿招抚

杨嗣昌感受到了崇祯皇帝殷切的目光，他决心不负所托，努力将明廷这艘百孔千疮的大船送往宁静的彼岸。他多么希望因为有了自己而发生奇迹啊！自从举荐熊文灿以后，他就竭尽全力，去支持熊文灿在前线实现"十面之网"围歼流寇的构想。为了十面之网歼敌计划的成功，他向崇祯帝提出了一个详细的进剿方案，即以河南、陕西为主战场，切断陕西与河南的农民起义军之间的联系，陕西巡抚扼守商洛，郧阳巡抚扼守郧阳、襄阳，安庐巡抚扼守英山、六合，凤阳巡抚扼守亳州、颍州，应天巡抚扼守潜山、太湖，山西巡抚扼守灵宝、陕州，保定巡抚扼守延津，然后由总理率边兵，监臣督禁旅，河南巡抚率左良玉、陈永福等部精锐，并力合剿河南的农民起义军。如果陕西的李自成、过天星等出潼关，那么陕西总督率左光先、曹变蛟、祖大弼等部出关协剿。"下三个月苦功夫，了十年不结之局。是在我皇上赫然一震怒间耳。"为此，凡巡抚、总兵不尽力者立即解职，择能者代之；监司、副将以下，不听命者，以尚方宝剑便宜处斩。这样，"人人效力，何贼不平"？杨嗣昌向崇祯立下了军令状。所谓"下三个月苦功夫"，是指以崇祯十年（1637）十二月到明年二月为"灭贼之期"。（《杨文弱先生集》卷19）

一心想实现中兴之梦的朱由检，根本没有仔细考虑"下三个月苦功夫，了十年不结之局"的可行性；也没有看出其中的艰难，便毫不犹豫地批准了杨嗣昌狂妄的战略部署，命从速付诸实施。

朝廷上下很快就动员起来。但有的将领们对于这"十面之网"是否可以编织成功表示怀疑。陕西巡抚孙传庭首先上疏反对。他认为，由于各边精锐已调遣一空，兵部议集十二万军队，是一句空话；连年增派加饷，民膏已尽，部议增饷，不可能如数征取。现在应当集中兵力去击败在陕西的李自成、过天星、混天星之部。否则，泛泛从事，农民军必定难平，十面之网也许会变成空张之网。

最具讽刺意味的是熊文灿的言行。本来，熊文灿以一个文臣，要统率诸路武将，血战疆场，心里总有忐忑不安。他请求以左良玉军六千为亲兵，另外招募两广和精通火器的士兵一二千人来自卫。在庐山，熊文灿拜访一位名僧，恳求指点，经过一阵问答，他终于透露了自己主抚的设想。临别，僧人告诫说："料定你会主张招抚，但农民军不同于沿海海盗，你一定要慎重行事。"不久，行至安庆，左良玉部不肯听命于熊文灿，与士兵格斗，熊文灿只好将两广兵士遣还，并请调边兵。杨嗣昌向皇帝请旨，得许以边将冯举、苗有才兵五千人拨给熊文灿为亲兵。熊文灿认定，自己在军事上无优势可言，要平农民军，必须招抚。这一思路即大大有悖于杨嗣昌的大举平贼计划，无疑是对杨嗣昌"十面之网"的一个讽刺。由熊文灿一手导演，在洪承畴、孙传庭、左良玉等部进攻农民军的炮火声中传出了一个不和谐的音符。

时间进入崇祯十一年（1638），杨嗣昌、熊文灿等对农民军的剿抚。只是在正月间，洪承畴在梓潼设重兵伏击，大败李自成，并遣悍将曹变蛟、贺人龙等追击与堵截。另有闯塌天、刘国能在随州的投降，别无建树。至同年三月，杨嗣昌见三个月灭贼期限已过，天下没有太平，战火还在燃烧。他诚惶诚恐，上疏引罪，并请辞职，皇帝不许，而要他纠察各路将帅的功罪。在朱由检看来，虽说杨嗣昌当日口气太大了点，但杨嗣昌真的去职，又无更合适的人选。于是仍留其任，继续征剿农民起义军。似乎杨嗣昌、熊文灿命不该绝，招抚之策已有收获。如同年四月，张献忠在谷城投降。虽然在此之前，熊文灿抵达安庆时，就派人招降张献忠、刘国能，二人听命。还到处张贴告示，劝降农民军。并请准许将粮食和民众全部迁入城市，据守城池。朱由检对此做法甚为不满，下旨斥责，杨嗣昌虽不同意熊文灿的做法，但既然已经推荐熊文灿，就只好为其多多开脱。十月，在潼关平原包围李自成部，义军损失数万人，李自成仅率田见秀、刘宗敏等十八人杀出重围，奔陕西东南的商洛山中（有谍报称李自成已死）。十一月，罗汝才在均州投降。其他如惠登相、王光恩、马进忠、李方庆、一丈青、小秦王、一条龙、刘喜才等部或降或走，农民起义进入低潮。这一局面的形成应当说在一定程度上是洪承畴、孙传庭等奋力追剿的结果，但表面上看来这一功要记在熊文灿的名下。崇祯皇帝默许了熊文灿的抚剿行为。崇祯十二年（1639）三月，熊文灿向崇祯帝急于表功说，大军威力震慑，降者接踵。十三家之中，除革、左及马光玉三部外，其余不日可平。朱由检喜形于色，当即优诏褒答。

熊文灿搞招抚，有杨嗣昌的暗中支持。这一对搭档，尤其是杨嗣昌，为三个月平定农民起义的军令状所缚，已经难以顾及原来的主剿的战略，不管剿抚，只要能按期达到目的就行。所以他对"十面张网"也不再挂在口头上。然而，明白人都意识到，熊文灿的招抚不会有好结果的。在朝廷也有异议。而朱由检被熊文灿的战线所陶醉，反而指斥异议者。由此可见朱由检此时也与杨嗣昌一样，只要投降不继续造反就行。在此后不久，他答应加饷一年以剿平农民军，并特遣一位侍郎督理此事，不料熊文灿将加饷都用来搞招抚。为了招降，他派人携带金帛酒肉前往犒劳。当时受抚的张献忠请官、请地、请关防，熊文灿一一满足。而湖广巡抚余应桂则竭力反对，主张诱杀张献忠。明军将领间，仍各怀心思，以求一逞。唯有熊文灿，终于为沾沾自喜于眼前的所谓成功付出代价。

请罪督师与饮鸩荆州

崇祯十二年（1639）五月，张献忠反于谷城的消息传到朝廷，惊破了杨嗣昌一场美梦。熊文灿遣左良玉追击，在房县罗猴山遭到张献忠伏击，全军覆没，左良玉仅率残兵百人逃归。朱由检闻讯怒不可遏，诏逮熊文灿治罪。后来熊文灿被处斩；左良玉降三级，随军戴罪立功。杨嗣昌惴惴不安，请督师南讨。举荐左良玉为挂印大将军，张克俭等为监军。八月，崇祯皇帝朱由检特命杨嗣昌督师，总督以下俱听节制，赐尚方宝剑，以严军威。

平心而论，自农民起义军成为崇祯皇帝朱由检的一块心病以来，病症似乎未有减轻之势。每次遣命大臣，调度各方，欲一举平息内忧，都未能如愿；起用杨嗣昌，位极武臣，杨嗣昌不能说不卖力气，也用了一些新招，不料最终还是发生了"谷城之变"。杨嗣昌自请督师，朱由检当即应允，其间并不存在报复的意思，他是实实在在地希望杨嗣昌能与众不同，力挽狂澜。对于自己的眼力，他是充满自信的。所以，当时有的言官攻击杨嗣昌误国，他不以为然。这次将杨嗣昌推到第一线去，也是寄希望于用事实能封住这些言官的嘴。

崇祯皇帝为壮杨嗣昌行色，特地在宫中赐宴饯行。他没有往日那么严肃，更多的是一种关切，一种爱护，其内心真正的潜台词是：杨嗣昌此行，只准成功，不许失败。又赐杨嗣昌坐，席间亲自三次向杨嗣昌举觞敬酒，气氛让人感奋。借助酒兴，崇祯帝当即挥毫题诗一首，以赠杨嗣昌。诗云："盐梅今暂作干城，上将威业细柳营。一扫寇氛从此靖，还期教养遂民生。"在此，崇祯皇帝将杨嗣昌比作平定"八王之乱"、拯救汉王室的大将周亚夫，他期望今日的杨督师也能马到成功，除却自己的一块心病。对杨嗣昌的宠爱已无以复加了。杨嗣昌跪诵御诗，且拜且泣，自感今生今世唯有剿平流寇，方能不负皇恩。杨嗣昌问崇祯帝对此次出征还有何指示，朱由检说："张献忠曾惊祖陵，决不可赦，其余剿抚互用。"（《杨文弱先生集》卷44）两天后，杨嗣昌进宫陛辞，朱由检再次赐膳。君臣今日分别，都感到相见已属不易，但它日若是能在城楼行受俘大典，该有多好啊！

杨嗣昌抵达襄阳后，大誓三军，遣调督理中官刘元赋、湖广巡抚方孔炤、总兵官左良玉、陈洪范等十余万兵马向农民军进攻，寻找张献忠主力，与之决战。并令河南、四川、陕西、郧阳诸巡抚扼守要冲，堵截农民军去路。杨嗣昌发布谕告，重申皇上德意，具体提出各类条款：原抚九营人众能杀张献忠者准抚，能解散胁从难民各回原籍者准抚，能为良民自耕自食者准抚。与此同时，对张献忠部展开舆论攻势，刊布通缉令，榜上画其头像，且书《西江月》一首："此是谷城叛贼，而今狗命垂亡。兴安、平利走四方，四下天兵赶上。逃去改名换姓，单身黑衣躲藏，军民人等绑来降，玉带锦衣升赏。"并书赏格：能擒张献忠者赏万金，爵通侯。到处张贴。张献忠看到通缉令，轻蔑地说："营中有获嗣昌者，赏银三钱。"继续采取以走制敌的策略，有时一昼夜奔行二百里。杨嗣昌本欲将张献忠驱至川中，檄四方将领围剿。张献忠的快速流动作战，使杨嗣昌追逐不到攻击的目标。更重要的是，明军有令不行，张献忠一路斩关夺隘，再次入川，明将无一人敢于出马邀击。杨嗣昌至重庆，迫于无奈，又玩起招抚花招。他下令赦罗汝才之罪，说降则可以授官。可是他得到的回答却是轻蔑的嘲讽，杨嗣昌火冒三丈，促令出击。

杨嗣昌在四川行署，题扁自励，大书"盐梅上将"四字，但他表现的自信无疑是盲目的。就在张献忠攻陷泸州、克仁寿、德阳，实际上已突破了杨嗣昌的围剿，打开了出川之路时，杨嗣昌还沉醉于灭贼的美梦之中，命多备绳索以绑贼。郧阳巡抚王鳌永上书朝廷，力言杨嗣昌剿贼不当。朱由检觉得王鳌永所言不无道理，便通过兵部婉转地告知此意。杨嗣昌不听。

杨嗣昌料定张献忠势必出川，一旦如此，则更难制伏。所以，他督令诸将全力追击，决一死战。监军道万元吉建议分兵由间道出梓潼，扼其归路。杨嗣昌求战心切，没有同意。崇祯十四年（1641）正月，开县一战，张献忠大败追击的左良玉部。嗣后经当阳，领兵疾行八昼夜，伪称奉督师杨嗣昌命调兵，赚开城门，一举占领襄阳城。张献忠执擒襄王，把酒敬襄王，说："吾欲斩杨嗣昌头，而嗣昌远在川。今当借王头，使嗣昌以藩王被杀之罪而伏法，王当努力尽此一杯。"手起刀落，斩杀襄王，投尸火中。杨嗣昌在夷陵闻此噩耗，惊悸万分，上疏请死。朝廷官员也纷纷上书说杨嗣昌罪大恶极，应当严惩，以肃军法。朱由检面对群臣百官责难，又想到杨嗣昌是他亲自点名升擢的方面大臣，若处以军法，于皇帝的权威、尊严有损，此事决不能干。于是，他当罚不罚，直告群臣："杨嗣昌是我任用的。他未能灭

贼，连失郡县，又使藩王被杀。所有罪过，由我裁夺。何况他还是有才可取的。"接着又反斥责诸臣要求惩处杨嗣昌是出于排斥，是沽名钓誉，等等，还说："本该予以治罪，你们又会说我庇护嗣昌。既然如此，就姑且饶你们这一遭吧。"朱由检为了自己的面子，如此颠倒是非，混淆黑白，可谓绝矣。

在明军主力入川作战之后，李自成率部乘虚进入河南。时值天灾，颗粒无收，穷苦百姓无以为食，就纷纷投入农民军，李自成如鱼得水。他采纳李岩的建议，行仁义，收人心，提出了均田免粮的口号，队伍一下壮大到数十万人。旋即攻克洛阳重镇，杀福王朱常洵，剁其肉与鹿肉相杂煮吃，称"福禄宴"。李自成在洛阳称闯王。从此，李自成领导的农民军向明王廷发动了大规模的反攻，中原战场的战局发生了根本性的变化。

顷刻之间，襄阳、洛阳的两座重镇被农民军攻克，襄王、福王殉国。朱由检闻讯，悲恸欲绝，即命车裂分尸河南总兵王绍禹。崇祯十四年（1641）二月，朱由检以时事多艰，灾异迭见，痛自刻责，令停今年行刑，减诸囚科罪。同月三十日杨嗣昌在荆州沙市徐园平淡地度过了自己人生的最后一个生日。次日，即三月初一日，嗣昌自感罪重，服药自尽。

杨嗣昌的自杀是明廷进剿或招抚农民军战略失败的一个象征。此后，人们看到的情景是在主战场已不是明军剿农民军，而是农民军剿明军了。廷臣再次交章论劾，礼部侍郎蒋德璟说杨嗣昌奸欺误国，应毁棺戮尸。朱由检没有同意。对于杨嗣昌之死，他是很伤心的，因为他失去了一位为实现平定农民军的愿望而敬职奉命的督师。崇祯帝传谕廷臣，称杨嗣昌二载辛劳，一朝毙命，功不掩过。给予充分肯定。还命赐葬，归葬于杨嗣昌老家武陵。确实，没有哪位大臣能像杨嗣昌那样在失陷城池之后会有如此殊荣。后来，张献忠克武陵，挖杨嗣昌七世祖墓，火烧杨嗣昌尸柩，以解心头之恨。

事实证明，杨嗣昌的"十面之网"最终网住的不是别人，而是他自己。在这张网上，也留下了朱由检永远难以解开的一个死结。朱由检有点绝望，不知未来等待他的将是什么？

四　魂归煤山

崇祯十四年（1641）起，农民军气势日盛，不仅有穷苦百姓的欢迎和加入，且在对明军的战斗中也捷报频传。尽管有朱由检的屡屡派兵遣将，但仍无法抵挡农民军铁骑的前进，以至进入明朝的首善之区京师北京。明代皇帝朱由检，孤独地自缢而死，魂归煤山。

频换主将，鏖战中原

杨嗣昌自杀后，督师之位不可久缺，崇祯皇帝朱由检一时也想不出合适的人选。在无可奈何的情况下，起用陕西三边总督丁启睿为兵部尚书，改称督师，代杨嗣昌总督陕西、湖广、河南、四川、山西及大江南北诸军，仍兼陕西三边总督，照样赐尚方宝剑和督师印。

丁启睿奉命出潼关，将由承天赴荆州的正面战场作战，但他却在打着自己的小算盘。李自成攻克洛阳，队伍如滚雪球一般，越滚越大，号称百万，丁启睿督师名下包括左良玉部在内的四万人马与之相比，根本不可抗衡。以卵击石的事，他是不会去干的。作为督师，他不像杨嗣昌那样有一套谋略。面对这个烂摊子，他无计可施。既然被逼上这个位子，也只好能躲则躲，能战则战了。当他奉命出潼关之后，湖广巡按汪承诏发觉丁启睿的前进方向不是河南，而是试图经安陆抵达原督师杨嗣昌军中，便对丁启睿说："农民军的主力在河南，荆襄相对平静，没有必要大军进击。"一面令人将沿汉水的

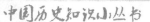

船只藏匿起来，不让丁启睿渡河。丁启睿在汉水岸边盘桓了五天，只得转进邓州。邓州军民也紧闭城门，不予欢迎。经过内乡，知县嫌其骚扰，竟然不准市民向城外官兵出售米粮。部队行进荒山之间，饥疾交加，狼狈到了杀马充食的地步。

丁启睿得知李自成正在围攻开封，因其军势强盛，集兵七十万，不敢前往救援；又听说张献忠在光山、固始之间，力量较弱，可以一战，遂传檄左良玉对张献忠发动攻势，在麻城激战，左良玉斩敌一千三百余人。此时，开封告急，求助朝廷。朱由检催令督师援救，丁启睿以与张献忠作战难以离开为借口，乞请崇祯帝另择良将专办李自成。朱由检无奈，从监狱释放原兵部尚书傅宗龙为陕西三边总督，专责领兵镇压李自成。

傅宗龙奉命领四川、陕西兵两万出关。陕西巡抚汪乔年送别，相互百感交集，以泪洗面。九月，傅宗龙与保定总督杨文岳在新蔡会师。李自成一面将精兵埋伏在新蔡通往项城的要道孟家庄附近的丛林中，一面在洪河上游架设浮桥，佯装进击汝宁。傅宗龙令全军追击，行至孟家庄，兵士土解甲觅食充饥。李自成伏兵突起，杀声震天，官兵大惊，仓促应战，贺人龙、虎大威、杨文岳纷纷溃逃，傅宗龙在项城为农民军追及获。傅宗龙面对死神，神情自若，誓不投降，遂被农民军杀死。朱由检闻知后，不无愧疚之感，事实证明傅宗龙对皇帝还是尽力尽忠的。朱由检命复官兵部尚书，加太子少保，予以厚葬。

李自成挟项城之胜，十一月攻克南阳，杀明唐王朱聿镆、总兵猛如虎。十二月，与罗汝才再次攻打开封。农民军以强大炮火，轮番轰击，战况至为激烈。开封告急，明廷一片慌乱。

崇祯十五年（1642）正月，崇祯皇帝朱由检重新起用了曾因得罪杨嗣昌而系狱三年的孙传庭为兵左侍郎。入狱前，孙传庭几次想见皇帝，陈说战守之策，都因权臣阻隔，未能如愿。这次，朱由检特地在文华殿召见他，询问如何平定农民军，如何安民生息？孙传庭终于得到了向君王倾诉自己韬略的机会。朱由检听了孙传庭对用兵的精辟之见，不禁嗟叹良久，后悔之情溢于言表，即刻命孙传庭率劲旅驰援开封。

与此同时，崇祯皇帝朱由检一再催促新任三边总督、兵部右侍郎汪乔年出关作战。因寡不敌众，兵败城陷。汪乔年被农民军割舌、寸磔而死。

不出几个月，统兵进攻李自成的两位总督接连折损，它反映了中原战场实力的根本性变化。不过，崇祯皇帝朱由检并不认输，他认为农民军仍然是可以战胜的，再命孙传庭为三边总督，继汪乔年围剿李自成。

四月，李自成与罗汝才攻打开封，这次李自成没有强攻，而是采取围城打援的办法。罗部称"曹营"，李部称"老府"，对开封实行长期围困。崇祯帝为了使左良玉部效忠，特地从监狱里释放了对左良玉有恩的前户部尚书侯恂，以兵部右侍郎督河南、河北、山东、湖广诸路援军援救开封，令督师丁启睿、总督杨文岳、总兵左良玉等迅速增援开封。令孙传庭督边军出关赴援。

督师丁启睿还想观望，按兵不动。崇祯皇帝朱由检连下数旨切责，丁率左良玉、虎大威、杨德政、方国安四总兵拔营起兵，十余万大军麇集开封西南的朱仙镇。当时，农民军号称百万，实际兵力也有十几万人。两军对垒，丁启睿欲战，左良玉要求稍作等待，以避其锋。计议半天，未有结果。左良玉回营，发现李自成在筑土山，据高炮击左部阵地，急忙拔营溃退，狂奔八十里，碰上农民军先前挖好的广深一丈六的壕沟，弃马过沟，被农民军追至掩杀，左军大败，左良玉仅以身免，逃至襄阳。丁启睿、杨文岳、虎大威等弃汝宁，农民军追击四百里，俘获明军数万，丁启睿的敕书、督师印、尚方剑一并丢失。朱仙镇之役，明军用于中原战场的精锐损失殆尽。左良玉部原是明军最强的一支，如今也分崩离析。此后，朱由检想在中原再组织十几万人的大军与农民军抗衡已不可能了，败局已定。督师丁启睿论罪系狱，总兵杨德政以不战而退之罪被杀。

朱仙镇之败似乎并没有使崇祯皇帝朱由检冷静下来，重新部署，作长期

战守的准备。他想的只是如何将围攻开封城的李自成，全力消灭，而且越快越好。输红了眼，认死理儿。奉命督军增援开封的侯恂上书向崇祯帝提出了"寇患积十五年而始大，非可一朝图"的警告。朱由检对此警告无动于衷，他不相信事情已坏到了亡国的地步。他强令左良玉领兵来会侯恂，与孙传庭左右夹击李自成。然而，左良玉新败，无从集合大队人马，侯恂不久被弹劾去职，孙传庭正在陕西招兵买马，操练将士。会师夹击之说，形同空文。

农民军攻城益急，开封城内巡抚高名衡和周王朱恭枵等议决朱家寨口的黄河大堤灌城，拒退农民军。一场滔滔大水，冲掉了都会的繁华。开封被困前有居民百万户，水淹后仅余二万人。朱由检固守中原的设想，也被黄河之水冲得一干二净。

军事形势日益严峻。崇祯十五年（1642）十一月，崇祯皇帝朱由检面对清军的大举入犯，穷于应付。又宣布京师戒严，诏举堪任督师大将之人，征诸镇从速入卫。李自成乘明军北调之机，又合左金王贺锦、革里眼贺一龙、老回回马守应、乱世王蔺养成、争世王刘希尧，声威大增，汝宁一役，击毙明总兵虎大威，活捉总督杨文岳和崇王朱由樻。李自成在河南连续五次令明军丧师折将，扫清了西占关陕，北克明都的最大障碍。十二月，李自成攻占襄阳，随即占领湖广广大地区，创建农民政权，准备向明廷发动总攻击。

兵败如山倒

十余年的战火，烧焦了百姓的心。崇祯皇帝朱由检追求一味剿杀之时，渐渐失去了人们对他的崇拜，仇恨、怒火填满了山间田野。既无净地，也无良民，朱由检除了唏嘘之外，还有什么好说的呢？当然，他不会坐等灭亡，他要出击，要挣扎，要复仇。

事实上，他已在此两个月以前的崇祯十六年（1643）三月就特命大学士吴甡兼兵部尚书督师进攻农民军，以大理寺评事万元吉为兵部职方郎中在军前辅佐协助，出谋划策。崇祯帝见襄阳、荆州、承天相继失陷，召对廷臣，寻求办法。然而，看到这班大臣，朱由检心里又凉了半截，悲从中来。如此的天子皇帝，已顾不得那么多，当着吴牲等一班臣僚就泪如泉涌，说些大臣当为朝廷分劳分忧的话，遂命吴牲为督师。吴牲疏请精兵三万，朱由检很不高兴，以为需兵太多，一时难以猝集。吴牲据理力争，朱由检沉思良久，才令兵部速议发兵。经过一番斟酌之后，吴牲准备在五月辞朝。临行前一天，犒劳随从兵马，朱由检还令宦官赐银牌给赏，不知朱由检又犯了哪根神经，第二天突然下诏，命吴牲迅速进宫入直。吴牲感到大事不妙，连上两疏，请求辞官。崇祯帝也不挽留，准许致仕。后来朱由检每想到此事，便认为吴牲有负于自己的一片厚望，仍有愠怒。不久，命锦衣卫逮吴牲入京论罪，遣戍金齿。

督师无望，崇祯皇帝朱由检只好又于前线寻找帅才。五月，他命孙传庭兼督河南、四川军务。不久，进兵部尚书，改称督师，总制应天、凤阳、安庆、河南、湖广、四川、贵州军务，仍兼督三边，赐尚方宝剑。朱由检给孙传庭一面加官，一面催促出战。孙传庭也抱着不成功则成仁的决心，上书请战，鼓舞军心。八月，以总兵牛成虎、副将卢光祖为前锋，高杰为中军，王定、官抚民领延绥、宁夏兵为后备，白广恩统火车营出潼关，向河南进发，檄总兵左良玉自九江往汝宁夹击。

其时，李自成已采纳顾君恩建议，定下先取关中，以陕西为根据地，再经山西攻取北京的战略。他针对孙传庭急于求战的特点，以主力据屯襄城，诱敌深入，将陕西至郏县的守军撤走。孙传庭出关后，陷宝丰，破唐县，克郏县，气高志满。白广恩请分兵驻守要害，步步为营，节节推进。孙传庭怕贻误军机，不予采纳。朱由检得知孙传庭捷报，急忙召集阁部大臣传阅，似乎看到了一线曙光，很多大臣面露喜色。然而，事过不久，沉醉在暂时胜利喜悦中的朱由检，又从塘报中得知孙传庭郏县大败，折兵四万，丧失辎重数十万的消息，不啻当头一击，使他惊得面如土色，一言不发。对付农民军的最后一张王牌没有收到任何积极效果。

李自成一鼓而西，穷追不放，乘胜破潼关，孙传庭在渭南与农民军的接战中阵亡。孙传庭死，陕西境内已无坚城可守。由于孙传庭尸身未得，朱由检还不相信孙真的已成阴曹鬼魂，所以不予赠荫、哀悼。后来，事实证明孙传庭确确实实是死了，朱由检不禁悲痛至极。唯一可以依靠的支柱倒塌了，大明帝国也随之倾斜，末日的来临，屈指可数。

处于悲痛和战栗之中的崇祯皇帝朱由检忽然回想起几年前于平台召见百官，问天下大计的情形。当时他占了一卦，占语云："九九气运迁，泾水河边，渭水河边，投秦入楚闹幽燕。兵过数番，寇过数番，抢夺公卿入长安。军苦何堪，民苦何堪，父母妻子相抛闪。家家皇天，人人皇天，大水灌魏失秦川。流寇数载即息，红顶又将发烟。虎兔之间干戈乱，龙蛇之际是荒年。"（《明季北略》卷14）如今看来，竟然一一应验。水淹开封，西安失守，清兵入关。大明王朝难道真的气运已迁？崇祯皇帝不肯也不敢相信。

李自成不费吹灰之力占领西安，旋即发兵三路，追击溃逃的明军，攻取远近州县。明军或逃、或降，纷纷瓦解。转眼间，陕西、甘肃全境及青海、宁夏部分地区落入农民军的控制之中。明军以善战闻名的白广恩、陈永福二将慑于大势，折服于李自成的脚下。崇祯十七年（1644）正月，李自成在西安建"大顺"国，自称大顺王。张献忠转战湖广之后，攻入四川。清军探知明朝军情迥变，正虎视眈眈，伺机摘取果实。

同月，经过准备，李自成派刘宗敏、李过入山西，打通了北上之路。二月，李自成亲率几十万大军由韩城禹门渡过黄河，旋克太原。发布讨明檄文，兵分两路，直取北京。李自成统主力经忻州、代州、大同、宣化，越居庸关，进逼北京；偏师刘芳亮部出固关，经真定、保定，进攻北京。

紫禁城内的哀歌

明朝江山难道就这样完了吗？朱由检不愿相信，更不敢想象。果真如此，他的归宿又将是什么呢？这天，他沐浴毕，焚香拜天，默默祷告："方今天下大乱，欲求真仙下降，直言朕之江山得失，不必隐秘。"乩卦上面有诗一首："帝问天下事，官贪吏要钱。八方七处乱，十爨九无烟。黎民苦中苦，乾坤颠倒颠。干戈从此起，休想太平年。"（《明季北略》卷20）朱由检一看，真是欲哭无泪，默然伫立，他还能说什么呢？

崇祯十七年（1644）正月初三日，崇祯皇帝朱由检特召左中允李明睿入宫进见。显然他有急事垂询。一入德政殿，李明睿怦怦直跳的心还未平静下来，朱由检就问有何御寇良策？李明睿请屏退左右，走到皇帝面前，神秘地说："农民军气势太盛，今且进逼畿甸，此乃危急存亡之时，只有南迁，方可解燃眉之急。"

朱由检听得此言，以为事关重大，不可随意乱说。想当年，英宗北掳，瓦剌兵临京城，有人议迁京城，结果为万人所唾骂。今天，若再行此议，岂不是陷我于亡国的境地吗？朱由检用手指了指天，说："不知天意如何？"李明睿说："当内断圣心。"并请崇祯皇帝不要犹豫，尽快决断。朱由检见四周无旁人，轻声轻语地说："此事我也思考过，只是无人附和以行。同时担心外臣反对，暂时不敢让他人知晓。"

崇祯皇帝朱由检自此时开始倚用李明睿策划南迁之举，这是绝望的一种反映。他万万没有想到自己要做中兴之主却将成亡国之君。于是，他在召见阁臣时说："朕愿督师，亲决一战，身死沙场无所恨，但死不瞑目。"说完，痛哭流涕。大臣们一听皇帝要御驾亲征，便纷纷请代，大学士李建泰态度似乎更为坚决。朱由检见此情景，十分高兴。他的亲征之说既是出于无奈，也是一种激将法。他知道自己统师与农民军交战，无异于以卵击石。李建泰愿意亲征，这较之大家一起坐以待毙是稍微积极一点的办法。危难之际，李建泰能挺身而出，他的心里暂时得到了一丝慰藉。

紧接着，崇祯皇帝朱由检隆重地为李建泰饯行。然而，实际效果却并不理想。李建泰领兵出京，路上听说山西战火连天，不知其家是否安稳，于是放慢行军速度，一个时辰仅走三十里，行至涿州，随进营兵开溜的近三千人。至顺德府广宗县，当地士绅竟然闭城不纳，让这位堂堂的督师在畿辅就吃了闭门羹。李建泰一气之下，攻破城垣，处死乡绅王佐，鞭打知县张宏基。二十九日，得知家乡被农民军攻占，李建泰像泄了气的皮球。他本想驰至太原，拿出私财招募死士的梦想化为一枕黄粱。

二月初九日，崇祯皇帝亲笔敕谕李建泰，再授机宜。事实证明，他的期望实在是太高了，李建泰此时想得更多的还是他自己的前途，所以他的部队一直在河间徘徊。

西边的大顺王李自成有如一道催命符，节节紧逼。李自成发布的诏文说："兹尔明朝，久席泰宁，浸弛纲纪。君非甚黯，孤立而炀灶恒多；臣尽行私，比周而公忠绝少。略通公府，朝端之威福日移；利擅宗绅，闾左之脂膏殆尽。肆昊天幸穷乎仁爱，致兆民爱苦于灾祲。朕起布衣，目击憔悴之形，身切痌瘝之痛。念兹普天率土，咸罹困穷；讵意易水燕山，未苏汤火。躬于恒冀，绥靖黔黎。犹虑尔君若臣未达帝心，罔喻朕意，是以质言正告。尔能体天念祖，度德审几。朕嘉惠前人，不吝异数，如杞如宋，飨祀永延。"（《国榷》卷100）

崇祯皇帝朱由检看到李自成对明朝体无完肤的揭露和攻击，对自己的褒扬，有如受人鞭打之后又赏一块甜糖一样，甜味根本嚼不出来，有的只是欲哭不能的酸苦之味。在早朝时，他还收到农民军的通牒，令以三月十五日为期作出答复。举朝震惊，但不敢进行追查。

二、三月的京城，人心惶惶，崇祯帝切身感受到了众叛亲离的气氛。北京的一般居民却似乎有点显得无所谓，他们信奉的哲学是只图今日，不过明朝，贫富贵贱，各自为心；农民军到门，我即开门请进。显得十分超脱，这也难怪今年的元宵节较之往年还热闹几分。这段时间，朱由检作了最坏的打算。一面下罪己诏，妄想稳定人心；一面起用太监高起潜、杜勋等十人前往山海关、蓟州、德州、临清、天津、保定、宣府、大同、大名等地督防。同时下诏，令天下诸镇兵马，入援勤王。当然，他也想到了南迁，这是一个不是办法的办法，但在外表上并未充分显示出来。很显然，南迁则意味着北方的失守。他实际上是希望大臣们合力劝请他体面地离开北京。可是等了很久，也没有哪位大臣出面。不得已，他只好暗示大学士陈演率百官固请，陈演不干，害怕他日承受劝驾南迁的罪名。后来，朱由检甚至有点乞求地对他说："此事要先生一担。"陈演仍默然不语。既无所筹划，又不愿充当崇祯帝设计的角色的陈演，见事难有为，便以有病为由，请求回家。在其罢相前一天，朱由检失望而无奈地对他说："我要做的事，先生偏不去做。"不久，蓟辽总督王永吉上疏力言陈演之罪，请置之典刑。陈演进宫辞行，声言自己罪重当死。朱由检拍案大骂道："你，你死有余辜。"陈演被吓得屁滚尿流，踉跄而出。

时间进入崇祯十七年（1644）的三月，朱由检听到的要么是明军投降，要么是明将被杀，就连大学士李建泰也在保定跪倒在农民军的脚下。大顺军对京城形成了包围之势。南迁之议，讳莫如深，不再提起。朱由检更是一改过去的姿态，似乎从未有过南迁之说，俨然一副与社稷共存亡的模样，部署京城防守，决意进行最后的挣扎。三月初二日，命内监及各官分守北京九门，襄城伯李国桢提督城守，勋戚一齐上阵。城内被告宵禁，昼夜巡逻，严缉奸细。初十日，因外饷不至，太仓久虚，下令各官捐资助饷。太监王永祚、王德化、曹化淳各捐助五万两，大学士魏藻德捐助了五百两。崇祯帝也顾不得自己九五之尊，向皇亲、太监讨起钱来。他派太监徐高去向嘉定伯、周皇后之父周奎求捐，周奎说："老臣哪能有那么多银两？"徐高一边哭，一边哀求，周奎还是那两个字："没有。"后来勉强捐了一万两。太监王之心最富，崇祯帝面谕劝捐，王之心捐助了一万两。后来，农民军攻陷京城，进行拷饷，王之心出现银十五万两，周奎出现银五十三万两。殊不知，覆巢之下安有完卵？明亡了，家藏万金又有何用？崇祯帝的劝捐引来一片怨声。有的太监题诗墙壁，称"此处不留人，自有留人处"。有的太监甚至给农民军通风报信，另谋明主。奉命戴罪守城的太监曹化淳还阴阳怪气地说："魏忠贤若在，时事必不会到这步田地。"朱由检传谕收葬魏忠贤遗骸。曹化淳并不领情，暗地里却串通来日开门投降。

三月十六日，崇祯皇帝朱由检召见文武百官，商讨对策。面对行将到来的灭顶之灾，个个束手无策。朱由检面对此景，不禁潸然泪下，诸臣也跟着哭泣，一时哭声像哀歌一样萦绕在紫禁城的上空。正在这时，昌平失守的消息传来，君臣大惊失色。回到宫中，驸马都尉巩永固对皇帝说："能走就快走吧。"一脸的无可奈何。

十七日，农民军围攻北京城。原来布置的城防军兵，已失去抗衡能力。城内从大臣到百姓，都在设法求生。三大营溃降。北京内外城堞有十五万四千余个登陴守御的明兵只有赢弱五六万人和小太监数千人。大太监曹化淳、王化成饮酒作乐，心怀鬼胎，襄城伯李国桢漫无主张。明守军向城外放空炮，或挥手让农民军避开之后再射击。朱由检见势已无可挽回，决定突围出奔。他仰天长号，绕殿环走，拊膺（胸）顿足，叹息通宵，大呼"内外之臣误我，误我"！接着崇祯帝命驸马都尉巩永固，以家丁护太子南下。巩永固连忙叩头说："亲臣不准藏甲，我岂敢拥有家丁？"两人只有相向而泣。这时，投降李自成的太监杜勋带来书信，请崇祯皇帝三思，及早"逊位"。朱由检没有接受。

十八日，大顺军驾飞梯攻西直、平则、德胜诸门。由少年组成的"孩儿军"攻城勇猛，守军或逃或降。"孩儿军师孩儿兵，孩儿攻战管教赢；只消出个孩儿阵，孩儿夺取北京城。"下午，太监曹化淳开彰义门，农民军一涌而入。太监王廉急忙禀告崇祯皇帝，朱由检不无纳闷地问："李国桢训练的兵到哪里去了？"王廉说："陛下哪里有兵，只有赶快离开才是。"太监张殷劝皇帝投降，被一剑刺死。至此，朱由检才命人分送太子、永王、定王到勋戚周奎、田弘遇家。然后，把袁妃和周皇后叫来，连呼左右进酒，一口气饮了几十杯。他不能眼看自己的嫔妃落入敌人之手，于是挥剑向袁妃砍去，袁妃应声倒下。皇后急返坤宁宫，自缢身亡。长平公主在一旁痛哭不已，朱由检悲叹道："可怜啊，女儿，你怎么会降生到我家呢？"一剑砍去，公主挥臂遮挡，右臂被砍断，昏倒在地。接着，朱由检又杀了幼女昭仁公主及几个嫔妃。

明朝末代皇帝朱由检完全失去了理智。但此时此刻，他更想求生，便再次换上便服，准备出城。他没有忘记，第一次微服私访，是在崇祯元年（1628）为了考察京城民情及城守情况。那时，他刚即位不久，踌躇满志。而这一次，却是为了活命，只得换上这普通百姓的便装，混在宦官中间，出东华门，到朝阳门，假言王太监奉命出城，但守门士兵坚持天亮后验明再放。太监们试图夺门，却被守门军人放炮轰走。朱由检无奈，只好派人去负责城守的戚国公朱纯臣家，朱纯臣的家人说朱纯臣赴宴未归。不得已，又赶到安定门，门闸沉重，怎么也打不开。他求生的路被彻底堵住，只好返回皇宫。

三月十九日，天刚破晓，太监王相尧在宣武门开门投降，大顺军将领刘宗敏的军队浩浩荡荡开入城中。守卫正阳门的兵部尚书张缙彦、朝阳门的朱纯臣也先后开门迎降。北京内城落入农民起义军之手。朱由检得知后，亲自在前殿鸣钟召集百官，可是，钟声再响，也没召来一个人。于是，他与宦官王承恩登上煤山寿皇亭。这里曾是他检阅内操的地方，而今却成了他要去面见列祖列宗之所。此时此刻，他只想早点死，早点离开这绝望的尘寰。他脱下黄袍，在衣襟上愤然写道："朕凉德藐躬，上干天咎，致逆贼直逼京师，皆诸臣误朕。朕死，无面目见祖宗，自去冠冕，以发覆面。任贼分裂，无伤百姓一人。"（《明史》卷24《庄烈帝纪》）随后他赤足轻衣，乱发盖脸，与王承恩相对，上吊自杀。朱由检做梦也不会想到他会葬身于农民战争的汪洋大海之中，真有点死不瞑目。

北京城并没有因为崇祯皇帝朱由检之死而带来多少悲哀的气氛。百姓们张灯结彩，摆设香案，张贴"大顺永昌皇帝万岁！万万岁"，"永昌元年，顺天王万万岁"等标语，热烈欢迎农民军的到来。李自成头戴毡笠，身穿青

布衣，骑着杂色黑马，在数百名骑兵的护卫下，威风凛凛，开进京城，经承天门进驻皇宫。李自成给明朝的历史画了一个句号，抑或是一个大大的惊叹号！

农民军在宫中搜查几遍都没有找到皇帝，于是，李自成悬银万两，令献出崇祯皇帝。两天后，人们终于发现了这个僵死的国君。次日，大顺军将其与周皇后的尸棺移出宫禁，停在东华门示众。四月初，大顺政权派人将他与周皇后草草葬入昌平县田贵妃的墓穴之中，这就是明十三陵中的思陵。

第六章

家庭与信仰

　　崇祯皇帝朱由检是人不是神。他有着普通人一样的七情六欲，需要亲情，也需要理解。在宫中的绝大多数时间里，他都是表情严肃，少有笑容。或许在有的妃子看来，作为一个男人，他不是十分称职的，显得过于死板，缺乏柔情，不了解女人们的心。其实，这真有点冤枉他了。真正的崇祯皇帝是一个感情丰富，刚柔并济的人，在坚强的外表下隐藏着一颗脆弱的心。将与后妃子女的相聚，视为他在孤独之时的温馨港湾。同时，他又有他的信仰，在危难时刻，祈求神灵的保佑。

一　家庭：孤独中的温馨港湾

寻找母爱

　　崇祯皇帝朱由检，生母早逝，失去母爱亲情。随着年龄的增长，对生母的怀念之情与日俱增。他无时无刻不在寻找生身母亲的深情厚爱。当他即位之后，立即献上尊谥，称其母为孝纯恭懿淑穆庄静毗天毓圣皇太后，并迁葬庆陵，与光宗合葬在一起。并且封太后之父刘应元为瀛国公，母徐媪为瀛国太夫人。以表达他的尊亲之情。

　　崇祯皇帝当政，接收了祖先留下的烂摊子，凭着方刚血气，力图有所补救。但是，时运多乖，如意时少，失意时多，回到后宫，也找不到可以倾诉的对象。他常常设想，如果皇太后在，兴许能给他许多安慰。一念之下，他命左右近侍找一幅太后的画像来，可是近侍们忙活了半天也无结果。懿妃曾与太后居宫毗邻，记得太后的音容笑貌，并说有宫人与太后十分相似，尤其是眉睫与脸颊像极了。崇祯皇帝即召太后之母瀛国太夫人进宫来看看是不是很像。并命武英殿中书梁祝根据懿妃和瀛国太夫人所说，加以意会，描成画像。像成之日，崇祯帝下旨备好法驾卤簿，由正阳门浩浩荡荡而入，他跪于午门迎接。崇祯帝把太后像悬挂乾清宫内，并传曾服侍过太后的人来瞻视。有人说很像，有人说不怎么像。不管像不像，崇祯皇帝仰视太后尊容，心潮澎湃，不觉泪如雨下。六宫诸色人等，见此情景，也抽泣起来。他很感激懿妃想得周到，命加懿妃封号，并赏赐太后家以及承奉王裕民、中书梁祝等。

崇祯皇帝有时也感到奇怪，太后的影子常常缭绕在他的心头，怎么也驱散不掉。崇祯十五年（1642）六月，崇祯皇帝御德政殿，召内阁辅臣及礼部尚书林汝楫、侍郎蒋德璟等，议建一庙，将宣宗以来七位生母、继后同祀，因为太庙与后宫中奉先殿都是一帝一后，崇祯皇帝的用意在于将太后也列于庙中祭祀。蒋德璟进言："奉先殿之外，有奉慈殿，也有继后及生后。今日虽废，仍然可以下令祭祀。"崇祯皇帝说："孝宣建奉慈而嘉靖爷废去，但还有宏孝、神霄、本恩诸殿，不只一奉慈殿。"显然崇祯皇帝对于宫中祭祀继后、生后之制早有察访。蒋德理建议于奉慈殿设太后神位，一日祭祀，崇祯皇帝不同意，他说："太庙之制，一帝一后，朕岂敢轻易改变？"后来，经过一番审议，决定在奉先殿旁另置一殿祭祀太后，其他先朝七位继后与生后也一并祭祀。崇祯皇帝希望以此有慰太后的在天之灵。

后妃之恋

严格地说，崇祯皇帝对于皇后周氏，谈不上多么深厚的爱恋。周皇后祖籍苏州，初为信王妃，崇祯帝即位，即立为皇后。她处事严谨慎重，安安静静，不多言语，加之一副病态，作为皇帝的正选之妻有着许多不尽如人意之处，但她是后宫的一个好当家。崇祯皇帝尊重皇后在宫中的地位，周皇后也处处为崇祯皇帝着想，尽量让皇帝感到满意。周皇后看到国势日衰，举步维艰，在宫中则力持节俭，裁减不必要的费用，也不为外戚家乞求恩典赏赐，即使是过年时大臣命妇入宫朝贺，所行赏赍也必依礼而定，从不大讲排场，过于奢侈。这种持家之道，崇祯皇帝深加赞赏，并从中感到了一种理解和欣慰。

神宗时，虽然大臣难得一睹天颜，但宫中却是热闹非凡，一派歌舞升平的气象。后宫设有百戏，时常演戏取乐。如今，周皇后一并革除，只留有旧戏以备不时之需。她这样做是有其用意的。一次，宫中演过锦戏，其时中原大旱，"盗贼"纷起，周皇后令戏子扮作驱蝗和躲避"盗贼"的样子。崇祯皇帝看着，不觉双眉紧锁，周皇后见时机已到，慢慢地对他说："有这种事吗？"边说边掩面而泣。崇祯皇帝见民艰如此，脸上也挂上了同情的泪花。

周皇后生了三个儿子，足见帝后有其相欢之时。但是，崇祯皇帝与皇后在一起感到的是一种平静，有如波浪中颠簸一天的小船回到了静静的港湾。生活是需要安详、舒适，然而，也需要波澜与冲动。在心灵深处能引起情感撞击的还是他的两位妃子，即田妃与袁妃。其中田妃又最得崇祯皇帝的欢心。

田妃给崇祯皇帝的是与周皇后绝然不同的一种感觉。田妃不仅姿色过人，而且琴棋书画样样精通，连骑马也很在行。她为崇祯皇帝生了四个儿子，是两人爱情的结晶。她平日话语不多，但句句动听，并且眉目传情，让崇祯皇帝沐浴着女性的柔情与芳韵。据田妃入宫前见过她的人讲，田妃性格内向，沉默寡言，虽酷暑季节，行走在烈日之下，肌无纤汗，枕席间皆有香气。田妃是在江南长大的，入宫后，把江南的一些风俗习惯也带进宫来。所着衣物鞋类，都是南方所制。崇祯皇帝颇觉新鲜，于是也仿效穿南方衣鞋，由田妃之母每年制好贡进。

田妃常常别出心裁，变换花样，让崇祯皇帝发生兴趣，引起冲动。她在宫中特意建有一座别致的亭台，崇祯皇帝每当与她亭上赏月时，顿觉浑身清爽，疲惫尽消。以前宫中的灯都是四周贴金，只有孔可以通光，田妃则命去掉一面贴金，蒙以夹纱，给人以朦胧、诗意之感。崇祯皇帝一见，连声称好，连命宫灯全都依样改制。

有一天，崇祯皇帝在宫中听见田妃轻声拨弄琴弦，琴声悠扬，便随声步入了田妃宫中。听着听着，即在乐海中流连，都有点入迷了。后来，他见到周皇后那正经的面孔，不无酸味地说；"后独不能吗？"周皇后正色答道："妾本儒家，惟知蚕织乐。田妃是从师什么人学会弹琴的？"他觉得皇后说的不无道理，便心里犯疑，大家闺秀或小家碧玉有多少人去学弹琴鼓瑟呢？田妃之琴为何弹得如此之好？莫非……崇祯皇帝立即命田妃进见，诘问琴法是谁教的？田妃回答是她母亲。第二天，又召她母亲入宫弹琴，听过之后，知道田妃没有撒谎，更加宠爱有加。此后，一有兴趣，即令田妃弹上几曲。他还亲自搜集了五首曲子，即《崆峒引》、《敌多歌》、《据桐吟》、《岑同契》《烂柯游》，令田妃弹奏。崇祯十四年（1641）田妃与袁妃晋封为皇贵妃。

女人毕竟是女人。周皇后对于崇祯皇帝倾心于田妃，心里不是滋味。田妃则因承帝恩宠，颇有骄气，周皇后利用自己在后宫的地位有意对田妃之势加以压抑。有一年元旦，天气甚寒，田妃来朝见皇后，皇后却让田妃在门外静候了许久才请进让座，言语十分冷淡。受拜之后，便进内宫了。而袁贵妃见皇后时，皇后满面笑容，交谈良久。田妃得知，十分气愤，向崇祯皇帝泣诉。崇祯皇帝听了，觉得皇后做得有些过分。一次，崇祯皇帝在交泰殿与皇后争执起来，皇后也不屈服，崇祯皇帝一气之下将皇后推倒在地。皇后气愤异常，以绝食相威胁。崇祯皇帝渐渐有些后悔，派太监专程携貂褂赐给皇后，询问起居情形，皇后这才转怒为喜。他是个重视名分的人，皇后与贵妃的地位是不能颠倒的；他也不愿自己对田妃的宠爱而惹来不必要的家庭纠纷，闹得后宫不安。不久，田妃之父田弘遇因女而贵，横行乡里，多行不法，御史据法弹劾，田妃向皇帝求解，崇祯皇帝恼怒地说："祖宗之法，不可以私情而废。"把田妃从承乾宫打入启祥宫省愆，三个月不加召幸。崇祯皇帝这样做也是给周皇后看的，周皇后心里求得一种平衡，看到皇帝为了顾全大局忍痛与爱妃割舍，倒感到有点不好意思。一天，周皇后随侍皇帝到永和门赏花，皇后请召田妃共赏，崇祯皇帝没有表示可否。皇后急忙命备车驾迎田妃相见，三人前怨尽释，田妃还像从前那样得到宠爱。

崇祯十三年（1640），田妃爱子慈焕病故，她念子心切，随之染上疾病。崇祯皇帝遍请高师，亲自为她祈祷。两年之后，田妃亡故。临终前，崇祯帝正好在他殿烧香，未能诀别，悲恸欲绝，命隆重埋藏。

爱子与爱妃的相继逝去，对他的打击极大，忧愁与苦闷久久萦绕在心头。相传，田妃之妹也风姿绰约，曾进得宫来，崇祯皇帝满心欢喜，当即赏花一朵，令插于发髻之上，并说："这是我家人。"田贵妃死后，崇祯帝从她妹妹的身上捕捉着爱妃的影子。

崇祯皇帝敬重皇后，宠爱田妃，但并非无原则的溺爱。在他看来，每个人都有自己的职责与名分，人们应当有自知之明，各司其职。后妃的职责就是主持后宫，满足皇帝情感的需要。田妃曾为其父说情，遭到贬斥；田妃向皇帝诉说皇后的过错，崇祯皇帝虽然觉得田妃受了委屈，却仍然责难道："难道可以对皇后如此无礼吗？"崇祯皇帝以东西战乱交织，与首辅周延儒密议南迁。不料，有人将南迁之议告之周皇后之父周奎，周奎告之周皇后，并让她婉转劝阻此议。果然，周皇后将此意奏闻皇帝，朱由检大怒。周皇后受此严斥，不敢再多言一二。

看着崇祯皇帝为政事劳心，日渐憔悴，周皇后颇感难过。崇祯十一年（1638）八月，以灾异屡见，崇祯皇帝斋居永寿宫。他见国事日非，战乱日繁，决计不食肉，每餐仅以蔬菜充饥。周皇后不忍，便亲自调馔，进献皇帝。他为皇后的举动所感动，刚拿起匕箸，顿感心酸，相向而泣，眼泪盈盈而下，沾湿几案。

在后宫，崇祯皇帝确实得到过乐趣，但欢乐总是那样短暂，代之的是长长的痛苦。责任感越强，所背的包袱也就越重。田妃看到他寝食不安，忧思过度，即向其父弘遇询问用什么办法可以使皇上开心。田弘遇即把有"声用无不之声，色用无不之色"的歌妓陈圆圆献给皇帝享用。这一天，陈圆圆好好妆扮了一番，显得更加妖媚动人，期望能邀崇祯皇帝一顾。岂料他心不在焉，对陈圆圆无半点兴趣和热情，并令归还给田弘遇。在如此绝世美色面前无动于衷的崇祯皇帝，比起他日的吴三桂为争一陈圆圆而降清灭明来，足见其情绪低落之极。前廷与后廷，崇祯皇帝都得不到解脱，更感到人生的落寞与惆怅、孤独与凄怆。大概这是命中注定吧！

子女教育

崇祯皇帝朱由检有七个儿子：太子慈烺，怀隐王慈烜，定王慈炯，为周皇后所生；永王慈炤、悼灵王慈焕、悼怀王及皇七子，为田贵妃所生。还有六女，即坤仪公主、长平公主和昭仁公主，另三女无从查考。

崇祯皇帝刚过十八岁，便迎来了慈烺的出世。次年，慈烺便被册立了皇太子。他得此贵子，着实高兴了一阵子。看着皇太子一天天长大，仿佛看到了明朝国祚的绵延永久。尽管平日政务纷繁，却没有忽略对太子的教育，他要通过严格的教育把太子培养成来日一个雄略盖世、力挽狂澜的皇位继承人。崇祯十年（1637），预择东宫侍班讲读官，命礼部尚书姜逢元，詹事姚明恭、少詹事王铎、屈可绅侍班；礼部侍郎方逢年，谕德项煜，修撰刘理顺，编修吴伟业、杨廷麟、林曾志讲读；编修胡守恒、杨士聪校书。太子讲官队伍十分齐整。经过一段时间的准备，于次年二月，皇太子正式出阁讲学。太子进讲，礼数也甚隆重。其时太子年有十四，准备来年为太子选婚。可叹时运不济，农民军的攻势一天猛过一天，很快炮火逼近京城，婚事只得搁下。

崇祯皇帝对于王子要求严格，没有例外。怀隐王慈烜，聪明伶俐，深得父皇垂爱。无奈天不假年，幼年夭折，崇祯皇帝为此好伤心。崇祯十四年（1641），三子定王慈炯已满十岁，崇祯皇帝特谕礼臣："遵从祖制，应该加王号。"然而既受册封，必具冕服，不过《大明会典》开载，年十二或

十五始行冠礼，便问道："十岁受封加冠，二礼可不可以一并进行？"崇祯皇帝多么希望儿子们快快长大成人，以分担天下之忧啊！礼部遵旨认真查考了经籍以及本朝的典故，向皇帝奏报。于是定于本年行册封之礼，经二年再行冠礼。九月，慈炯受封为定王，崇祯皇帝特选进士为检讨，国子助教等官为待诏，充任定王讲读官，以两殿中书充侍书。希望定王能在这些饱学之士的教导下学业精进。

崇祯十五年（1642）八月，定王出阁读书。训讲为著名的学问家方以智，仿书为刘明翰。方以智表情庄严，声音洪亮，定王有点不耐烦，急呼刘明翰来训讲。太监连忙加以阻止，说："父皇爷所定之礼，不可变更。"这才依照原先定好的规矩办事。定王喜欢刘先生，方先生以当日应背诵之书进上，定王随即掩卷一口气背完。定王说："方先生可先出，吾与刘先生仿书。"待方先生出去，定王方觉如释重负，练起书法来轻松自如。后来，定王面见父皇时，请将三、六、九定为仿书之日，而四、七、十为训讲之日，这与先前所定日子有些出入。不过，崇祯皇帝以为这样稍作变动无伤大雅，也就答应了。

崇祯皇帝并不满足于太子与定王学习书本知识，一有机会，还让他们了解国情与时局。崇祯十六年（1643），他召府部九卿科道，亲自审问吏部文选司郎中吴昌时，特命太子与定王也参加廷审。其用意是显而易见的，即一方面让太子与定王了解他处事果断的风格，另一方面让二位对官僚队伍的复杂性有一个清醒的认识。七个儿子，崇祯帝最喜欢的还是皇五子慈焕。这不仅是因为慈焕系爱妃田贵妃所生，而且还在于慈焕长得就十分惹人怜爱。有时，崇祯皇帝在理政之余，还专门挤出时间去逗逗慈焕。崇祯十三年（1640），慈焕病重，崇祯帝闻讯急匆匆赶赴榻前。慈焕忽然高声说道："九莲菩萨言，帝待外戚薄，将尽殇诸子。"话音刚落，一双小眼睛永远地闭上了。崇祯帝深感诧异，悲痛欲绝。所谓九莲菩萨即指神宗之母、孝定李太后，太后信佛，在宫中像做九莲座，故有此名。崇祯帝又失爱子（皇二子早夭，皇六子二岁夭，皇七子三岁夭），想到九莲菩萨竟要崇祯帝诸子尽折，大感悲伤。即封慈焕为孺孝悼灵王玄机慈应真君，并命礼臣议孝和皇太后、庄妃和懿妃道号。皇五子之死，使崇祯帝的精神受到极大的刺激，他传谕要素食终身。在此之后的几年里，他常常想起慈焕。崇祯十六年（1643）十二月，改封慈焕为宣显慈应悼灵王，去掉了原有的"真君"之号。

崇祯皇帝抱定"国君死社稷"之心之后，便把希望寄托在太子与定王身上。曾经有大臣建议太子南行，可当时崇祯帝还未料到明亡如此之速，没有应允。崇祯十七年（1644）三月，农民军围攻北京城时，他已悔之晚矣。当他剑砍长平公主，呼催后妃自尽之时，他竭尽全力，要把生的希望留给太子与定王。把太子与定王召到自己身边，亲自脱去二人的皇子冠服，换上便衣，令二人出避民间，并一再叮嘱："今后事事处处谨慎小心，千万不要露出皇家的形迹！"二人仓促寻机出城，走周奎（周皇后之父）家，周奎高卧不起，闭门不纳。李自成占领京城后，内臣将太子、定王献给李自成。李自成封定王为宅安公，太子为宋王。

相传太子被执献李自成时，李自成命行君臣之礼，太子不从，以长揖礼代之。李自成问："你的父亲现在哪里？"太子答："死在寿宁宫。"李自成又问："你家怎么会失天下？"对曰："以误用贼臣周延儒等。"李自成哈哈大笑，也惊叹太子小小年纪却如此明白事理。太子求速给一死，李自成说："你没有罪，我岂能杀你？"太子请求三事：一不可惊我祖宗陵寝，二速以皇礼葬我父皇、母后，三不杀戮我百姓。最后还说："文武百官最无情义。"后来，李自成命人葬崇祯帝，封太子为宋王。清兵入关后，太子、定王不知所终。太子去向之谜，一时让人传说纷纭，但始终未得其解。

崇祯皇帝对太子的正统君道教育富有成效，但他所厚望的太子重整旗鼓的美梦只在他的心中，未曾成为现实。

二 信仰：菩萨与天主

明朝的皇帝无一例外都是有神论者，并且都对道教的兴趣十分浓厚。明太祖朱元璋称大明王，永乐皇帝自以为真武大帝之化身，正德皇帝自封为大庆法王，嘉靖皇帝自封为道教帝君。这位嘉靖皇帝对道教的迷恋甚于政事的关心，他们或修斋醮以禳灾祛病，或降乩仙以求神示，或修炼丹药以求长生与广嗣。道教成为皇帝生活中不可缺少的一部分。然而，崇祯皇帝究竟信仰什么？这在很长一段时间内都是一个未知数。

随着内外形势的日益恶化，崇祯皇帝的内心越发空虚、孤独。他对自己的品质十分自信以至到自负的程度，而对文武大臣缺乏起码的了解而给予些许信任。看到大明江山一天天被后金（清）和农民军所侵蚀的现实，他感到苦恼，他感到危机，却找不到摆脱危机的良方。他希望得到母爱，得到女性的温柔，但人间之爱总是离他那么遥远；有时明明是可以获得的爱，却在一副不得不装出的严肃的正统脸面之下享受着无爱而结合的生活。作为一个皇帝，他可以滥施淫威，为所欲为；作为一个人，他的品性却被分割，性格被扭曲变形，无法完整地享受人生。他不甘于此，在努力寻找着孤独与苦闷的解脱。最后，他找到了神——各种各样的神。

道场法事，斋醮祈禳

应该说，崇祯皇帝对神的崇拜，有自觉的与不自觉的两种情形。"君权神授"，要维系皇帝至高无上的权威就必须借助神的力量；作为明朝末代的崇祯皇帝，他要信不同的神。他信神不是一种消遣或嗜好，而是一种需要，是排遣心中孤独与烦闷的需要，希望神明指示光明的需要，期盼神灵护持的需要。

崇祯皇帝继承了先朝诸帝的传统，也信道教，只不过其信仰的程度不如武宗、世宗那么狂热罢了。或许特殊的历史时期和环境不允许他沉醉于其中，除非他不想拥有皇位。道教是中国特色的宗教，为中国文化不可分割的一部分。普通人的信教往往不分是儒，是道，还是释迦牟尼，需要什么即信仰什么，多神实用论好处无穷。道教所祀诸神通常有：金阙玉阙真人、真武大帝、萨王二真君、关公、城隍神、五通神祀、晏公、三官和吕洞宾等。明代道教分正一、全真两大教派，其中正一教派的地位尤为显赫。朱元璋在救命道士宋宗真等编《大明玄教立成斋醮仪》御制序中说："禅与全真务以修身养性独为自己而已，教与正一专以超脱，特为孝子慈亲之设，益人伦，厚风俗，其功大哉。"这充分肯定了正一派的功用。一般说来，明代帝王崇信道教主要表现在三方面：一是广设斋醮，嘉靖时因世宗笃信道教，一批大臣以撰写青词（亦称缘章。道教斋醮仪上写给"天神"的奏章表文，一般为骈俪体。因用砅笔写在青藤纸上，故名。）而获得宠信。二是虔信方术，包括医、相、命、卜、观风、望气、象纬、堪舆、金丹和房中术等等。三是任用道士，皇室有御用道观和专业道场人士。而崇祯皇帝信仰道教却注重通过这种宗教的沐浴带来切实的好处，于时政有补。然而这种希望能否变成现实？对他来说，仍然是一个谜。崇祯皇帝初登皇位，即被魏忠贤势力重重包围，欲使其变为熹宗第二，便选得绝色美女四人进献。崇祯皇帝为了不打草惊蛇，表面上高兴地接受了这份特殊的礼物。当四美女入宫之后，崇祯皇帝命亲信太监搜查其身，发现她们四人身上各带有香丸一粒，有黍子那么大，名称"迷魂香"。这种香药只要人触到，即魂魄荡漾，色心顿起。崇祯皇帝严旨勿进。

一天晚上，崇祯皇帝御便殿阅览奏章，刚过一会儿，心中就有一阵异样的感觉。他即刻从龙座上起来，命贴身太监秉烛绕行，遍察四周，每个角落都不放过，结果仍毫无所获。他一言不发，似乎在屏气静摄，近侍们也不敢有所奏禀，仍然觉察出气味有些异样，无意中他远远地看见殿墙角有荧火微微发亮，马上命人毁壁入视，只见一名小太监捧香端坐于内。一经审问，小太监供认，系魏忠贤指使，焚香诱发皇上欲念，并说此香是宫中旧方。崇祯皇帝叱令毁掉，并戒以后不准再进。他不禁感叹道："皇考、皇兄都是为此物所误呵！"皇考光宗因吃了鸿胪寺官李可灼的"红丸"药而一命呜呼；皇兄熹宗也昵近群小，荒于政事。他不愿重蹈覆辙。一般来说，皇帝不愿控制自己的欲望，通常也经不起诱惑，崇祯皇帝想有所作为，必然得加强自我克制能力。他在谈到闻香心动之事时说："吾方静坐养气，而心中忽有所动，才怀疑必有缘故。"确实，由房中术、迷魂香而致荒政者不乏其例。"自古人主与贤士大夫接触，目的在于闻正言，见正事，君德有成。若一入深宫，即与妇寺相狎。既耽身色，朝臣日疏，内竖肆虐，往往由此。"

为了明朝江山的不朽，崇祯皇帝建设斋醮，祈求神灵的帮助。同时，他也时刻注意给人以慈圣的印象。天下多难，为了表示他对百姓的关切，多次颁谕天下，以身作则，进行反省。更重要的是，他在自己斋居之时还特别强调大臣务必反躬自省。或许，以自己的表率来感动文武百官，悉心用事，摈除私见，进而感动神灵，化凶为吉，风调雨顺。这才是他的真正目的。

崇祯三年（1630），久旱不雨，崇祯皇帝斋居文华殿，并谕百官修省。他以为，天如此不予眷顾，大概是由于君臣的过错所致，所以便寄希望如此虔诚能让上苍降雨救生。这场大旱，几乎持续了近一年的时间。崇祯皇帝焦躁不安，苦闷之极。他多次问自己：为何自己的虔诚换不来上天半点关照？次年四月，他在宫中举行祷雨仪式。但祈求了半天，滴雨未下。大臣们都斋宿在龙衔署内，连平日最冷淡的詹事府，到了此时，詹事、协理等官二十余人也聚集一堂，一时成为署中的一大奇景。五月，崇祯皇帝身着苎袍，冒着炎炎烈日，步行至南郊，进行祈祷。此情此景，谁见了都会感动的。他似乎要向上天表白自己的真诚和为民受苦的决心。还记得明武宗吧，他常潜出深宫，寻求享乐的新花样，见到高门大户，就横冲直入，强索妇女。有一次，武宗拟赴斋宫斋戒后祭天。一清早百官毕集，于斋宫前恭候，岂料武宗至晚方到，匆匆上坛行礼，旋即下坛，竟视祭天之礼为儿戏。崇祯皇帝此举与武宗的行为，可谓天壤之别啊！像他这样敢于步行十余里，祷天祈雨的皇帝在明朝历史上也是罕见的。

所谓感动上天，要么是一种美好的愿望，要么是一种巧合。自然规律是不会以人的意志为转移的。崇祯皇帝的祈雨没有结果，便陷入深深的苦痛之中。祈雨的失败，使他的自信遭到了一次沉重的打击，感到脸面无光。从天人感应的思想出发，人们会很自然地提出这样一个问题：如果崇祯皇帝有德的话，上天为何如此无动于衷？他不能不意识到这点，而这种意识又几乎与苦痛是同义语。一个人麻木，无动于衷，或许会舒适长寿；另一个人清醒，有责任感，则往往会招来不少烦恼。

从后来的事实看，崇祯皇帝并没有因这次祈雨的失败而放弃斋醮。实际上，他对于法事究竟是否有用，心里茫然无数。因此，他也没有完全把希望寄托在道教所祀诸神之上。他一方面不断地反思自己的失误，另一方面在多神中去寻找有用之神。各种菩萨也是他所尊奉的。

相传，有一次崇祯皇帝听说张真人法术甚高，游术京师，引起轰动。他便把张真人召来，给他出了一道难题：六月里降雪。张真人似有把握，满口答应。接着连续五日登坛祈祷，果然下了雪。他看到道术的灵验，心中窃喜，对道教仍保持着浓厚的兴趣。

崇祯十年（1637）闰四月，大旱，崇祯皇帝久祈不雨，于是下诏罪己责臣。诏中有云："帝德好生，降罚必有所致。久祈不应，乃朕躬之悃诚未能上达，朝廷之德泽不能下沾。"接着罗列了官吏的种种过失，认为"似此种种，足干天和。积过良深，所以挽回不易。都着洗涤肺肝，共竭悃诚，仰祗

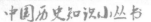

天意"。他在这里，表面上是罪已，实际上是责臣，劝文武百官洁身爱民，以回天意。因为纵览全诏，没有几处是检讨他自己过失的，大多是说大臣的不法谋私害民之事。崇祯皇帝对于祈雨不应的解释是上天没有感觉到他的一片诚意，大臣们积过太深。如此，虽然没有取得求雨的直接效果，却仍然在为自己树立一个正面的光辉形象。

次年四月，发生月食火星奇观。按照常理，这是大灾大难的先兆。崇祯皇帝生平第一次见到这种怪异的天文现象，惶恐不安。当即于宫中斋沐祈祷，素服减膳，并传谕各衙门一律素服修省。兵部尚书杨嗣昌上书说：月食荧惑，未必有大灾，并列引汉唐以来有关史实加以佐证，以说明"皇上修德召和，必然会有灾而不为祸害"。杨嗣昌讲的无疑是有道理的，当然他并非出于无神论。给事中何楷上疏力驳杨嗣昌之说。他指出：古人谓"月变修刑"，礼亏则有荧惑，因而应省刑修礼；杨嗣昌所言投机取巧之说。由此几乎引发了一场如何看待星变的争论。崇祯皇帝理解杨嗣昌的苦心，但是，表面上不能赞同杨嗣昌的说法。他在杨嗣昌奏疏上批了六个字："枢臣不必深求"。他认为灾异星变，首先是要求皇帝做出反应，以示重视。如果皇帝连如此重大的灾异都没有表示，则人们必定视之为昏君。他当然不愿产生这种效果。另外，崇祯皇帝一贯强调的是大臣们应当体谅君心，悔过图新，因而星变也给了他戒谕文武百官的一次机会。过了几个月，他以最近一段时间灾异迭见，自觉难辞其责，便斋居永寿宫，谕廷臣修省。

一些大臣对于崇祯皇帝频频于宫内建设斋醮而不注意切实采取措施以解决疑难，表示异议。礼科给事中姜埰上书说："宗社之安危，必非佛氏之祸福。正德初年，遣太监刘允诚驰驱西域，可为鉴戒。"崇祯皇帝不听。不久，户科给事中左懋第也上疏请不要迷信斋醮，他说："去秋星变，朝停刑而夕即灭。今者（指崇祯十三年三月因大风霾崇祯帝斋居祈祷之事——引者）不然，岂陛下有其文未修其实乎？臣敬以实进。练饷之加，原非得已。乃明旨减兵以省饷，天共知之，而饷犹未省，何也？请自今因兵征饷，预使天下知应加之数，官吏无所逞其奸，以信陛下之明诏。而刑狱则以睿虑之疑信，定诸囚之死生，诸疑于心与疑信半者，悉从轻典。岂停刑可止彗，解网不可以返风乎？且陛下屡沛大恩，四方死者犹枕藉，盗贼未见衰止，何也？由蠲停者止一二。存留之赋，有司迫考成，催征未敢缓，是以莫救于凶荒。请于极荒州县，下诏速停，有司息讼，专以救荒为务。"（《明史》卷275《左懋第传》）左懋第此疏具有一定的典型意义。他的观点很明确：要消灾弭祸就得拿出实际行动来，不要在斋醮这一缥缈的仪式上投入过多的精力。这话说到了崇祯帝的痛处。崇祯皇帝的每一次斋醮几乎都是出于不得已。他不像世宗那样以斋醮为生命的一部分，热恋着不可捉摸的神灵，而是把它视为一种与政事紧密相联的方式。固然，崇祯帝也可通过斋醮时排解一下心灵的孤独。他对于左懋第所言没有嗤之以鼻，而是赞许左懋第讲的有道理。于是下令将遭受灾害严重的七十五州县新、旧饷与练饷（三饷）悉数停征；将遭受中等灾害的六十八州县止征练饷，遭受一般灾害的二十八州县待秋收后再督征。这也说明他没有在心灵的忏悔中迷失方向。他一面在斋醮，一面在思考着时局的出路。

崇祯十二年（1639），崇祯皇帝苦于将官不用事，曾于宫中设坛亲召天兵天将，可得到"天帝"的回答是："天将皆已降生人间，无可应召者。"在天帝那里他什么也没有得到，而在现实的争战中却损兵折将。次年，军事形势急转直下，他环视诸将，又有几人可托剿寇之大任呢？曾几何时，熊文灿以为用"抚"即可让已成气候的农民军偃旗息鼓，不料却变成了农民军反剿官军的契机。杨嗣昌督师，志在一搏，但在军事艺术上不是张献忠的对手，最后陷于张献忠所施妙计之中。杨嗣昌的"十面张网"计划曾使崇祯皇帝兴奋了一阵子，如今网是破了，又有谁再敢提出围剿农民军之说呢？

偏偏当此之际，旱蝗、时疫、地震、日食、月食等接踵而至，民心更加不稳。崇祯皇帝深感凄凉和疲惫。就是从这时起，他的各种祭祀活动多了起来。崇祯十三年（1640）二月，于东郊祀日；三月，祈雨；五月，于北郊

祀地。次年正月，于南郊祈谷；二月，以灾异迭见，时事多艰，下诏停刑减罪；三月，祈雨；五月，于北郊祀地。崇祯十五年（1642）四月，于北郊祀地；六月，筑坛亲祭死事文武大臣。崇祯十六年（1643））六月，雷震奉先殿兽吻，敕令文武百官修省；十月，祭告太庙；十一月，于南郊祀天。其时，京城疾疫流行，朝病夕逝，有全家数十口人一夕并死者，人心惶惶。崇祯皇帝又令张真人建醮祈安，但无应验。

崇祯皇帝留心天象，遇有异常，常要请中外天文、星象专家解释一番，或是占上一卦，以卜吉凶。崇祯十六年（1643），周延儒自请督师，崇祯皇帝对周延儒神秘地说："朕在宫中看过奇门，正在此刻，一出朝门，即向东行，慎勿西转！"因周延儒家在西，故有此言。次年，他送督师李建泰出城，返宫时遇大风沙，又占上一卦，云"不利行师"。凤阳地震消息传来，再以风霾、地震，焚香告天，乩语尤为不利。

崇祯皇帝初政时还比较强调人事，力图从实干入手，借以调整官僚机构的机能，消除动乱，重建太平。然而，多少次的挫折使他终于明白：要靠他个人的力量使一个行将就木的老人起死回生，是不可能的。如果说崇祯皇帝自己可以废寝忘食，励精图治的话，那么整个官僚集团则是一副懒洋洋的模样，人们都是在为自己谋划。在北京，只图今日，不计明朝的心态十分普遍，"鞑子、流贼到门，我即开城请进"。清兵入犯，京城戒严，崇祯帝发内帑数万，命分授守城兵，每兵二十钱。士兵们拿到钱，以指弹钱，嘲笑说："皇帝要性命，令我辈守城，此钱止可买五六个烧饼而已。"皇帝头上神圣的光环渐渐显得暗淡，百姓们关心的是自己的温饱，官僚们算计的是自己的前程。崇祯皇帝对士大夫们完全绝望了，他恨大臣，以至咬牙切齿，认为大臣个个可杀。他在无可奈何的情况下，才把希望寄托在神灵的保佑之上。

众神保佑

在崇祯皇帝所信的中国诸神中，有如下几位是他所倾心的：

土地神。封建时代，以农立国，对于土地之神尤为崇拜。明朝在北郊建地坛专供皇帝祀地之用，崇祯皇帝多次举行盛大的祀地之礼。崇祯十五年（1642）四月，动用将士三十万，旌旗飞舞，声势浩大，崇祯帝驾临地坛行礼。有人记载了当时仪仗之盛：龙旌、凤旆、金钺、银爪、镫杖、骨朵、响节、仪镗、夐窗数万，行行队队，簇簇陈陈，声从履出，气从鼻息，遥闻箫韶之奏，中和之乐，纷沓入耳。其宫扇之方圆正侧，长短横斜，为龙翔，为凤舞，为针绣，为梭织，为日月雕镂之体，为山河绘藻之形，为鬼神离奇之状，为虎豹飞走之势，以及百花簇就，万锦裁成。凤羽深丛，翠色飞腾晃上下；麟毛顺聚，金光照耀闪乾坤。漏尘极其密细，回环黑白处，蛛网为疏，点缀另加奇巧。崇祯帝在八面威风之中驾至地坛。

天帝诸神。即日、月、星、辰、风、雨、雷等神。天坛祭天是皇帝的专利，在这里他成为了天在人间实施统治的最高代表。崇祯皇帝敬天以维护自己的权威，希望上天佑护而致太平盛世。

祖先。太庙、奉先殿里安置着明太祖以下列帝的灵位。祖宗开创大明基业，守成之帝理当法祖，以明江山来之不易。崇祯皇帝处积重难返之势，更期望能保住祖宗这份家业，否则有何颜面去见列祖列宗？崇祯八年（1635）正月，农民军焚毁皇陵，崇祯帝惊恐万状，当即下令处死凤阳巡抚杨一鹏，并素服避殿，亲临太庙，告罪列祖列宗。此事给他留下了长长的阴影。十月，避居武英殿，减膳撤乐，下诏罪己，重申"今年正月，流氛震惊皇陵，祖恫民怨，全都是我治国无方所致"。表示不忍安卧深宫，不忍独享甘旨，不忍独衣文绣，要与文武吏士共甘苦，直到寇平之日为止。有一种深深的负罪感。正因如此，他对农民军始终是势不两立的。如果说他还想与后金（清）行和议之事的话，那么他对农民军有的只是仇恨，要一举荡平。经此之变，他时常要把自己的一份真诚，一片忏悔献给祖宗。

关公。后世敬奉三国时蜀国大将关羽，是因为关公功勋盖世，一片忠心赤胆。处此乱世的崇祯皇帝，尤其需要能征善战的将领。他求助于天兵天将，梦想关公再世。他曾任用了一批将领，可放心不下，而以太监监镇，甚至由太监提督兵马。崇祯十五年（1642）下诏荐举堪任督抚大将之人，结果未发现任何能独当一面的将领。有人甚至建议令天下僧人与尼姑还俗，将他们编在一起，也可组成一支军队。真是滑天下之大稽。崇祯皇帝示关公以诚意，而关公竟无动于衷；寄托于虚无的关公之神来圆"荡寇"美梦，圆梦的本身就是一场梦。

细心的人会发现，崇祯皇帝在坚毅的外表背后隐藏的是不胜寒意的内心世界。他性情暴躁，稍遇挫折就泄气，进而偏执。在位十七年不知道他流过多少次泪，有时让人感到他就像一个任性的小孩那样爱哭爱闹，偶尔还会玩点小心眼。对待文武大臣，他恣意妄为，要杀要砍，毫不手软；对待鬼神，他却小心翼翼，不敢越雷池一步。这是因为他有一个奇怪的判断：天灾不断，祈禳无功，实是由于禁中有妖作怪。为此，他特地召法术甚高的正一张真人进宫除妖。

其时，张真人在江西广信府贵溪县龙虎山。崇祯皇帝遣使飞骑奔赴真人府，令速赴京设延禧万寿禳妖护国清醮一坛。张真人即带了道箓左赞法真人、道纪右护功真人、驱雷掣电真人、移星换斗真人、飞鸟走兔真人、呼风唤雨真人、祛妖除眚真人、宣祥致瑞真人，以及执剑仙童、握符神将和随坛拥卫功曹使者等一套人马，急赴京师。张真人等一行人一到京城，崇祯皇帝即传旨召见，向张真人倾吐了自己的苦衷："近来天灾屡见，宫禁多妖，皆由朕之不德所致。虽躬行修省，然必赖卿冥通上帝，为朕敷陈，庶或转祸成祥，化灾为福。"崇祯皇帝虽君权神授，为上帝在人间的代理人，但他感到自己距离上帝太远太远，多次祈求消灾禳祸，无奈总不灵验，看来只好借助于张真人了。张真人安慰皇上说："吾皇引咎自责，以抚天下，如此立念，安有天心不格、殃眚不除、宫禁不宁、兆姓不和之理？臣愿竭诚醮事以报圣恩。"崇祯皇帝对张真人感激不已，慰劳再三。张真人禀命于万寿官中建罗天大醮；又于附近宫观寺刹，选拔僧道教徒各三百人，在坛执事，建醮四十九日。每隔三日，崇祯皇帝即亲临焚香祈祷，以示虔诚。将祷词交给真人，张真人焚疏伏坛，静听上天启示。其疏略云："伏以承平既久，祸乱应生，虽理数之自然也，愆尤之所致。臣等绥临四海，叨社稷之鸿图，抚有万方；荷生民之重寄，殊惭薄德。招遣非轻，咎各弥深，灾殃迭见。臣特自陈六事，祷窃桑林，敢用仰叩玄穹，仁敷黔庶，万方有罪，罪有朕躬；一统无灾，灾由恩弭。右疏谨献金阙寥阳玉清上帝。"（计六奇《明季北略》卷23《召张真人建醮》）醮毕，张真人俯伏坛前，神游帝阙。过了一会儿，张真人醒了，崇祯皇帝迫不及待地问：上帝是怎样说的？张真人似欲言又止，仅简短地说："灾异妖孽，上帝已命北极佑圣真君馘斩收逐矣。国家绵久，万子万孙。"不久，真人即辞归江西。

据后来明白人解释，所谓"北极佑圣真君"即指玄武。玄武的特点是披发仗剑。清帝起于东北，以发结辫，入关驱逐李自成，与玄武的形象有其类似之处。所谓"万孙"之说，即指崇祯帝、弘光帝和永历帝均为万历帝之孙。天机不可泄露，所以张真人给崇祯皇帝来了这样的一个谜语，而他听了居然还心里窃喜，以为明朝江山，真可传之万世。看来法术高超的张真人对于宫中的妖孽也无可奈何了。若是崇祯皇帝看破了这场醮事的玄机，恐怕会更加绝望。

天主赐福

崇祯皇帝对于病入膏肓的明朝机体无回天之术，四处托医求治，结果不是药不对症，就是药效太小。于是，对于大大小小的菩萨，都予以尊敬。后来，当看到东方的菩萨不太灵验，他甚至把兴趣转向了西方的上帝。尽管后世对其是否信奉天主教，争论不一，但有一点可以肯定的是，崇祯帝与天主教之间确实发生过一段不同寻常的交往。

明朝末年，西方传教士不远万里，热衷于到中国这块神奇而广袤的土地上传播福音。当时全国大多数布政司都留下了传教士的足迹，一座座西洋风

格的教堂拔地而起，吸引了许多中国人的好奇与兴趣。并且，教士们很快就以其特殊的身份与中国的上层社会，乃至宫廷取得了联系，赢得了一大批支持者。中国区耶稣会会长、著名的传教士利玛窦即是其中的佼佼者，他与明朝万历皇帝即有着非同一般的关系。崇祯皇帝的好奇心与百般无奈而采取的实用主义，就更加驱使着他留意于这群洋人与洋教。

崇祯帝与洋教的关系之密至少可从三方面得到证明：

第一，赏识传教士汤若望和南怀仁等，并经常召集进宫，讲解天主教教义。

汤若望（P. T. Adam Schall von Ball），字道味，德国人。1591年生，1622年来华，1633年特召进宫面见皇上。南怀仁与汤若望属同时代人。他们都不是单纯的只知《圣经》进行说教的传教士。来到中国这块具有自己独特文化传统、历史悠久的国度，他们深感要使中国人入教就必须了解中国文化以避免价值观上的冲突，必须获得中国上流社会的理解与支持。为此，他们运用了两种有力的武器：一是西洋科学技术和物质文明；一是所谓"上帝"的仁慈。譬如汤若望就是一位在天文、历法、西洋科技等方面均具才华的传教士。自从有了进宫的机会，他便大胆地向崇祯皇帝以及宫廷诸色人等兜售天主教教义。十余年中，宫中经他洗礼入教者有一百四十人之多，其中有三位王妃。宫中还有圣堂二所，一所为太监之用，一所为宫女之用。汤若望常常进宫主持弥撒之礼。

魏特所撰写《汤若望传》有这样两段话发人深省，令人寻味。一是说"汤若望和他的同人，实在怀有获得皇帝入教的希望。因为这位皇帝确系具有种种善良品质，他的才智和他德性的坚定，从一位中国帝王方面看，很有可观，很不轻微。他不是已经多次令人把偶像由殿中搬出，甚至命人毁灭寺庙的吗？当时许多人都相信皇帝是曾经保禄博士暗中密授以基督教之教义"。二是说"若望自然乘机会利用其他的中间人，向皇帝施以宗教之影响。在他向皇帝所上的意见上书与请愿书中，也曾随时地注入与教会有利的言词。皇帝曾多次令人由殿中把偶像去掉，也会是若望努力的效果"。看来汤若望等人对崇祯皇帝颇有心计地施以基督教教义的影响是发生了作用的。但是，崇祯皇帝毕竟是一国之主，深受儒家正统文化和君道熏陶，若是舍弃固有根深的信仰转而尊奉一个外来神，尤其是让他那至高无上的头颅接受洋教士的洗礼，绝非易事。尽管崇祯皇帝好激动，有魄力，处事果断，但不至于轻易地跪倒在洋上帝的面前。然而，崇祯皇帝在对佛教的信仰越来越淡漠，甚至有所反感的情况下，他需要为自己空虚的精神寻找一个寄托。所以，他不仅对基督教教义逐渐产生兴趣，而且已部分地接受基督教思想，并试图改变原先的信仰。

第二，擢教徒徐光启入阁，更增对洋教的好感。徐光启师从利玛窦学习西洋科技，并与汤若望、毕方济、罗雅谷等西洋传教士名流相交甚欢，后经洗礼入教。与李之藻、杨廷筠并称中国天主教的"三大柱石"。崇祯五年（1632），徐光启以礼部尚书兼东阁大学士入阁，参与机务。徐光启在内阁政务中，因受到周延儒和温体仁的排挤，其才华未曾得以施展和表现，但他有了靠近崇祯帝的机会，便向皇上极力推荐天主之说，并劝他撤佛像以示对天主教的诚意。

第三，撤像与毁像。与佛教的菩萨崇拜截然相反，天主教反对偶像崇拜。许多文献都记载，崇祯皇帝有毁碎宫中佛像之举的圣谕；一说是将佛像撤除，玉皇殿、英华殿、隆德殿、乾清宫原有佛像成千累百，尽行移往宫外。

崇祯皇帝不信佛法，固然在一定程度是由于心中装着天主，同时也是由于佛教已呈衰微之势。方以智的《物理小识》曾记载了他亲眼所见的这些被搬出的佛像的情形。其"皆裸佛交构形，凡数百尊……其像皆女坐男身，有三头六臂者，足下皆踏裸男女，男人背而叠之"。这说明宫中佛像远远不是人们所想的那么圣洁，如果崇祯皇帝目睹如此模样的佛像，大概只会对"佛"更添厌恶。他的身边有颇见信任的道士和传教士，但没有和尚。佛法对他失去了吸引力与影响力是显而易见的。

据史料记载，崇祯皇帝撤毁宫中佛像并不止一次。崇祯五年（1632），大学士徐光启有疏劝帝信奉天主，拆毁佛像。当时，大凡皈依天主教之人，先要问你家有魔鬼否？所谓魔鬼即指佛。如果有，即取过来在天主殿前青石幢上撞碎，折其佛头与手，然后扔在大名池内。王誉昌的《崇祯宫词》有咏玉皇殿撤像之事，词云："赫濯声灵果骇闻，引愆心许六宫分。清香一柱殷勤祝，半是君王忏悔文。"其诗有注："内玉皇殿，永乐时建。有旨撤像，内侍启钥而入，大声陡发，震倒像前供桌，飞尘满室，相顾骇愕，莫敢执奏。像甚重，不可动摇，遂用巨絙拽之下座。时内殿诸像并毁斥，盖起于礼部尚书徐光启之疏。光启奉西氏之教，以辟佛者，而上听之也。既而知撤像时灵异，言于上，上深悔之。而宫眷之持斋礼诵，较盛于前矣。"

另一首咏毁乾清官撤像词云："灵感全凭一念生，先于明诏去乾清。宝云高拥莲花座，依然行踪有乐声。"该词所唱的就是奉旨撤像迁至宫外寺院之事。

由此看来，崇祯皇帝在皈依天主教的道路上已经走得很远。平心而论，他无意于砸碎佛像，因为这一举动直接影响到他对在广大臣民心目中的形象，况且宫中信菩萨的人还是多数。而将佛像搬出宫外，这已是够大胆的了。当然，在搬迁的过程中难免有毁坏的行为，有的佛像庞大，太监们用麻绳铁索拖曳而出，灰尘弥漫，声音嘈杂，宫禁震动，这是不言而喻的。

崇祯十三年（1640），督师杨嗣昌手持尚方宝剑受命荡平农民军，为了展开大规模的战略攻势，须先解决军饷匮乏的问题。崇祯皇帝二话没说，就命将宫中供奉之金银佛像悉数捣毁，以充兵饷。远近哄传皇上弃绝异端，要奉天主教了。看得出，他对佛像是持一种无所谓的态度。就在这年，传教士汤若望上书，阐发天主教义，力劝崇祯皇帝信教。

对于天主教义，崇祯皇帝并不陌生。不过，汤若望如此详尽而又明确地阐述天主的真谛，信教的益处，着实令皇帝怦然心动。《圣教史略》卷十二载，崇祯皇帝"虽未毅然信从，而于圣教之真正，异端之无根，固已灼有所见"。然而，在崇祯皇帝阅览汤若望此疏后不久，宫中发生了一件促使其信仰大变的事，即皇幼子慈焕之死。

相传慈焕病危时，手指九莲华娘娘现形空中，历数崇祯帝撤佛与苛求外戚之过。言毕而死，时年仅5岁。《崇祯宫词》咏道："戚臣输饷纷难解，爱子罹殃痛自深。传得九莲菩萨意，片言容易转天心。"崇祯皇帝深感诧异，痛感切心，发誓要素食终身。大臣们乞请用荤菜，崇祯帝不听。并于宫中大作斋醮，以超度亡灵。有诗云："清斋持锦麝灯前，九饤还教减御筵。从此福缘应更结，且分天禄祝长年。"他追慈焕为孺孝悼灵王、通玄显应真君。由于悲痛过度，意欲以道号封之，心里实在是虚慌得很。礼部知道此事后，即有疏论此举之误。礼部的疏中谈道："历稽职掌所载，册封典礼皆有王号，而无道号。盖王号以世法垂仪，道号以神道设教。玄感灵通实不可思之事……臣等礼官也，礼所行者，自当恪遵；若未经行，亦不敢轻自诡随。万一好异者以臣部为嚆矢，而循常者复以臣部为射的，则臣等之罪大矣。"

（《思陵典礼记》卷2）

崇祯帝觉得礼部所言自有其道理，便改为宁显慈应悼灵王。紧接着，崇祯帝令人把以前搬出殿外的偶像，又搬回宫中。这意味着他从皈依天主教的道路上重新折回到中国传统神灵的崇拜上来。从此，他遇事不再向天主祈祷，而变为对佛祖的忏悔，内心的惆怅与痛苦有增无已。

崇祯皇帝朱由检与天主、菩萨之间的这段瓜葛说明了什么呢？从他信仰前前后后的表现来看，在崇祯十三年以前，他迷信过天主教义，也尝试着求得心灵与上帝的沟通；对佛教偶像没有兴趣，以至觉得这些偶像成了他与上帝沟通的障碍。《明史·陈良谟传》记载了这样一件有趣的事："陈良谟，字士亮，鄞人。崇祯四年进士，授大理推官。初名天工，庄烈帝虔事上帝，诏群臣名天者悉改之，乃改良谟。"然而，崇祯帝最属意于天主教，也没有越出雷池，成为一名天主教徒。据说汤若望后来对于李自成攻入京师深感惋惜，他认为崇祯皇帝如果不是殉国，那领洗奉教只是旦夕之间的事情。这未

免有点夸张。传教士们煞费苦心,尽量使自己中国化,如穿士大夫衣饰,讲中国话,用汉语写作,打躬作揖,撰写赋诗,并宣言"天"、"上帝"与"天主"的一致性,为的是使中国西方教化。尽管崇祯皇帝没有接受洗礼成为天主教徒,但传教士们在皇宫、在中国仍然取得了不小的成功。

明末清初,西方传教士在中国大肆活动,成为"欧洲各国郡主侵略主义的政治工具"(法国思想家伏尔泰语)。同时,他们凭借西洋的科学知识,如天文、地理、历算等实用之学,作为开拓传教之路的辅助工具,搭起了"通天"(接近皇帝)的阶梯,也为中西文化交流作出了贡献。崇祯时,天主教在中国获得了很大的发展,与崇祯皇帝的兴趣和信仰的暂时转移有着十分密切的关系,至少可以说明在中西交流的轨道上他没有成为障碍。

祈祷吧,"万能的主啊"!崇祯皇帝祈求过天主,祈求过上帝,祈求过关公,也祈求过祖先,希望给他以平安与富足。然而,最终所有的神灵都未能保佑他,因为上帝过于遥远,菩萨永远只是一尊泥塑的、镀了金的没有任何知觉的偶像。

第七章

一个逝去的影子……后崇祯时代

崇祯十七年（1644）三月，崇祯帝为明朝二百七十余年的历史画上了一个悲怆的句号。历史的大浪淹没了大明王朝的大厦紫禁城，沉溺了崇祯皇帝之后，仍在继续滚滚向前。然而，崇祯帝的死多少带来了中国历史的新发展。

历史学家喜欢把崇祯十七年与顺治元年的1644年作为明清历史的分界线，似乎这是天经地义的。不过，细心的人会发现：一部南明史在更多的意义上还是明朝历史的一种延续，只不过清朝接管全国政权之后，南明就丧失了它在正史中的地位。这里，我们把这段与崇祯皇帝有别但又有割不断的联系的历史看作"后崇祯时代"应该是有其道理的。

一　崇祯形象与农民起义军

崇祯皇帝朱由检的死给恪守正统观念的人们留下了极大的遗憾，"君非亡国之君"的形象成了后人愿意高举或借助的一种旗号。更重要的是，崇祯皇帝已不属于他自身，而是属于整个明朝政权。他的死也并不意味着明朝力量一夜之间烟消云散。当时，任何聪明的人都没有抛弃崇祯皇帝的形象，而是设法利用他来为自己的利益服务。

李自成率领大顺军锐不可当，攻克北京，成了紫禁城的新主人。当他扬扬自得，走进皇极殿，登上黼座（天子座位）之时，心里不觉泛起了一丝不安。原因很简单，崇祯皇帝朱由检还下落不明。李自成命令全面搜索，宫中每一个角落都找遍了，仍一无所获。大顺尚玺卿黎志升进言："重围百里，难以飞越，殆匿民间，非重赏严诛可得。此今日大事，不可忽也。"李自成当然不会放过这一重大疑问，旋又下令：献出崇祯帝封伯爵，赏金万两，献太子、二王者赏金千两，隐匿者族诛。

黎志升的判断是符合逻辑的，崇祯帝没有飞越大顺军的重重包围。一位在煤山（万寿山，即今景山）守亭的小太监发现了一匹在地上吃草的马是崇祯帝的坐骑，沿着马迹搜寻，找到了崇祯帝的尸体。三月二十二日，李自成接到这个小太监关于崇祯帝吊死煤山的确切报告，才使忐忑不安的心稍稍平静。然而，崇祯帝的死状对李自成不能不有所触动，"国君死社稷"，"诸臣误朕"的遗诏更加强了李自成对崇祯帝不坏的印象。早在大顺军发布的伐明檄文中就有"君非甚暗"，"臣尽行私"的话，与崇祯皇帝的自我总结不谋而合。此时此刻，李自成无论是作为一个胜利者还是作为一位对崇祯皇帝有同情心的人，他都没有对崇祯皇帝选择报复行动之心，而是决定礼葬崇祯皇帝，厚待太子；相反对明朝遗臣采取了追赃等报复措施。

崇祯帝、周皇后和太监王承恩的尸体被停放在东华门，由农民军花钱买了柳木棺材装殓。崇祯皇帝头戴翼善冠，脚穿滚王渗金靴，第二天迁于施茶庵，任凭明朝官吏吊祭。可悲的是，除了两个和尚念经和四五个老太监守在那里之外，原朝廷上下大小官员没有谁愿意移步来拜祭一下，甚者扬马而去，没有丝毫凄惨之情。李自成、刘宗敏、宋献策、李岩等人都对明朝官僚心存憎恶，礼葬崇祯皇帝在大顺政权似乎没有多少反对的声音，只有军师顾君恩见百官疏请礼葬崇祯帝时表示反对，他说："诸公半属沽名，岂为旧朝廷起见也。"将疏章撕个粉碎，掷在地上，顾君恩的声音没有引起李自成的重视。李自成命把柳木棺换上朱漆棺、加帝后冠服，改田贵妃墓为崇祯陵墓。二十四日，天祐阁大学士牛金星前往致祭，并装殓太监王承恩。三天后，将棺材运往昌平，原明昌平小官吏赵一桂等捐款募夫，在四月初四日终于把安葬的事办妥。礼葬虽然不可能十分隆重，但他毕竟反映了李自成对崇祯帝的一种评价，同时也是李自成分化瓦解各地仍未投降的明朝文武官员的一剂妙药。

　　大顺军很快找到了明太子、永王和定王。李自成没有斩草除根的想法，相反，当太子请求速死时，他没有答应只是安慰一番。并依照儒家"兴灭国，继绝世"的理论，分别封以爵位。李自成对于那些为明尽忠、死节的人都表示敬意，命人在他们的大门上书道："某官停丧于此"。大顺军官员除吊唁外，不再入室。宫人费氏刺杀了农民军将领罗某后自刎身亡，李自成竟令将费氏收葬。牛金星亲自到自缢而亡的明前户部尚书倪元璐家中凭吊，拜曰"忠臣"。那么，李自成等为什么要对这些为明殉节的人如此礼遇呢？这里我们似乎不能用今天的阶级对立的观点来解释，一方面李自成不能脱离于当时的社会文化环境而独存，另一方面这自有他的一番考虑。与此同时，李自成多少同意崇祯帝"百官无义"的观点，而鄙视降官。太监曹化淳献城，希冀得到重用，李自成却大骂道："你们背王献城，都应斩首。"大学士魏藻德见到李自成时说："新进三载，叨任宰相，明主不听臣言，致有今日。"李自成不无讥讽地说："你既新进，即负特宠，当死社稷，怎么会如此偷生苟安？"李自成在北京开展了一场大规模的镇压大太监、大官僚和大豪绅的运动，二十四日于平则门外斩首的明勋卫武臣即有五百余人，而追赃助饷也令明官僚勋旧闻之胆寒。

　　农民军认为："卿相所占有的财富，不是盗取朝臣，就是剥削百姓，都属赃物。"刘宗敏派人赶制了五千副夹棍，"木皆生棱，用钉相连，用以夹人，无不骨碎"。其追赃的标准为：内阁阁臣十万，部院、京堂、锦衣卫长官七万或五万、三万，科道、吏部官员五万、三万，翰林院官三万、二万、一万，部属以下以千计，勋戚之家数目不定，直至人财两尽而后止。周皇后之父嘉定伯周奎在北京危亡、崇祯帝请助饷之际仅捐助一万两银子，但在农民军的夹棍、脑箍和烙铁面前交出银子五十万两和珍珠币物数十万。大学士魏藻德在崇祯皇帝朱由检劝捐时只出银四百两，上了夹棍就吐银以万计。刘宗敏审问他首辅乱国罪行，但魏藻德说："我本一介书生，不谙政事，兼之先帝无道，才会到今天这种地步。"刘宗敏闻言大骂，说："崇祯有什么地方对不起你，时至今日，你还诋毁他无道。"即吩咐重重用刑，至夹脑至裂而毙。李自成还下令用白杨铁杖将大小太监数万人驱逐出城。追赃直至四月十二日才告一段落，共计获赃银七千万两，是崇祯初年每年正赋三百二十万两的十多倍，其中贵族勋戚占十分之三，内监也占十分之三，百官、商贾各占十分之二。在追赃上，李自成获得了胜利。然而，追赃并不能解决大顺政权的财政问题。同时，打击面过大，使得一些原拟投降大顺的明朝官僚望而却步。这些亡明势力或向南方转移，继续拥立明室，或向东北清政权靠拢，成为新朝的马前卒。

二 吴三桂乞师与清兵入关

李自成入据北京，面临的形势十分严峻：明朝残存势力的强大，清兵的虎视眈眈，大顺军缺乏巩固的后方基地等等，无一不是威胁北京的关键因素。更可怕的是，李自成等农民军首领的骄傲情绪迅速滋长，群臣忙于劝进，将官们急于享乐，登极的演习使京城洋溢着安定而又热烈的气氛。李自成对当时形势的估计是：清兵不会在短期内南下，招降吴三桂化关宁劲兵为己有，然后大军南下，统一全国。然而，李自成的招抚计划失败了。南方的明将左良玉、高杰、刘泽清诸部在没有农民军大军的压迫下不会为李自成的一纸劝降檄文所动。吴三桂收到其父吴襄按农民军旨意写的劝降信时，表示可以考虑归顺，但当闻知爱妾陈圆圆为农民军将领所霸占，为红颜而怒发冲冠，表示与大顺不共戴天。吴三桂曾要求面见明太子，李自成答应送给他定王。吴三桂寸步不让，必得太子而后止兵，又一面领兵袭据山海关，一面往清营乞师。吴三桂在《绝父书》中表示："侧闻圣主晏驾，臣民僇辱，不胜眦裂。""父既不能为忠臣，儿亦安能为孝子乎？儿与父诀，请自今日，父不早图，贼虽置父鼎俎之旁以诱三桂，不顾也。"并发布檄文说：闯贼李自成"弑我帝后，刑我缙绅，戮我士民，掠我财物……义兵所向，一以当千。试看赤县之归心，仍是朱家之正统"。（徐鼐《小腆纪年附考》卷5）吴三桂打着为大明、为皇帝报仇的旗号拜倒在清朝皇帝的脚下。李自成将吴襄一家三十余人处斩，亲自挥军东征。在山海关一片石地方的战斗，吴三桂与清军联袂大胜大顺军，李自成退还北京。见大势不好，便整点行装，率军向陕西撤退。清军入关，从而揭开了中国历史的又一幕。

吴三桂向清廷乞师，是为朝廷雪耻，还是真心投靠、愿为清朝建功立业？有着多种说法。不管怎样，吴三桂由乞师而降清却是事实。在向清廷乞师时，吴三桂说："今日君后俱遭惨弑，三桂食君之禄，岂有坐视之理？"请求清主"念亡国孤臣忠义之言，速选精兵直入中协、西协，三桂自率所部，合兵以抵都门，灭流寇于宫廷，示大义于中国，则我国之报北朝（清）者，岂惟财帛，将裂地以酬，不敢食言"。《清世祖实录》卷4）清摄政王多尔衮表示不要再谈"我国"与"北朝"之类话题，吴三桂投降即裂土分封，晋为藩王，既得报国仇，又可保身家。不过，清廷在详细分析了中原形势和吴三桂的处境之后，决计出兵，实施平定中原、建立统一王朝的计划。清廷决不是简单地因为吴三桂"乞师"而入关的，其真实目的是为了进一步拉拢汉族官僚地主阶级，宣称义兵之来，为尔等复君父仇，所谋者唯"闯贼"。（《清史列传·范文程传》）在为大明，为皇帝报仇这点上，清廷与吴三桂达到了短暂的一致。因此，吴三桂在进军北京之时，还以明臣身份发布檄文，榜示天下。其中有告示云："钦差镇守辽东等处地方总兵官平西伯吴示：为复大仇，歼大寇以奠神京，以安黎庶事。切痛先皇被弑，亘古奇殃。剧寇狓猖，往代未有。凡属臣僚士庶，能不碎首陨心？今义兵不日来京，尔绅衿百姓，须各穿缟素，协力会剿……务期馨捣巢穴，纤芥无遗，庶使克复神京，奠定宗社，乾坤再整，日月重光。特示。"（计六奇《明季北略》卷20《附记野史》）另一个告示则用的是"顺治元年四月廿六日榜"当时，京城内外盛传吴三桂将拥明太子入都。五月三日，明臣沈惟炳、骆养性和王鳌永领众出朝阳门，准备用法驾卤簿迎接明太子。不料，迎来的却是清摄政王多尔衮。

多尔衮在北京宣称农民军是明朝臣民不共戴天的仇人，清军是为明朝报君父之仇，并采取了一系列措施以争取明朝降官和汉族地主分子的支持，以

稳定其统治。其中包括殡葬崇祯帝后，官民戴孝三天，追谥崇祯帝为怀宗端皇帝，墓号思陵，以示对亡明的尊重。不过，清军为明复君父之仇只是一个骗局。十月，爱新觉罗福临迁入北京，即皇帝位，号曰大清，定鼎燕京，纪元顺治。明确宣布了清王朝中央政权的建立。从而粉碎了明朝遗臣们寄希望于吴三桂乞清军以恢复明室的梦想。

三　南明小朝廷与抗清

不愿成为大顺和清廷属民的明朝残余势力，在北方处于农民军与清军交战易手之际，在南部中国仍拥有强大的势力。在明都北京垂危之时，崇祯皇帝曾诏各镇兵马入援勤王。转眼间都城陷落，君王自缢，明朝权臣与大将们迅速在南京拥立神宗万历皇帝之孙、崇祯皇帝的叔伯哥哥福王朱由崧，建立了弘光政权。明朝实行两京制度，南京也有一套与北京中央相同的机构，没料到这时派上了大用场。朱由崧在做藩王时，就有贪淫、酗酒、不孝、虐下、不读书和干预地方衙门事务等劣行，并非帝王理想人选，但他得到了凤阳总督马士英联络靖南伯黄得功及高杰、刘泽清、刘良佐等的拥护。而兵部尚书史可法、兵部侍郎吕大器、左都御史张慎言、詹士姜曰广等则主张立潞王朱常淓，后来不得已才支持福王。

福王的弘光政权是作为明朝历史的正统而建立的。初以史可法、高弘图、姜曰广、马士英、王铎为大学士入阁，参与机务。不久，史可法督师扬州，朝政大权落在马士英的手中。弘光政权有兵五十万，控制着淮河下游及长江以南的广大地区。然而朱由崧远非崇祯皇帝，弘光政权也非明朝中央政权可比。有识之士都意识到与清廷的最后一搏必将来临，孱弱的弘光政权没有摆正自己的位置以制定出正确的对付清廷与农民军的方略，从上而下利欲熏心，忙于垂死前的偷欢享乐。崇祯时期统治阶级的内部矛盾时下被一一承袭下来，且更趋白热化。崇祯皇帝的死并没有阻止官僚们的贪赃、争斗与私欲。

弘光政权没有忘记作为继统者对先帝应尽的义务。尊谥崇祯皇帝为烈皇帝，庙号思宗，周皇后为烈皇后，后来又改谥为毅宗正皇帝。朱由崧在即位诏书中表示：今日宗社大计，莫过于讨贼复仇。大顺军被看作是他的主要敌人。正如朱由崧自己所言：既痛社稷之墟，益激父母之仇，矢不俱生，志图必报。（谈迁《国榷》卷101）朱由崧的心情是可以理解的。想当年李自成率部攻克洛阳，老福王朱常洵被刹成肉酱，自己裸身缒城而逃，好不狼狈凄惨。时至今日，他能咽得下这口气吗？然而，很快他就发现，自己根本没有能力左右朝局，马士英只是把自己视为傀儡而已。于是干脆深居宫中，整天以演杂剧、饮醇酒、淫幼女为乐。他的座右铭是："万事不如杯在手，一年几见日当头。"民间有诗嘲笑弘光小朝廷的腐败景象："都督多似狗，职方（兵部管地图官员）满街走，相公只爱钱，皇帝但吃酒。"（夏完淳《续幸存录》）福王政权陷入了内外交困的泥淖之中，派系斗争亦如火如荼。

福王初立，史可法、马士英均入内阁，但二人互不买账，尖锐对立。史可法的周围聚集着东林党人，马士英的周围吸引着像阮大铖等逆案中人，其斗争完全是明末党争的一种延续。十一月，福王政权宣布设立江北四镇，即刘泽清驻淮安，管辖淮海区；高杰驻泗水，管辖徐泗区；刘良佐驻临淮，管辖凤寿区；黄得功驻庐州，管辖滁和区。史可法坐镇扬州调度节制。整个部署目标明确，即倾全力以对付农民军。讨贼复仇，成了压倒一切的重中之重。

对于清朝，弘光政权还处于一种一厢情愿式的求和状态，甚至还幻想吴三桂能与清军抗衡。六月间，得知清军已占据北京，便派遣兵部侍郎左懋第、左都督陈洪范、太仆寺卿马绍愉去北京通使致谢，并相约杀贼。内阁议定与清朝谈判的原则有：一是不屈膝辱命，要保持天朝体统；二是山海关外土地割让给清朝；三是每年赠给清朝岁币银十万两。左懋第等携带金一万两、银十万两、绸缎一万匹以酬谢清军；还带有晋封吴三桂为蓟国公的敕书和赏赐给吴三桂的银币。马士英自鸣得意地说，当年马绍愉奉崇祯皇帝密旨和清廷和谈为下策，而今已为上策。马士英当然不会想到，以前清廷愿意和谈，是因为明廷在清廷心目中还是一棵大树，现在北京这座昔日久攻不破的城池已为清朝占有，南方小朝廷更不必放在眼里。果然，清廷的答复很果断：协同讨贼是可以的，重建明朝则不允许。负责接见来使的清大学士刚林责问左懋第说："我国发兵为你们破贼报仇，江南不发一兵，突立皇帝，是何道理？"左懋第辩解说："当今皇帝乃神宗嫡孙，臣民拥戴，应承大统。贵国已发兵逐贼，我等特来致谢，相约杀贼。"刚林冷笑道："不必多言，我们已发大兵下江南。"显然，清军对南明的大举攻势不可避免。多尔衮亲自修书一封派人送到了史可法的手中。信中说："贼毁明朝之庙主，辱及先人，我国家不惮征缮之劳，悉索敝赋，代为雪耻，孝子仁人，当如何感恩图报。兹乃乘逆寇稽诛，王师暂息，遂欲雄踞江南，坐享渔人之利，揆诸情理，岂可谓平。"威胁说："如果再拥尊称号，当以敌国论，定诛不贷！欲削号归藩，永绥福禄。"可法复信表示，愿合师进讨，问罪秦中，但福王政府是"名正言顺"的合法政府。（蒋良骐《东华录》卷4）清廷已不再理睬弘光政权的自作多情了。

弘光政权的"偏安"思想缺乏可行的基础，对农民军的进攻与对清军的妥协无异于自取灭亡。当时一些有头脑的人都对时局甚为不满，吏科给事中章正宸认为：根据当今情势，唯有主动出击才有希望。然而"两月以来，文吏锡鞶矣，不闻献馘；武臣私斗矣，不闻公战；老成引遁矣，不闻敌忾；诸生捲堂矣，不闻请缨。虏踞宫阙，动摇山东，当国大臣，但绍述陋说，损威屈体，赜天下忠义之气，实在令人羞愧"。（谈迁《国榷》卷102）马士英把持朝政，引用邪党，卖官鬻爵，一片乌烟瘴气。

弘光元年（1645）二月，清廷命追击李自成的多铎部移兵河南，大举南侵。在清军的隆隆炮火中曾名列逆案的阮大铖做起了小朝廷的兵部尚书，阉党分子张捷、杨维垣、虞廷陛等纷纷挤进朝廷。臭名昭著的《三朝要典》重刻，恢复了东厂缉事。吏部尚书张慎言，大学士高弘图、姜曰广以及名流刘宗周、黄道周、陈子龙等东林派被排挤出去。阮大铖作《蝗蝻录》、《蝇蚋录》，以东林为蝗，复社为蝻，诸从和者为蝇与蚋，欲兴大狱将东林、复社一网打尽。

党争的白热化，终于引发了左良玉的"清君侧"之举。左良玉拥兵号称八十万，实际作战部队至少有一二十万，但他为马士英所忌，被排斥于四镇之外。失意的东林人，齐聚在左良玉的营中。左良玉率兵自汉口至蕲州，列舟船二百余里，浩浩荡荡，直趋南京。马士英急调江北各镇抵御，而不对清军设防。四月初，清多铎攻占归德，淮南告急。清军别部由固山厄真准塔率领，从山东一路攻占通州、泰州等地，旋下徐州。十八日，多铎挥兵围攻扬州，扬州城危在旦夕。弘光帝紧急召见群臣，有大臣提出淮扬最急，应赶紧调兵增援，反对马士英撤刘良佐、刘泽清二镇江防兵去对付左良玉。弘光帝也认为左良玉不曾反叛，如令还该守淮南。马士英大吼道："此该良玉死党为游说，我君臣宁死于清，不可死良玉之手"，"有议守淮者斩"。（《计六奇《明季南略》卷3《议御北兵》》史可法的"血疏告急"无人问津。二十五日，史可法抱着"城存与存，城亡与亡，我头可断，而志不可屈"的信念，为清军杀害，扬州这座昔日繁华富庶的城市顷刻化为废墟。

约在同一时间，一代农民起义领袖李自成率数骑从湖北通山南下至石门夹山寺削发为僧（一说李自成在湖北通成或通山县九宫山为地主武装所杀害），农民战争最惊心动魄的一幕随之宣告结束。弘光政权失去了农民军对清军的牵制这道屏障，末日尽在咫尺。史可法生前曾说：清军不能立刻长驱直下，在于两虎相斗，一旦寇为虏并，必以全力南侵。扬州城破，清军毫不犹豫，进兵南京。可是朱由崧仍然嬉戏如故，且以串戏无暇而不视朝理事。其时东西长安门柱贴有对联称："福人沉睡未醒，全凭马上胡诌；幕府凯歌已休，犹听阮中曲变。""福运告终，只见卢前马后；崇基尽毁，何劳东捷西沾。"（计六奇《明季南略》卷4《五月经略》），注释云："福人，指弘光，本福王也。阮大铖作歌曲，时为兵部报捷，故幕府云云。卢，卢九德，太监也，沾，李沾也。"（另，马上，指马士英）五月九日清军克镇江，逼南京。还在召集梨园弟子酣饮演唱的朱由崧发觉不能再唱下去了，便匆匆与内官数十人悄悄溜出南京，夺路奔往芜湖，投总兵黄得功营。马士英以护送太后为名，领云南兵径赴杭州。十五日，多铎率领的清兵，兵不血刃，开进南京，明忻城伯赵之龙、魏国公徐允渭、大学士王铎、礼部尚书钱谦益等跪降清朝。至此，左良玉（已死）的儿子左梦庚及刘泽清、刘良佐和高杰（已死）的余部，及守卫南京的二十三万军队都归降清廷，弘光小朝廷的基本军事力量转而成了扫荡残明势力的急先锋。五月二十二日，总兵田雄、马得功献出福王与王妃降清。（福王被押至北京，次年为清廷处死）闰六月，清军占领杭州，潞王朱常淓开城迎降。马士英逃走钱塘，次年为清军执杀，长江中下游广大地区尽为清兵所据有。清朝在南京设八旗重兵驻守，以南京为中心，开展了一场肃清南部抗清力量的战争。

清朝入关，在一年多的时间里，从李自成手里夺取了胜利的果实，并击败了李自成的农民军的主力，转眼间又让弘光政权烟消云散。时局变化之快，令人心惊目眩。清军在霆击飙举的凌厉攻势中，采取了野蛮的烧杀劫掠手段。顺治二年（1645）六月，多尔衮向全国颁布"薙发令"，其中说："今中外一家，君犹父也，民犹子也。父子一体，岂可画异？"限令文到十天之内，"尽令薙发，遵依者为我国之民，迟疑者同逆命之寇，必置重罪"。清军到处宣称："留头不留发，留发不留头。"（《清世祖实录》卷5）这样，使民族矛盾空前激烈，阶级冲突退为次要地位。一方面，清朝要用强制的力量抹去亡明臣民中的包括崇祯皇帝在内的明朝正统的形象，树立大清奉天承运的旗帜，以建立在全国的统治；另一方面，民族热情高涨，抗清斗争形势发生新的变化，即在清军进一步推进的过程中，共同的压力使农民军与明残余势力走上了联合抗清的道路。这种现象是崇祯皇帝不可能设想的，也是弘光政权所难预料的。

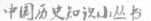

弘光政权败亡，明室官员先后拥立鲁王、唐王、桂王等宗主，在两广、福建地区，举起反清复明的旗帜。大顺军余部在李锦、高一功、郝摇旗等领导下站到了南明的旗帜下；张献忠领导的大西军在四川创立了大西国，并占领了云南和贵州，也联明抗清。南明诸王与农民军基本上处于一种合作的状态，以对付共同的敌人，企图恢复大明江山。

鲁王朱以海系朱元璋第十世孙，在抗清义军、缙绅钱肃乐、张煌言等的扶持下于绍兴监国，控制着浙东绍兴、宁波、温州、台州等地，拥有浙中义师和驻守浙江的明总兵方国安、王之仁部。多次对清军作战，屡有胜绩。闰六月，原镇江总兵郑鸿逵、泉州总兵郑芝龙、礼部尚书黄道周、福建巡抚张肯堂等，拥立唐王朱聿键在福州即帝位，建元隆武。唐王向鲁王颁诏，双方为争正朔而不和。隆武帝虽曾有过一番复明抗清的筹划，但由于军政大权掌握在拥兵二三十万的福建郑芝龙手里，而郑芝龙并不想真正抗清，只不过捞取一点政治资本，以保住自己在福建的私家财产罢了。所以这个小朝廷本身没有起到多少抗清的作用。相反，支持唐王政权的大顺农民军却掀起了一阵抗清的高潮。大顺军余部与南明湖广总督何腾蛟和巡抚堵胤锡联络，共同抗清。隆武帝封李自成夫人高氏为贞义夫人，李锦赐名赤心，高一功赐名必正，一一封侯，李锦部号忠贞营；并以何腾蛟为东阁大学士兼兵部尚书，封定兴伯，督师湖广，总辖荆襄十三家，在湖广地区与清军多次交战，取得了一系列胜利。

清军在湖广采取相对的守势，而集中兵力进击鲁王、唐王政权。顺治三年（1646）六月，鲁王政权覆灭；清军乘胜分两路进攻福建。隆武帝准备接受督师何腾蛟的建议，亲征江西、湖广。何腾蛟说："中兴天子，须马上成功，皇上先为将而后为帝，湖南有新抚诸营，至尊亲至，效光武驭铜马故事，此皆精兵百万，可得其力。"（温睿《南疆逸史》卷21）这番话是有吸引力的，但是，隆武帝的计划遭到了郑芝龙的反对，而郑芝龙则已暗中投降清朝。他在给洪承畴的密信中说："遇官兵撤官兵，遇水师撤水师，倾心贵朝非一日也。"（徐鼒《小腆纪年》卷12）郑芝龙撤除仙霞岭防守，清兵进入福建，克据赣州、泉州、福州，唐王在汀州为清兵追杀，郑芝龙降清。

同年十一月，明官僚苏观生等拥立唐王之弟朱聿鐭，在广州称帝，年号绍武。次月，清将李成栋攻陷广州，绍武政权覆灭，称帝仅四十五日，犹如昙花一现。

与此同时，两广总督丁魁楚、广西巡抚瞿式耜以及王化澄、马吉祥、吕大器等人，在桂林拥立桂王朱由榔称帝，建元永历。永历政权存了十五六年之久，是南朝小朝廷中气数最长的一位。朱由榔为万历皇帝的嫡孙，崇祯皇帝的叔伯兄弟，其人本身素质低劣，懦弱寡断，昏庸腐朽，贪生怕死，只是在抗清派如何腾蛟、瞿式耜、堵胤锡、郑成功等的拥护下，特别是在大顺军的支持下，才得以苟延残喘的。永历政权自建立之日起就处于颠沛流离之中。起初，在何腾蛟、瞿式耜的指挥下，于湖南境内连获大胜。顺治五年（1648），清将李成栋、江西总兵金声桓、大同总兵姜瓖等离开清军，归入及清明军。但由于桂王朝廷内部矛盾重重，文官武将互不合作，拥立桂王的明臣与李成栋部相互猜忌，又对大顺军存有戒心，致使一时的喜人局面很快就消失了。在何腾蛟为清军俘杀后，大顺军脱离永历政权，北上湖北郧西地区，组成夔东十三家军以抗清。顺治七年（1650）清廷重新部署，以孔有德为定南王，领兵攻广西；耿仲明、尚可喜为平南王，攻广东。旋如劲风横扫，克占江西、湖南、广东、广西的重要城镇。桂王由肇庆逃至浔州，经南宁至濑湍，后为大西军孙可望所接纳，实为一傀儡而已。康熙元年（1662），吴三桂将缅王执送的永历帝父子用弓弦绞死，南明的最后一个政权结束。

四　淡疏的影子与继续的历史

"反清复明"的口号渐渐地变得十分遥远。一些能称王者即自称为王，却很少以明室的后继者相号召。郑成功从荷兰殖民者手中收复了台湾全部领土，虽然仍奉永历年号，但郑氏政权完全是一个独立王国。当然，清朝鲜明的满族贵族统治特色，使得汉族人民的反抗斗争又常捡起"复明"的旗号。不过，此时"复明"的真实内容并不是要重建明朝的统治，而是所谓"驱除鞑虏，恢复中华"。康熙皇帝玄烨下令撤藩，吴三桂决定起兵反清。围绕反清的名义问题，吴藩内展开了激烈的争论。刘茂遐认为，明亡未久，人心思旧。如果扶立明室后裔东征，必将得到老臣宿将的支持。而方光琛认为，吴三桂若起兵反清拥明，则难以得到众人的理解，他擒杀明永历帝的事人们还记忆犹新。吴三桂认为，他不能顾忌人们对他的切齿痛恨，明朝这个招牌他还是要利用一下的。康熙十二年（1674）十一月，吴三桂杀死云南巡抚朱国治，发布檄文，诡称拥戴传说中的明宗室朱三太子，以"共举大明之文物，悉还中夏之乾坤"。自称"原镇守山海关总兵官、今奉旨总统天下水陆大师，兴明讨虏（清）大将军"。在檄文中，吴三桂极力为自己过去叛明降清的行径辩解。康熙帝迅速颁布诏书，决心讨平三藩。他请责吴三桂"反复乱常，不忠、不孝、不义、不仁，为一时之叛首，实万世之罪魁"。"三藩"的覆灭也埋葬了"复明"的谎言。不管吴三桂如何表白，他永远是明朝的罪人。

　　从崇祯皇帝自杀到永历帝被绞死，再到吴三桂罪有应得而归天，崇祯皇帝朱由检以及他所代表的明朝结束的事实始终在时空中发生影响。正是在这段日子里，各种社会力量经历了一次大的调整，明朝的巨大影子渐渐丧失其效应，遗老们为了基本的生存需要也不得不适应新的皇帝与官员。南明没能实现"复明"的梦想，而清朝却借助于亡明的力量建立了对全国的统治。少数民族入主中原虽然带来了一些落后的东西，阻滞了明朝末年逐步成长起来的商品经济的发展，但它很快就适应了较高的文明形态，管理和控制着这个大帝国，历史的车轮仍继续在向前滚动。

　　揭开"后崇祯时代"的面纱，人们发现的是历史的无情。这个时代是中国历史由动荡的明朝走向清朝稳固统治的一个过渡期。明朝在崇祯皇帝手上灭亡，成为这段历史一个磨灭不了的阴影。随着历史的发展演变，崇祯皇帝与亡国才渐渐变成了少数学者（主要是历史学家）的一个话题。如果崇祯皇帝还活着的话，他对此会作何感想呢？